NOUVELLE BIBLIOTHÈQUE VARIÉE

SCIENCES SOCIALES ET POLITIQUES

HISTOIRE DE BONE

PAR

René BOUYAC

Contrôleur civil suppléant

INTERPRÈTE MILITAIRE HORS CADRE

Membre correspondant de l'Académie d'Hippone

PARIS
LECÈNE, OUDIN & Cie, ÉDITEURS
17, rue Bonaparte

1892

Tous droits de traduction et de reproduction réservés

HISTOIRE DE BONE

PAR

René BOUYAC

Contrôleur civil suppléant

INTERPRÈTE MILITAIRE HORS CADRE

BONE. — IMPRIMERIE DU *COURRIER DE BONE*
Place d'Armes et rue Vieille-Saint-Augustin
—
1891

A Monsieur MASSICAULT, *Ministre plénipotentiaire, Résident général de France à Tunis, hommage profondément respectueux de l'auteur.*

R. BOUYAC.

Medjez-el-Bab, le 11 octobre 1891.

PREMIÈRE PARTIE

HIPPONE ET BONE

depuis leur fondation

JUSQU'EN 1830

PRÉFACE

Le public me pardonnera mon audace en faveur de l'intention.

J'ai pensé que la coquette cité, qui venait de donner à l'Algérie et à la France un témoignage de sa vitalité et surtout de la solidarité de ses enfants, serait heureuse d'avoir, tout comme une princesse, son arbre généalogique.

En livrant ce modeste travail au lecteur, je n'ai pas eu la prétention de dévoiler des faits inconnus, je n'ai voulu que former un tout des documents, hélas ! trop rares, relatifs au passé de Bône, et tombés sous mes yeux au cours de mes recherches. Chaque fois que je l'ai pu, à mon récit, j'ai substitué celui des témoins oculaires ou les rapports des contemporains, estimant qu'en histoire il n'y a que des documents : « Sparsa-Colligo », a dit M. l'interprète principal Feraud, dans ses différentes histoires des villes de l'Algérie. Telle a été ma devise.

Qu'il me soit permis, en terminant ces lignes, d'adresser ici un public témoignage de reconnaissance à ceux qui m'ont aidé de leurs conseils et de leurs encouragements.

A mon excellent chef M. le Général Noëllat, à M. Bertagna, maire de la ville de Bône, à M. Doublet, dont la vieille expérience m'a été si précieuse et m'a si puissamment aidé dans des recherches souvent ingrates, à M. Papier, le savant président de l'Académie d'Hippone, à tous, je dis : Merci !

Bône, 1er septembre 1890.

CHAPITRE Ier

Les Phéniciens. — Leurs colonies. — Fondation d'Hippone. — Origine de ce nom. — Domination carthaginoise. — Hippone, résidence des princes Numides. — Domination romaine. — Saint Augustin. — Prise et destruction d'Hippone par les Vandales.— Leur domination. — Période gréco-bysantine.

Sur les rives occidentales de l'Asie, que baignent les flots de la Méditerranée, vint s'établir, dès la plus haute antiquité, une tribu chananéenne chassée des steppes de l'intérieur par une invasion étrangère (1).

Entourée de puissants voisins, acculée à la mer par les chaînes du Liban et de l'Anti-Liban, cette peuplade, qui ne pouvait demander à un sol aride l'existence de ses habitants, dut chercher une issue à son activité. La mer lui offrait un vaste champ d'exploration. Les premiers essais furent timides, mais, bientôt, de hardis navigateurs osèrent perdre de vue le rivage et s'élancer à l'inconnu.

L'antiquité nous a conservé l'histoire merveilleuse du petit peuple qui, sous le nom de Phéniciens, a su conquérir et conserver pendant plusieurs siècles l'em-

---

(1) Probablement celle des Arias Japhétiques, vers le XXIVe siècle avant notre ère.

pire de la Méditerranée et monopoliser à son profit le commerce du monde entier.

Les Phéniciens ne pouvaient et ne voulaient faire de conquêtes militaires. De simples comptoirs, où venaient s'entasser les produits des régions qu'ils découvraient, suffisaient à leur ambition de marchands. C'est ainsi qu'ils s'étendirent progressivement sur les rives de la Méditerranée et arrivèrent en Afrique, où ils firent leur apparition vers le milieu du XIe siècle avant notre ère. C'est à cette époque qu'on peut, sans témérité, faire remonter la fondation d'Hippo, devenue plus tard Hippo-Regius et Bône.

Les uns ont vu, dans la situation géographique de l'établissement phénicien, l'explication du mot Hippo, altération du mot phénicien Ubbon, golfe. M. Melix fait remonter l'origine du mot Hippo au mot phénicien Ipo, en hébreu Ipa, qui signifie beau, joli, et qui aurait été donné à ce point du littoral par les Phéniciens émerveillés de la beauté du site. D'autres, enfin, s'appuient sur le passage suivant de Ptolémée pour le faire venir du mot grec : cheval.

Hippo, dit Ptolémée (XX-157), était une colonie de Tyr. Son nom est d'origine phénicienne. Il est possible que cette ville ait été fondée par les habitants d'Hippo-Zaritus (Bizerte), ce qui lui aurait fait donner par les Grecs le nom d'Hippou-Akra que portait chez eux cette dernière place.

Que fut le comptoir d'Hippone pendant la période

phénicienne ? (1). L'histoire a laissé des documents qui, bien que communs à tous les établissements de ce genre, permettent d'en appliquer à chacun les détails. Hippone, d'abord simple escale, reçut bientôt de la métropole des agents chargés de veiller aux échanges et à l'emmagasinement des produits qu'apportaient les caravanes de l'intérieur et que les galères phéniciennes venaient enlever à époque fixe. Ces employés, en abandonnant la mère-patrie, s'embarquèrent avec leurs familles, et formèrent le noyau d'une population rapidement accrue de quelques naturels du pays qui vinrent s'établir auprès d'elle pour lui fournir les denrées nécessaires à son alimentation.

Vers 888, avant J.-C., à la suite de dissensions politiques, une foule de mécontents abandonnèrent la Phénicie et, sous la conduite d'Elissa (2), débarquèrent à Byrsa, bourgade fondée par Karkédon, à l'époque de l'établissement des Phéniciens en Afrique. L'arrivée des émigrants qui avaient, pour la plupart, emporté leur fortune, transforma rapidement la bourgade primitive en une opulente cité, qui reçut le nom de son fondateur Karkedon (Carthage). L'autorité de la nouvelle colonie s'étendit en peu d'années à tous les comptoirs phéniciens. Un empire commençait. Mais pas plus que Tyr, Carthage ne voulut être une puissance militaire. Elle reprit l'œuvre de ses prédé-

---

(1) Voir à ce sujet l'ouvrage intitulé : « Lettres sur Hippone », de M. Papier.
(2) Elissa n'est autre que la *Didon*, chantée par Virgile, dans *Son Enéide*.

cesseurs en la développant et substitua ses flottes aux leurs. Bientôt, le monopole du commerce était passé entre ses mains.

Carthage soumit donc les comptoirs phéniciens établis en Afrique. Elle leur appliqua le régime des villes situées sur son territoire et dont les affaires intérieures étaient administrées par un conseil de notables; mais en raison même de cette organisation municipale, son autorité fut plus fictive que réelle, car les villes phéniciennes ne se courbèrent jamais que devant les lois sanctionnées par leurs magistrats.

Hippone devint une petite République indépendante, s'administrant elle-même, et, de cette époque, date le commencement de sa prospérité.

Des siècles s'écoulent. Carthage est à l'apogée de la puissance et de la gloire; ses relations commerciales s'étendent à tout le monde connu; ses immenses palais regorgent de richesses, ses flottes innombrables sillonnent les mers. Mais en face d'elle, naît un peuple qui, sans bruit, étend sa domination sur l'Italie, et, lorsqu'il en a fait un empire déjà puissant, songe à courber le monde sous sa loi. Rome va disputer à Carthage la souveraineté universelle.

Nous n'avons pas à retracer les phases de cette lutte gigantesque qui, durant trois siècles, ébranla le monde. Carthage tomba et, de cette immense cité, les ruines mêmes disparurent.

Dès la première guerre punique, Carthage, humiliée, vaincue, dut courber la tête sous la lourde tutelle de Rome. Ce fut le signal de la curée; toutes les ambitions, toutes les convoitises allumées par tant de richesses se firent jour à la fois. Le faisceau des villes soumises, au moins de nom, se rompit. Chacun chercha à acquérir un débris de l'édifice qui croulait.

Hippone, depuis longtemps, excitait le désir de Gala, roi des Massyliens (1) ou Numides orientaux. La position de la cité, la richesse et la beauté de ses environs, la douceur de son climat avaient attiré l'attention du roi barbare. Il jugea Hippone digne d'être sa capitale. Il n'eut pas de peine à s'en emparer, car ses habitants l'accueillirent à bras ouverts, après en avoir chassé les Carthaginois (2).

Masinissa, successeur de Gala, s'était jeté dans le parti romain, tandis que Syphax, roi des Massessyliens, prenait fait et cause pour Carthage. Battu dans différentes rencontres, Masinissa rentra à Hippone pour reformer ses troupes. Il en sortit en apprenant que Bocchor, lieutenant de Syphax, s'avançait. La rencontre eut lieu non loin de Cirtha, et Masinissa, vaincu de nouveau, dut se réfugier dans les montagnes, abandonnant sa capitale aux hordes de Syphax, qui en prirent possession au nom de Carthage.

---

(1) La Numidie, qui comprenait le territoire actuel de la province de Constantine, était divisée entre les Massyliens à l'Est et les Massessyliens à l'Ouest.

(2) Le premier chef héréditaire dont l'histoire fasse mention chez les Massyliens est Gala. Il conquit une portion de terrain sur les Carthaginois aux environs d'Hippo, probablement dans le cours de la première guerre punique. Voila pourquoi cette ville, lors du débarquement de l'armée romaine dans la deuxième guerre punique fut appelée Hippo-Regius. *(Tite Live XXIX, § 3).*

Au début de la troisième guerre punique, une armée romaine débarqua en Afrique. Les premières opérations furent molles ; un consul, même Calpurnius Pisou, qui s'était présenté devant Hippone dans l'intention d'y replacer Masinissa, dut se retirer devant l'énergique défense des habitants (148). Scipion vint prendre le commandement suprême et appela à lui le prince numide dépossédé, qu'il considérait comme un précieux auxiliaire.

Lorsqu'enfin Carthage disparut de la surface du monde, Rome ne prit sous son autorité directe que les villes puniques et le territoire qui appartenait en propre à Carthage, dont elle fit une province romaine. Puis, tout en se réservant l'autorité absolue, elle abandonna la Numidie au prince qui lui avait prêté l'appui de ses armes contre Carthage, c'est-à-dire Masinissa.

Celui-ci mourut et le trône échut à Micipsa, seul de ses trois fils qui eût survécu. Bien que Cirtha fut la capitale officielle de la Numidie, Micipsa n'en venait pas moins passer une partie de l'année à Hippone. A sa mort, il divisa son royaume entre ses deux fils Hiempsal et Adherbal, et son fils d'adoption Jugurtha. L'ambition démesurée de ce dernier n'admettait pas de partage. Hiempsal mourut assassiné. Une nouvelle division de la Numidie fut faite par des commissaires romains, entièrement gagnés à la cause de Jugurtha. La partie Est de la Numidie fut adjugée à Adherbal, qui, négligeant Cirtha, fit d'Hippone sa résidence et sa capitale (1). Il ne tarda pas à subir le sort de son frère. Assiégé dans Cirtha où il s'était réfugié, se croyant plus en sûreté, il fut pris et assassiné. Jugurtha restait ainsi le seul maître de la Numidie et Hippone devint la proie du vainqueur.

Rome s'alarma et voulut imposer son autorité au roi numide; la guerre éclate et ne se termine qu'au bout de sept ans par la capture de Jugurtha. La Numidie orientale fut annexée à la province romaine et le reste donné à Juba, fils d'Hiempsal.

En Italie, la guerre civile éclate entre César et Pompée. Ce dernier, tué, ses compagnons se réfugient en Afrique auprès de Juba et de Varus, qui se sont déclarés contre César. Celui-ci accourt et écrase, à Thapsus, les rebelles. Juba, désespéré, se tue. Quintus, Metellus Scipion, un des plus fidèles partisans de Pompée, après avoir lutté comme un lion, gagne le rivage et s'embarque. Les quelques galères qui l'accompagnent rencontrent la flotte césarienne, commandée par Publius Sittitus ; elles se réfugient à Hippone, mais, vivement poursuivies, elles sont obligées d'accepter une lutte inégale. Un combat acharné eut lieu dans le port même et Scipion y trouva une mort volontaire, dit-on. Le royaume de Juba, réduit en

---

(1) Dans le partage de la Numidie entre les deux princes, les provinces les plus fertiles et les plus peuplées dans le voisinage de la Mauritanie furent adjugées à Jugurtha. Celles qui, par la quantité des ports et des beaux édifices avaient plus d'apparence que de ressources réelles échurent à Adherbal. (Salluste).

province romaine, sous le nom d'Africa-Nova, fut placé sous l'autorité d'un proconsul, qui fut Salluste.

Depuis longtemps, Rome avait préparé l'établissement de sa puissance en Numidie. Attirés par le renom de fertilité du sol africain, les colons italiens étaient venus s'établir en foule, les uns dans la vallée de la Medjerda, les autres dans celle de la Seybouse, aux environs d'Hippone. Sous les efforts de cette race ardente au travail, le pays se transforme et mérite bientôt le nom de Grenier de Rome. Malgré les troubles, les insurrections et les guerres dont la Numidie avait été le théâtre, Hippone n'avait cessé de s'accroître. Eloignée des champs de bataille où se débattait le sort de la province, elle se contentait d'admettre dans ses murs le vainqueur ou le vaincu et n'en continuait pas moins ses affaires commerciales. C'est à cette époque que des palais superbes sont construits; des bains aux riches mosaïques et aux marbres les plus rares reçoivent chaque année les étrangers, venus en foule de tous côtés. Des aqueducs énormes amènent dans de gigantesques citernes (1) l'eau nécessaire à la ville et aux jardins magnifiques qui lui font une ceinture de fleurs odorantes et de fruits délicieux. Tant d'avantages ne pouvaient échapper à l'œil exercé des

---

(1) Les ruines de ces citernes, situées au pied de la basilique qui couronne aujourd'hui le mamelon d'Hippone, font encore notre admiration. On en trouvera une excellente et très complète description dans l'ouvrage de M. Papier, président de l'Académie d'Hippone. (Lettres sur Hippone.)

Romains qui érigèrent la cité royale en « Colonia » et y nommèrent un préteur.

Par sa position même, Hippone se trouva le centre principal d'où rayonnaient le long du littoral et dans l'intérieur du pays, ces admirables voies, dont nous retrouvons les vestiges à chaque pas.

Nous allons indiquer rapidement les routes dont elle fut, sous la domination de Rome, le point de départ.

Une première voie courant le long du littoral reliait la cité romaine, du côté de l'Ouest à Rusiccade (Philippeville), située à une distance de 115 milles, et du côté de l'Est à Carthage, distante de 193.

Deux autres routes, dans l'intérieur, aboutissaient également à Carthage. La première, qui mesurait 216 milles, ne comptait pas moins de 16 stations intermédiaires. La seconde, longue de 226, passait par Thagaste.

Enfin, deux voies mettaient en communication Hippone avec Cirtha. (Constantine). La première passait par Villa-Serviliana (maison de plaisance de la famille Servillia), Aqua-Tibilitame (Hamman-Berda) et se terminait à Constantine après un développement de 96 milles (1). La seconde, longue de 243, partait d'Hippone et passait à Plombaria, dont les ruines doivent

---

(1) Dans une de mes tournées dans la subdivision de Bône, me rendant à cheval de cette ville à Guelma, j'ai retrouvé entre Nechmeya et Guelaât-bou-Sba, à gauche de la route carrossable, les vestiges de cette voie, que j'ai suivie pendant quelque temps. Il en existe, du reste, de nombreuses traces aux environs mêmes de Bône.

se trouver au S.-E. du lac Fezzara et à Nades, dont on retrouve les débris au S.-O. du même lac, à Rusiccada-Colonia (Philippeville), Villa-Sela, Palma et aboutissait à Constantine (1).

Vers le IIe siècle de notre ère, le christianisme faisait son apparition en Afrique et jetait un nouvel éclat sur Hippone qui, première ville de la Numidie par ses richesses et sa splendeur, était devenue, en outre, un foyer de lumière et de civilisation. Le Christianisme y fit de rapides progrès et, dès l'an 240, nous voyons l'histoire faire mention d'un évêque d'Hippone, Théogènes. Quand éclata la persécution des chrétiens, elle fit de nombreux martyrs dans la cité royale. Les plus illustres furent Théogènes et 36 de ses frères en religion.

Le deuxième évêque fut Fidentius, mis à mort, comme son prédécesseur, sous le règne de Dioclétien, vers l'an 304 après J.-C. Léontius lui succéda. Mais les théories de Donat donnent naissance à une nouvelle secte, celle des Donatistes, qui ne tarde pas à se répandre sur l'Afrique. Un de ses apôtres, le plus fervent, Faustinus, remplaça sur le siège épiscopal l'évêque Léontius. Saint Augustin le dépeint comme un fanatique ardent, se laissant aller à de furieux et étranges débordements. Valerius lui succéda en 388. Possidius, le biographe de saint Augustin, fait l'éloge de cet évêque comme prêtre et comme homme.

Nous arrivons maintenant à celui, dont les vertus et

---

(1) Le mille romain mesurait.

la sagesse jetèrent un si vif éclat sur la « Cité de Dieu ». Sacré prêtre par l'évêque Valerius, malgré une certaine résistance, saint Augustin fit bientôt retentir le monde chrétien de sa religieuse éloquence et l'étonna de la grandeur de ses idées philosophiques.

A cette époque d'exaltation religieuse, les conciles se suivaient fréquemment. Le premier, qui fut tenu à Hippone, eut lieu en 393 et fut présidé par Aurélius, évêque de Carthage. Saint Augustin y assista comme simple prêtre et y prononça un discours sur la foi et le symbole. Le second eut lieu en 395. C'est au sein de cette assemblée qu'il fut désigné comme successeur de Valerius et investi de sa nouvelle dignité par Megalius, primat de Numidie. Les persécutions religieuses avaient perdu leur caractère de violence, elles se bornaient à de simples luttes oratoires, que soutenaient les évêques de l'Afrique chrétienne dans les assemblées, dont saint Augustin était l'âme. C'est alors qu'il enseignait à ses disciples la charité chrétienne, qu'il en encourageait l'application par la fondation de ces établissements dont l'idée généreuse a servi d'exemple de nos jours à un de nos prélats les plus illustres.

Le dernier concile auquel assista saint Augustin fut celui de 426. Pouvait-il prévoir alors que l'heure de la ruine et de la désolation allaient sonner sur l'opulente cité ? Ce philosophe chrétien, cet esprit sublime, ne voulait laisser l'œuvre grandiose à laquelle il avait consacré sa vie qu'entre les mains d'un homme digne de la comprendre et de la continuer. Aussi le vit-on, contrairement à tous les principes de l'Eglise, désigner un de ses plus fervents disciples pour lui succéder à l'heure où Dieu le rappelerait à lui. Ce fut le moine Héraclius.

Mais les Vandales débarquent en Afrique. Semant la ruine et la mort sur leur passage, laissant un sillage de sang derrière eux, ils se dirigent vers les provinces romaines, où les appelle la trahison du comte Boniface, Gouverneur de l'Afrique. Hippone était une trop riche proie pour qu'ils passassent en la dédaignant, et les bandes barbares en prirent la direction. Cependant, le comte Boniface, comprenant trop tard l'immensité de sa faute, essaya du moins de la racheter, en défendant ceux qu'il avait livrés. En apprenant la marche des Vandales sur Hippone, il y accourut et y organisa la résistance, aidé par Aspar. Les Vandales avaient cru entrer dans la cité sans coup férir, mais lorsqu'ils se présentèrent devant la place, ils trouvèrent les remparts garnis de défenseurs.

La colère des envahisseurs déçus dans leur espoir ne connut plus de bornes, ils se répandirent autour d'Hippone, détruisant tout ce qu'ils rencontraient ; ils interceptèrent ses communications avec la mer, afin de l'affamer et entassèrent dans la Boudjima, qui coulait sous les remparts, des cadavres d'animaux et d'hommes pour que l'air vicié et corrompu alla porter la mort parmi les défenseurs. Le siège durait déjà depuis quelques mois. Comprenant que la ruse seule aurait raison de la courageuse cité, Genséric simula une retraite et s'éloigna.

Boniface et Aspar, tombant dans le piège qui leur était tendu, s'élancèrent à sa poursuite, mais, surpris par des forces supérieures, ils furent complètement battus et les débris de leurs troupes eurent à peine le temps de chercher un refuge derrière les remparts. Désespérant de sauver la ville, Boniface s'embarqua de nuit et s'enfuit à Carthage, laissant les malheureux habitants, livrés à la fureur des Vandales. Pendant les quatorze mois de siège, saint Augustin n'avait cessé de prodiguer à ses concitoyens ses consolations et ses encouragements ; il n'eut pas la douleur de voir la cité tomber au pouvoir de ses ennemis. Il mourut le 5e jour des calendes de Septembre, alors qu'il répondait au livre de Julien, au milieu des tumultes du siège. Ses restes furent déposés dans la Basilique de la Paix (1). Hippone, abandonnée à elle-même, succomba. Ses habitants s'embarquèrent à la faveur des ténèbres de la nuit et allèrent cacher leur désespoir dans les anfractuosités de la côte. Les vainqueurs se vengèrent en barbares. Tout fut réduit en cendres ; seule, la basilique où était enseveli saint Augustin fut respectée. Sa bibliothèque que, par un hasard providentiel il avait, quelques jours avant sa mort, fait transporter dans le sanctuaire de l'église, échappa aux flammes. Ceux des habitants, qui n'avaient pas voulu abandonner leur foyer, furent massacrés ou emmenés en esclavage.

Nous allons tenter, non de décrire Hippone, à

---

(1) Ils y restèrent 37 ans.

l'époque de sa destruction, mais d'en énumérer les principales constructions (1).

L'enceinte murée dont on n'a pu retrouver les vestiges recouvrait un espace qui devait mesurer soixante hectares. La ville antique, bâtie entre la Seybouse et la Boudjima, était adossée aux deux mamelons d'Hippone, qu'elle recouvrait de ses édifices. La plus élevée de ces collines était couronnée d'un établissement fortifié, renfermant des piscines épuratoires et faisant partie du système hydraulique que complétaient des citernes gigantesques creusées dans ses flancs. Sur les ruines de cet établissement disparu, se dresse aujourd'hui le magnifique hospice des Vieillards, fondé par Mgr Lavigerie. Les citernes d'Hippone recevaient l'eau de l'Edough par un aqueduc dont il ne reste plus que quelques rares arcades, principalement au lieu dit Fontaine-des-Princes (2), sur le sommet de l'Edough et dans la vallée du Ruisseau d'Or, sur le bord du jardin de l'Orphelinat des Sœurs. Un des principaux monuments dont nous ait entretenu saint Augustin est le temple de la Paix,

---

(1) Nous nous sommes servi pour cette description de l'excellent ouvrage de M. Papier, président de l'Académie d'Hippone, intitulé « Lettres sur Hippone ». Nous en avons retiré la plus grande partie des renseignements qui vont suivre, regrettant seulement que le cadre de cet ouvrage ne nous ait pas permis d'y faire de plus fréquents emprunts. Nous renvoyons donc le lecteur à cette œuvre remarquable qui gagne à la lecture un charme toujours nouveau.

(2) Ainsi appelée à cause d'une visite que vint y faire le duc d'Aumale à son passage à Bône.

transformé en église chrétienne, probablement sous Constantin. En 424, saint Augustin y ayant fait transporter une partie des restes de saint Etienne; elle prit le nom de ce martyr. On a cru voir dans un énorme tronçon de maçonnerie antique, situé à gauche de la route si délicieusement ombragée d'Hippone et que tous les Bônois connaissent, un débris de la célèbre basilique. Sous cette ruine existe un véritable labyrinthe de couloirs qui s'étendent jusque sous la propriété de l'ancien maire, M. Dubourg, et qui seraient, dit-on, les cryptes souterraines de l'antique église. Deux sanctuaires dédiés, l'un à Théogènes, premier évêque d'Hippone, l'autre à Léontius, s'élevaient également dans l'enceinte fortifiée. Saint Augustin, quelque temps avant l'invasion des Vandales, avait conçu l'idée généreuse de créer un hôpital ; l'affection des habitants d'Hippone pour leur pasteur fit pleinement réussir ce projet. Infatigable, quand il s'agissait de sa ville chérie, sa cité de Dieu, il fit bientôt construire un monastère où il vivait avec ses disciples, les instruisant et les préparant au sacerdoce. Ce fut l'origine des séminaires. Il y ajouta, quelque temps après, un couvent de femmes, dont il confia la direction à sa sœur qui, devenue veuve, avait consacré sa vie à Dieu.

Hippone renfermait de nombreux thermes dont les plus célèbres étaient ceux de Socius (1), dont il a été

---

(1) Entre les deux mamelons d'Hippone, sur le bord de la route de Guelma, se trouve une propriété appartenant à M. Chevillot. Nous y avons vu, en 1887, deux jolies

impossible jusqu'ici de déterminer l'emplacement. En dehors de l'enceinte et dans un des faubourgs de la ville se trouvaient deux églises, l'une dite « Advigiuti Martyres », aux Vingt-Martyres, édifiée, nous dit saint Augustin, en souvenir du martyre de Fidentius, deuxième évêque d'Hippone, de sainte Victoire, de Saturninus, de Dativus, etc. Monseigneur Dupuch, évêque d'Alger, a prétendu qu'elle devait se trouver sur le lieu occupé actuellement par les marabouts de Sidi-Brahim. Cette opinion, motivée seulement par la découverte, à cette place, d'une mosaïque, ne peut être admise que comme une supposition. L'autre église, située à Villa-Victoriana, avait été consacrée aux martyres Gervais et Protais. Un pont, qui n'a plus de romain que ses piles, traversait la Boudjima et mettait en communication la ville avec un de ses principaux faubourgs. Le port se trouvait entre l'embouchure des deux rivières. On voyait, récemment encore, des traces de quais, dans lesquels étaient scellés d'énormes anneaux de fer.

De tous ces édifices grandioses, de ces basiliques monumentales, de ces bains délicieux, il ne reste plus que le souvenir. Seules les citernes, bien qu'elles aient subi les rudes assauts du temps, sont un témoin encore debout de la splendeur de la célèbre cité.

---

mosaïques découvertes par des ouvriers. Mais ce que nous avons constaté de plus curieux, c'est la présence, à 80 ou 90 centimètres de profondeur, et sur la surface presqu'entière du jardin, d'un parquet fait de dalles de marbre rose dont nous avons gardé un échantillon.

Des ruines qui devaient couvrir un espace considérable, il ne reste plus rien. Cette disparition doit être attribuée à deux causes : la première est l'enlèvement, par les Arabes, de l'invasion Hilalienne, un peu après l'époque de la fondation de la Bône actuelle, de tous les débris et matériaux qui pouvaient entrer dans l'embellissement et l'agrandissement de la nouvelle cité ; la seconde est la tendance de la Seybouse à se déplacer dans la direction de l'Ouest, ainsi que cela a été constaté par plusieurs voyageurs, à différentes époques.

La présence de certaines constructions, complètement ensevelies aujourd'hui dans les terrains bourbeux qui avoisinent la Seybouse, les nombreuses mosaïques que vient découvrir la pioche inconsciente des ouvriers, démontrent qu'une partie des ruines de la ville antique ont été recouvertes par les couches successives de terre et de débris roulés par les eaux.

Reprenons le cours de notre récit. Genséric, après la prise d'Hippone, avait marché sur Carthage, dont il s'était emparé et où il avait fixé le siège de son empire. Il mourut en 477 et on peut dire que l'histoire des Vandales commence et finit avec la vie de ce prince. Ceux qui lui succédèrent : Hunéric, Gundumund, Trasamund, amollis par une vie d'oisiveté et de délices, n'eurent plus l'énergie nécessaire pour maintenir l'intégrité de leur territoire et réprimer les attaques audacieuses des Maures. Sous ces princes, les persécutions catholiques firent de nombreuses victimes. L'avènement au trône d'Hildéric, ami de Justinien, les fit cesser, et le premier édit de ce prince ordonna la réouverture des églises catholiques. Il fit, en partie, reconstruire Hippone et y ramena les habitants qui s'étaient dispersés.

A la suite d'une guerre contre les Maures, Gélimer, vainqueur, profita de l'enthousiasme des Vandales pour détrôner son frère, et, malgré l'intervention de Justinien, le fit enfermer dans un cloître. Justinien ne pouvait laisser impunie la révolte du roi barbare, et la guerre fut décidée.

Bélisaire, investi du commandement suprême de l'armée byzantine, vint débarquer avec 45.000 hommes à Caput-Vada. A la déclaration de guerre, Gélimer répondit en faisant égorger Hildéric et en rappelant son frère Tzazou, qui guerroyait en Sardaigne. Mais la marche de Bélisaire ne fut qu'une succession de victoires, dont la dernière, celle de Tricaméron, ruina à tout jamais les espérances du roi Vandale. Gélimer dut s'enfuir presque seul en Numidie, laissant derrière lui le cadavre de Tzazou, qui n'avait pas voulu survivre à la défaite.

Lorsque Gélimer avait senti s'amonceler sur sa tête l'orage que sa cruauté avait provoqué, il avait, en prévision d'un désastre, confié tous ses trésors à son secrétaire Boniface, en lui ordonnant de se rendre à Hippone et d'y attendre la fin des événements, lui enjoignant, au cas où le sort des armes lui serait contraire, de faire voile pour l'Espagne, où il ne tarderait pas à le rejoindre.

Après la bataille de Tricaméron, il s'était donc dirigé en toute hâte vers Hippone, mais, vivement poursuivi par la cavalerie de Bélisaire, il dut s'enfoncer dans le Mons Pappua et s'enfermer dans la ville de Medenos « située, dit Procope, à l'extrémité S.-O. de la chaîne de montagnes qui borde la Seybouse, depuis les environs d'Hippo ».

La situation du Mons Pappua n'avait jamais été jusqu'ici fermement établie. La description de Procope a fait dire aux uns que la montagne, refuge du roi Vandale, ne pouvait être que l'Edough. M. l'interprète principal Feraud a cru la voir dans les hautes montagnes de Djidjelli (1), en s'autorisant d'un autre passage de Procope, qui l'indique comme se trouvant à l'extrémité de la Numidie. Enfin, M. Papier, président de l'Académie d'Hippone, dans une très intéressante brochure (2), démontre d'une manière irréfutable que le Mons Pappua n'était autre que le Djebel-Nador.

Bélisaire, lancé à la poursuite de Gélimer, arriva à Hippone. Beaucoup de nobles Vandales avaient préféré tomber entre les mains du général grec, dont l'humanité était connue, que de suivre leur roi détrôné et soutenir une lutte qu'ils considéraient désormais comme impossible.

Bélisaire les accueillit avec bonté et les envoya à Carthage avec leurs familles.

Boniface, dont nous venons de parler, à la nouvelle du désastre du Tricameron, s'était embarqué et avait

---

(1) Histoire de Djidjelli.
(2) Du Mons Pappua et de sa synonymie avec le Djebel-Nador.

fait voile pour l'Espagne, mais, rejeté par la tempête dans le port d'Hippone, il prit la résolution de livrer les trésors dont il était le dépositaire au général victorieux.

On voit donc que le séjour de Bélisaire à Hippone ne fut pas tout à fait inutile.

Il reprit le chemin de Carthage en laissant le soin au chef des Hérules Pharas de bloquer étroitement Gélimer et de s'en emparer.

L'empire Vandale redevint une province de l'empire d'Orient. Gélimer, pendant quatre mois, resta enfermé dans Médenos, mais, serré de près, manquant de tout, menacé par la famine, il dut se rendre et alla orner le triomphe de Bélisaire à Constantinople.

Dans le chaos des troubles, des révoltes et des guerres civiles, dont l'Afrique fut le théâtre sous la domination gréco-byzantine, Hippone passa, tour à tour et sans résistance, aux mains du vainqueur; elle ne se releva, du reste, jamais complètement des ruines entassées par les Vandales.

Nous allons voir les Arabes porter les premiers coups à la domination romaine, en Afrique.

CHAPITRE II

Premières invasions des Arabes en Afrique. — La domination berbère. — Hippone et ses différentes dénominations. — Fondation de Bône. — Destruction complète d'Hippone à l'époque de l'invasion Hilalienne. — Relations de Bône avec l'Europe, de 1100 à 1515. — Différents traités conclus entre les Etats européens riverains de la Méditerranée et les princes d'Afrique.

Le Koran d'une main et le sabre de l'autre, les Arabes, à la voix des représentants du Prophète, s'étaient élancés à la conquête du monde. Cependant, leurs premières expéditions furent plutôt des incursions que des invasions, ayant pour conséquence l'occupation définitive du pays. Ils ne furent préoccupés, au début, que de rapporter et mettre à l'abri le riche butin que leur procuraient les dépouilles des vaincus.

En 640, Amrou ben el Aci s'empara de l'Egypte, alors province romaine, et en fut nommé gouverneur. Six ans après, son successeur, Abdallah ben Saâd, frère utérin du Kalife, régnant Otsman, traversa à la tête d'une armée arabe, la Cyrénaïque et la Byzacène. Il se heurta dans les environs de l'antique Sufetula aux cohortes romaines et à la cavalerie berbère du patrice Grégoire, accouru pour s'opposer aux progrès des envahisseurs. Les Arabes furent vainqueurs, mais, néanmoins, revinrent en Egypte quinze mois après. Ils n'en sortirent qu'en 665, c'est-à-dire après que Moaouïa eut fondé la dynastie des Oméïades et mit ainsi fin aux dissensions intestines qui agitaient le monde musulman. Cette deuxième expédition était dirigée par Moaouïa ben Hodeidj, qui atteignit la province romaine et culbuta les quelques troupes byzantines commandées par le patrice Nicéphore. La domination romaine en Afrique, si le vainqueur l'eût voulu, était dès ce moment anéantie. Il se contenta d'organiser le territoire conquis en province arabe. Okba ben Nafa en fut nommé Gouverneur et jeta, à huit jours de marche de Carthage, les fondations de Kairouan, nouvelle capitale de l'Islamisme en Afrique.

Les débris de la domination romaine, réduits à la possession de Carthage et de quelques villes du littoral, ne pouvaient être un obstacle à l'envahissement des Arabes. Mais la population autochtone — les Berbères, comme les appelèrent les nouveaux venus — ne purent voir d'un œil indifférent les signes précurseurs d'une occupation définitive. Jaloux de leur indépendance, ils organisent la défense. Dans cette lutte acharnée, Okba succombe ; Kairouan, prise d'assaut, devient le siège du gouvernement d'un prince berbère, Koceïla, qui avait été l'âme de la défense. Comprenant que le gouvernement sans force des patrices romains ne pouvait plus être un danger pour les libertés et l'indépendance de son peuple, Koceïla conclut une alliance avec Carthage, contre l'ennemi commun.

L'expédition de 688, conduite par Zoheir ben Kaïs,

commencée sous d'heureux auspices, se termina par un désastre.

Zoheir, qui avait complètement défait les Berbères en une seule bataille, ne recevant pas de renforts, dut se résoudre à rentrer en Egypte. Il fut attaqué, battu et tué près de Barka par des troupes byzantines.

Hassan ben Noumen, envoyé en toute hâte pour réparer cet échec, fut battu par les Berbères, qui s'étaient de nouveau soulevés à la nouvelle de la mort de Zoheir. Il dut rentrer dans la province de Barka, où il attendit, jusqu'en 697, l'envoi des renforts nécessaires pour ouvrir une nouvelle campagne. Dès qu'ils lui furent parvenus, il s'avança dans l'Ouest, s'empara définitivement de Carthage, qu'il ruina ainsi que les autres villes romaines, à l'exception toutefois d'Hippone, qui conserva quelque temps sa garnison byzantine. De Carthage, Hassan se dirigea vers l'Aurès, centre de la résistance des Berbères, qui, vaincus encore une fois, durent momentanément courber la tête sous le joug du vainqueur.

De sourds tressaillements, des révoltes dans lesquelles des armées arabes sont détruites, viennent démontrer aux envahisseurs que l'esprit d'indépendance reste toujours vivace au fond du cœur des indigènes. Pendant près de trois siècles, nous voyons cette race énergique lutter avec rage contre l'étranger. Exactions des gouverneurs, établissement d'impôts nouveaux, l'introduction du nouveau schisme des Kharedjites (1) dans lequel ils se jettent par esprit

---

(1) Deux schismes vinrent après la mort de Mohamed

d'opposition, tout sert de prétexte aux Berbères pour essayer de secouer le joug des Arabes. Ils y réussirent en 909. Abou abd Allah chasse le dernier gouverneur arabe et place sur le trône le prince berbère Obeïd Allah, qui fonde la dynastie des Obeïdites ou des Fatemides (1).

Pendant ce long espace de temps, c'est-à-dire depuis la première apparition des Arabes en Afrique jusqu'au commencement du XIe siècle, l'histoire d'Hippone est plongée dans la nuit. Il n'en faut cependant pas conclure que la cité de saint Augustin ait été complètement ruinée par les Arabes, ainsi qu'on l'a prétendu, au moment de la ruine de Carthage, car nous voyons Ibn Haukal (qui écrivait sa géographie vers 950), ne nous parler que d'une seule ville de Bône. Certes, s'il se fût agi d'une ville de création récente il n'eût pas manqué de le dire et de signaler les ruines de l'ancienne. El Bekri, qui décrit Bône un siècle plus tard, signale la présence d'une ville qu'il appelle Medinat-Seybous (la ville de la Seybouse), au-dessous de la ville de saint Augustin. « La ville de Bonna (2), dit-il,
« fondée à une époque très reculée, était la demeure
« d'Augochtin (Augustin), grand docteur de la religion
« chrétienne. Elle est située près de la mer, sur une

---

diviser le monde musulman. Celui des chiaïtes ou alides qui n'acceptaient pour Kalife qu'un descendant direct du prophète, et les Kharedjites qui voulaient le prendre indistinctement parmi tous les musulmans. Ce dernier fit d'énormes progrès chez les Berbères.

(1) Fatemides ou descendants de Fatima.
(2) Altération du mot Hippone.

« colline d'accès difficile, qui domine la ville de Sey-
« bous. De nos jours elle porte le nom de Medinat-
« Zaouï, ville de Zaouï ; elle est à trois milles de la
« ville neuve et renferme des mosquées, des bazars
« et un bain. Les environs sont très riches en fruits
« et en céréales. »

Il résulte de cette description qu'Hippone, en 1050, non seulement n'avait pas disparu, mais qu'elle conservait encore une certaine activité. Quant au nom de ville de Zaouï, il est dû à la présence du prince Zaouï ben Ziri, auquel elle fut donnée en apanage par Mouaz ben Badis, prince de la dynastie berbère Ziride, qui, nous allons le voir, va remplacer la dynastie Fatemide en Afrique. « Bône la Neuve, Bonna el Haditsa, ajoute El Bekri, fut entourée de murs un peu plus tard que l'an 450 (1058). Elle possède près de la mer un puits taillé dans le roc et nommé Bir-en-Netsra, qui fournit à presque toute la population l'eau dont elle a besoin : A l'occident de la ville est un ruisseau qui sert à l'arrosage des jardins et qui fait de cette localité un lieu de plaisance (1). L'Edough, montagne qui domine Bône, est souvent couverte de neige, le froid y est très intense et, chose extraordinaire, on y voit une mosquée sur laquelle la neige ne tombe jamais, bien que toute la montagne en soit couverte. Bône jouit à la fois des avantages d'une ville de l'intérieur des terres et d'une ville maritime. La viande, le lait, le poisson et le miel s'y trouvent en grande abondance. La viande de bœuf est celle dont on fait la plus grande consommation.

(1) Le Ruisseau d'Or.

Nous devons toutefois faire observer que les hommes blancs tombent malades dans cette ville et que les noirs s'y portent très bien. On trouve, dans les environs de Bône, plusieurs peuplades berbères appartenant à diverses tribus telles que les Masmouda et les Aureba. Cette ville est fréquentée par des négociants dont la plupart sont des Andalous (1). Le revenu que Bône fournit à la caisse particulière du sultan, abstraction faite des sommes perçues pour le compte du Trésor, s'élève à 20,000 dinars (200,000 francs) (2). »

De ce qu'Ibn Haukal ne signale pas, vers 950, la présence de deux villes sur ce point du littoral et que, cent ans environ plus tard El Bekri les décrit d'une façon précise, on peut conclure que la ville actuelle de Bône a été construite dès le commencement du XIe siècle.

L'invasion arabe Hilalienne, dont nous allons parler, en venant donner un nouvel essor à la jeune cité, porta un coup funeste à Hippone. Les bazars, maisons, bains dont parle El Bekri, construits eux-mêmes avec les débris de la ville romaine (3), furent démolis et les matériaux transportés dans la nouvelle ville servirent à son embellissement.

---

(1) Il s'agit ici des Catalans qui avaient, avant cette époque, des relations commerciales avec Bône.
(2) Traduction de Mac-Slane, interprète militaire.
(3) Que Bône, dit Monseigneur Dupuch, soit en partie construite des débris d'Hippone, je le crois. Ainsi les soixante et quelques colonnes qui soutiennent la grande salle de l'hôpital, ancienne mosquée, et autrefois, dit-on, temple de Vénus, me semblent avoir été tirées de ces ruines vénérables.

Nous avons vu que les Arabes, en 909, avaient abandonné l'Afrique aux Berbères qui y avaient fondé la dynastie Fatemide. Après une assez longue période de troubles et de dissensions intestines, El Kaïm, prince berbère, alors au pouvoir, transporta le siège de son gouvernement en Egypte et laissa à un prince ziride l'administration de la province d'Afrique.

Les nouveaux gouverneurs ne tardèrent pas à se lasser des exigences des Kalifes Fatemides, et El Mouaz, trahissant ses anciens maîtres, se déclara vassal des Abbacides, dynastie régnante de Bagdad.

Cet acte devait avoir de graves conséquences pour l'Afrique septentrionale. Le Kalife El Mostamer, qui gouvernait alors en Egypte, furieux de la rébellion de son vassal, trouva l'occasion favorable pour débarrasser l'Egypte des tribus arabes de Soleïm et de Hilal, dont la présence était une cause de troubles et d'embarras.

Il lança cette horde avide et turbulente, qui ne comptait pas moins de 200,000 personnes, sur les riches provinces d'Afrique. La domination berbère disparut, après avoir essayé de lutter, dans ce tourbillon.

Les Arabes, de nouveau maîtres de l'Afrique et de ses villes maritimes, ne tardèrent pas à aller porter la ruine et la désolation sur les rives du midi de l'Europe.

« C'est de Bône, dit El Bekri, dans sa description de l'Afrique, que partent souvent des galères pour faire la course contre les pays chrétiens.

Les nations marchandes, qui avaient le plus à souffrir de la piraterie, se réunirent et, en 1034, une flotte, composée de navires pisans, génois et provençaux, vinrent attaquer Bône, qui était le repaire d'où s'élançaient tous les forbans. Ils s'en emparèrent après une courte résistance, car elle n'était pas encore entourée de murs.

Les commerçants de Barcelone s'empressèrent de renouer des relations, momentanément interrompues.

Bien qu'elle fût au pouvoir des Arabes, Bône n'en avait pas moins conservé un fond de population chrétienne d'une certaine importance, puisqu'en 1076 le pape Grégoire VII, dans une lettre adressée au clergé et aux habitants de Bône, annonçait qu'il avait consacré, sur leur demande, comme évêque de cette ville, le prêtre Servand. Il leur recommandait la vénération pour leur prélat et la pratique de la religion, afin d'en imposer le respect aux Arabes, au milieu desquels ils vivaient.

Grégoire VII écrivait en même temps à En Naceur, roi de la Mauritanie, pour lui annoncer cette nomination et le remercier de ses bons procédés à l'égard des chrétiens de ses Etats.

Quelques années après, Roger II, roi de Sicile, ayant eu à se plaindre des procédés du roi de Tunis, rompit le traité de paix qui existait entre eux depuis cinq ans et envoya une flotte sous les ordres de Philippe de Mehedia, un Arabe renégat, sur les côtes d'Afrique.

L'expédition arriva devant Bône, qui dut accueillir

le vainqueur sans résistance. Elle reçut un gouverneur et une garnison au nom du roi de Sicile.

Les Normands étaient donc établis en Afrique ; leur autorité fut douce et juste et se serait maintenue très longtemps si, en 1159, Abd el Moumen, roi du Maroc, n'avait eu l'ambition de soumettre toute l'Afrique. Il y réussit et les Normands durent abandonner leur conquête. Pour mettre Bône à l'abri d'une nouvelle tentative des Européens, il la fit entourer de remparts.

Bien qu'il fût peu favorable aux chrétiens, Abd el Moumen, prince intelligent, avait compris que les relations commerciales de l'Europe avec ses Etats étaient une source de richesses pour ses sujets et de profits pour son Trésor. Dès 1155, alors que Bône était encore au pouvoir de Roger, il avait accordé des privilèges de pêche et de négoce à des commerçants génois. Ces privilèges furent maintenus et développés par le traité de 1160, qui ouvrait tous les ports du royaume Almohadé, c'est-à-dire l'Afrique septentrionale, à l'importation des produits génois, moyennant un droit d'entrée de 8 0/0.

De son vivant, Abd el Moumen favorisa ces derniers au détriment des autres villes maritimes de la Méditerranée ; mais, à sa mort, les Pisans conclurent un traité analogue à celui des Génois avec le fils d'Abd el Moumen (1166).

En 1180, ce fut le tour des Siciliens.

Enfin, à partir du commencement du XIIIe siècle, les traités se succèdent avec toutes les nations riveraines de la Méditerranée, et leurs pavillons flottent librement dans tous les ports des Etats musulmans, en Afrique.

Nous allons citer quelques-unes des principales conventions qui ouvrirent le port de Bône au commerce européen.

Le 11 août 1264, Pise renouvelait, pour vingt ans, son premier traité avec le roi de Tunis, Abou Abd Allah.

Il y était dit à l'article 20 :

20, DE LO FONDACHO DI BUONA

Et che a Buona dobbiate avere fondacho, et non possa in quello stare, né albergare alchuna altra persona, set non culoro che voi vorrete.

21, De lo uso come in Tunithi. Et che a Buona, si debbia tenere et fare a voi quello uso che este in Tunithi, et in quello medesmo modo.

20, DU FONDOUK DE BONE

Il y aura également à Bône un fondouk dans lequel ne devront être reçues ou hébergées que les personnes que vous voudrez recevoir.

21, Des usages semblables à ceux de Tunis. On observera et on respectera à Bône les usages en vigueur à Tunis.

Les relations des Marseillais avec l'Afrique remontent à 1138 ; mais le premier traité régulier fut conclu le 21 novembre 1270, pour une durée de quinze ans, entre Philippe III, roi de France, d'une part, et Abou Abd Allah el Mostamer, roi de Tunis, de l'autre.

« Les sujets des deux Etats, y était-il dit, devaient recevoir réciproquement aide et protection. »

Néanmoins, nos navires ne semblent point avoir profité de la liberté qui leur était accordée de venir commercer sur les côtes d'Afrique.

Ce ne fut que plus tard, vers 1400, que les relations devinrent régulières.

Le 14 septembre 1313, une nouvelle convention est signée entre Pise et Abou Yayha Zakaria, roi de Tunis.

Nous ne reproduisons que l'article qui concerne Bône :

20, Arranno essi in Bona, che dio la guardi ! un fondaco, particolarmente destinato a loro alloggio, nel quale non dimoreranno insieme con essi altri cristiani. In questo fondaco varranno le medesime consuetudini che reggono in Tunis, cui Dio guardi ! e similmente in Cabes, Sfax e Tripoli.	20, Il y aura également à Bône, que Dieu la garde, un fondouk qui leur sera particulièrement affecté (Les Pisans) et dans lequel ne devra être reçu aucun autre chrétien. Les habitudes en usage à Tunis devront également y être en vigueur, comme à Gabès, Sfax et Tripoli.

En 1366, Abou Abbas, ex-gouverneur de Constantine, s'était emparé de Bougie et y avait fondé un royaume.

Il donna la ville de Bône à son neveu, Abou Abd Allah Mohamed, avec le titre de vice-roi.

Nous avons vu que les Catalans avaient eu, depuis 1100, de nombreuses relations avec les rois de Tunis et gouverneurs de Bône.

Leur dernier traité, signé le 1er mai 1323, n'avait pas été renouvelé, mais ils n'en continuaient pas moins à venir pêcher et faire du commerce sur les côtes africaines.

Nous retrouvons, en effet, une lettre du 8 janvier 1639, adressée au roi de Tunis, dans laquelle « les magistrats municipaux de Barcelone, en le remerciant des ordres qu'il a donnés dans l'intérêt d'un patron de Barcelone, échoué près de Bône, lui signalent les vexations et les dommages que les naufragés ont eu à subir, nonobstant ses instructions, du caïd de Bône et lui demandent justice (1).

Un autre document nous apprend qu'en 1446 le droit de pêche était affermé à un Catalan sur toutes les côtes de la Tunisie, à l'Ouest, jusqu'à Bougie.

Ce document est une lettre des conseillers et prud'hommes de Cagliari, priant les magistrats municipaux de Barcelone de vouloir inviter leur compatriote fermier de la pêche, de ne pas exiger des pêcheurs sardes le tiers du corail récolté, mais seulement le dixième. Nous avons vu plus haut qu'il était question, dans presque tous les traités, de fondouks ou habitations spéciales destinées aux commerçants des différents Etats, en relation avec l'Afrique.

Bône en possédait quelques-uns ; il n'est donc pas inutile de dire quelques mots de cette institution.

Le fondouk était un groupe d'habitations renfermant les gens de même nationalité. Les différents fondouks, séparés entre eux par une simple muraille de pierres sèches, constituaient un quartier spécial de la ville arabe, ayant sa police particulière, sa juridic-

---

(1) Mas-Latrie.

tion spéciale, ses coutumes et surtout son inviolabilité.

Chaque fondouk était placé sous la haute surveillance du consul de sa nation qui devait y résider ou tout au moins y avoir un délégué ; un four commun était affecté au service des habitants, et lorsque il n'existait pas d'établissement de bains, il était stipulé, dans les conventions, qu'un bain de la ville serait mis une fois par semaine à la disposition des habitants.

Toutes les fois qu'un traité accordait l'autorisation d'établir un fondouk dans une ville arabe, il était suivi d'une clause autorisant la construction d'une chapelle, pour la célébration du culte chrétien, et la création d'un cimetière spécial.

Telles étaient à grands traits les conditions d'existence des Européens qui venaient se fixer soit dans le royaume de Tunis, soit dans celui de Bougie ou du Maroc.

Malgré tous les traités et les garanties dont cherchaient à s'entourer les commerçants des différents Etats européens, le brigandage maritime n'en avait pas moins pris, surtout vers le milieu du XVe siècle, une assez grande extension.

On doit attribuer cet amour de pillage qui, pendant de longues années, paralysa la navigation de la Méditerranée à la décadence générale de la civilisation arabe et à l'établissement des Turcs en Europe.

Néanmoins, comme nous l'avons dit plus haut, malgré le danger qu'il y avait à venir commercer sur les côtes d'Afrique, les relations ne furent pas complètement interrompues.

Parmi les nations qui venaient échanger leurs produits dans les ports des royaumes de Tunis et du Moghreb, les Français avaient toujours occupé le dernier rang.

Louis XI fut le premier roi de France qui voulut donner au commerce national un plus grand essor ; lorsque la mort de Charles III d'Anjou lui eut donné la Provence, il écrivit au roi de Bône, Abd Allah Mohamed Messaoud, fils d'Abou Omar Otsman, roi de Tunis, pour lui annoncer cet événement.

Cette lettre, datée de Tours, 1482, était rédigée en ces termes :

« Loys, par la grâce de Dieu, roy de France, conte de Prouvence et Seigneur de Marceille, à le illustrissime roy de Bonne, nostre chier ami, salut et cognoissance de nostre fay catholique. Pour ce que nous avons délibéré, o l'aide de Dieu omnipotent, eslever en nostre païz de Prouvence, la navigacion et fréquenter la marchandise de nos subgectz avecques les vostres, par manière qui s'en ensuive utilité et proffit d'une partie et d'autre ; et la bénivolence accoustumée entre la majesté du roy de Thunys, vostre père, auquel présentement escrivons, et la vostre, et celle de Bône, mémoire du roy de Sicille, nostre oncle, non pas seulement soit conservée, maiz accroissée ; dont vous avons bien voulu advertir en vous priant bien affectueusement qu'il vous plaise à noz subgectz, lesquelz viendront pratiquer et troquer de par de là, les traicter favorablement tout ainsi que fesiez par le temps que notre dit oncle vivoit, car aussi ferons nous aux vostres subgectz, quand le cas adviendra.

« Et pour ce que nostre féal conseiller et trésorier en nostre païz du Daulphiné, Jehan de Vaulx, lequel nous avons retenu à nostre service pour ses vertus, cougnoist mieulx la manière de traffiquer les ungs avec les autres, depuis le temps qu'il estoit général dudit païz de Prouvence, nous avons esté par lui advertiz que sa navire, de laquelle estoit patron Glaudé Martinet, par fortune de mer, est tumbée à naufrage ; dont et de tout autre inconvénient que advenir luy porroit avons esté desplaisans et serions, pour les mérites et services faiz par lui envers nous ; pour laquelle chose ou envoyé par devers vous, (1) avec toutes puissances de recouvrer tous et chacuns biens et marchandises, lesquels estoient es mains de Pierres Blondet, facteur dudit Martinet, lesquelles depuis par vous ont esté prinses avecques promesse par vous faicte de les rendre. Si vous prions treschièrement que tant pour satisffaire à l'office de vrai prince, que aussi pour contemplacion de nous, vous plaise faire rendre, ausdits messagiers, tous et iceulx biens et marchandises par vous prinses ou leur juste valleur et estimacion, par manière qu'il ne demeure endommaigé ; et jà soit que la requeste soit juste, néantmoins nous ferez-vous un singulier plaisir. Et si par

---

(1) Cette lettre fut également envoyée au roi de Tunis, après les mots : on envoie par devers vous, on avait ajouté « tout expressément l'ung des familiers et serviteurs de notre maison, » ce qui démontre que de tous les Etats, la France n'avait pas d'agent accrédité en Afrique.

deça avoit aucune chose qui vous feust à plaisir, en le nous signifiant, nous efforcerons très-voluntiers de vous en complaire, saulve l'offense de nostre foy » (1).

A l'époque où Louis XI, dans l'intérêt de la Provence, essayait de nouer des relations avec les princes arabes, l'Afrique se débattait dans une profonde anarchie. La dynastie Hafside, qui régnait depuis le XIIIe siècle en Tunisie et étendait son autorité sur les royaumes tributaires de Bône, Bougie et Constantine, se défendait avec peine contre les attaques des Berbères, qui n'avaient jamais perdu l'espoir de reconquérir leur indépendance première. Les Espagnols, profitant de ces embarras intérieurs, s'emparent de Bougie, installent une garnison dans le Penon d'Alger et s'établissent ainsi sur la côte d'Afrique (2).

Enfin les deux redoutables corsaires, dont le nom seul est devenu un objet d'épouvante pour les navigateurs, Baba-Aroudj et Kheir Eddin font de Djidjelli le centre de leur champ de rapines et de vols. Leur ambition s'augmentant de leurs succès, ils voulurent bientôt établir, sur des bases plus larges, leur système d'exploitation par la terreur. Ils rêvèrent la domination de l'Afrique septentrionale et nous allons voir qu'ils réalisèrent complètement cet audacieux projet..

---

(1) Mas-Latrie.
(2) Penon signifie en espagnol gros rocher. Cette roche, appelée par les Arabes île des Beni-Mesranna, fut occupée, en 1512, par Diego de Vera, qui y fit construire une forteresse.

CHAPITRE III

Baba-Aroudj s'empare d'Alger. Développement de la piraterie. Bône au pouvoir des Turcs. Expédition de Charles-Quint à Tunis et occupation de Bône par les Espagnols, de 1535 à 1540. Correspondance du gouverneur avec Charles-Quint. Mort du gouverneur et abandon de Bône, que les Turcs occupent de nouveau.

A la mort de Ferdinand le Catholique, les habitants d'Alger, qui, depuis 1510, n'avaient accepté qu'en frémissant le voisinage gênant des Espagnols, maîtres du Penon, pensèrent que le moment était venu de reconquérir leur liberté et de chasser les étrangers. Ils envoyèrent une députation à Baba-Aroudj, qui, malgré l'échec subi deux ans auparavant devant Bougie, en combattant contre les Espagnols, (1) n'en continuait pas moins à semer la terreur sur la Méditerranée, et le supplièrent de venir les délivrer de la présence des infidèles.

Baba-Aroudj, nous l'avons déjà dit, rêvait depuis longtemps d'établir son autorité sur l'Afrique septentrionale.

A l'appel des Algériens il accourut par mer, tandis

---

(1) Dans cette attaque Aroudj avait perdu un bras. Il alla se réfugier à Djidjelli qu'il fortifia.

que son allié, Ahmed ben el Kadi, (1) amenait par terre de nombreux contingents.

Salem ben Toumi, cheik des Taalba, qui gouvernait Alger, ne devait pas tarder à se repentir d'avoir demandé le secours de semblables alliés; quelques jours après l'arrivée de Baba-Aroudj à Alger l'infortuné cheik périssait étranglé.

Kheir Eddin, (2) qui attendait à Djidjelli le dénouement de l'expédition, accourut à l'appel de son frère et l'aida à organiser le pouvoir.

La première préoccupation de Baba-Aroudj fut de chasser les Espagnols des divers points qu'ils occupaient sur la côte d'Afrique. Il se rendit dans la province d'Oran, mais, surpris entre cette place et Tlemcen, il fut tué et son frère resta seul maître d'Alger.

Assiégé par les bandes arabes soulevées à l'annonce de la mort de Toumi, bloqué par les Espagnols du Penon, menacé par Moulay Hassan, roi de Tunis, Keir Eddin comprit qu'il ne pourrait échapper à tant d'ennemis qu'en se plaçant sous la protection d'une puissance plus forte. Il se déclara donc vassal de la Porte Ottomane et lui fit hommage d'Alger. Le sultan de Constantinople, flatté dans son amour-propre, répondit à cet acte de soumission en envoyant à son nouveau vassal une armée de 2,000 janissaires.

---

(1) Ahmed ben el Kadi habitait entre Bône et La Calle. Baba-Aroudj, en 1514, en avait fait son compagnon d'expéditions.

(2) C'est à Kheir Eddin, frère ainé de Baba-Aroudj, que fut donné le surnom de Barberousse.

Kheir Eddin prit alors le titre de Pacha (1518) et s'empressa, avec le renfort qu'il avait reçu, d'attaquer les Espagnols et de les expulser du Penon. Il marcha ensuite contre l'ancien allié de son frère, Ahmed ben el Kadi, qui avait pris parti pour le roi de Tunis, et le réduisit à l'impuissance.

A partir de ce moment, la piraterie prend une redoutable extension.

La navigation de la Méditerranée est presque interrompue. Les navires marchands restent dans les ports, eux-mêmes exposés à la visite des terribles corsaires.

Sur les côtes de la Provence s'élèvent des bastides où des veilleurs guettent jour et nuit et jettent, aux populations terrifiées, le cri d'alarme.

Les rivages de l'Europe méridionale se dépeuplent, et le monde chrétien, impuissant, courbe honteusement la tête devant cette poignée de pirates. Mais il ne suffisait pas à Kheir Eddin d'être le souverain incontesté des mers ; il fallait à son ambition un empire digne de son audace. Il tourna les yeux vers Tunis.

Le 4 août 1534, les habitants de Bône se révoltent et, après avoir massacré le gouverneur tunisien, appellent Kheir Eddin.

En apprenant cette rébellion, Moulay Hassan fit partir en toute hâte 250 arquebusiers et 400 cavaliers ; mais il était déjà trop tard. Bône était au pouvoir des Turcs.

Après avoir laissé dans cette place quinze galères, Keir Eddin fit voile avec le reste de sa flotte vers Tunis, dont il s'empara le 18 du même mois, à la suite d'un sanglant combat.

Moulay Hassan s'était enfui.

Les Espagnols ne pouvaient voir sans inquiétude le développement rapide du nouvel empire ; aussi, Charles-Quint se prépara-t-il à aller reprendre Tunis pour y placer son allié détrôné.

A cette époque, François Ier, en antagonisme avec Charles-Quint, concluait avec la Porte Ottomane, par l'entremise de Jean de la Forest, en janvier 1535, un traité d'amitié et de commerce, aux termes duquel tous les Français et chrétiens qui iraient sur les côtes d'Afrique seraient sous la protection du consul de France. Ce traité renfermait également les clauses d'une alliance offensive et défensive.

Charles-Quint, malgré cette menace, n'en continua pas moins ses préparatifs et, le 31 mai 1535, il quittait, avec une flotte puissante portant 26,500 hommes, les côtes d'Espagne.

Il arriva bientôt devant Tunis dont il entreprit le siège et où il fit son entrée le 21 juillet 1535. Moulay Hassan était rétabli sur le trône, et son rival Kheir Eddin s'était enfui dans la direction d'Alger avec les débris de ses troupes.

Aussitôt après la prise de Tunis, Charles-Quint réunit son conseil pour délibérer sur l'emploi que l'on pourrait faire de la flotte, afin de nuire à l'ennemi.

Nous extrayons de cette délibération le passage suivant :

« Sa Majesté irait ensuite à Bône, où l'on compte environ 3,000 feux. La ville a, comme Bizerte, une rivière, où les galères peuvent entrer et même hiverner. C'est une place forte, et il faudrait l'occuper en raison surtout de la rivière. »

Charles-Quint donna aussitôt l'ordre à André Doria de se rendre à Bône avec trente galères et deux mille hommes et de s'en emparer. Mais la flotte avait été signalée longtemps à l'avance. Les habitants terrifiés avaient pris la fuite et avaient suivi Kheir Eddin qui, dans sa retraite, était venu s'embarquer à Bône.

Doria trouva donc la ville absolument déserte ; il se contenta de capturer quelques galères qui se trouvaient dans la rade et qui avaient encore à leur bord un certain nombre d'habitants. Il se retira sans occuper ni la place ni la citadelle et rentra à Tunis.

Charles-Quint fut peu satisfait d'une expédition sans résultat ; mais comme la flotte devait retourner directement en Espagne, il en donna le commandement au marquis de Mondéjar, capitaine-général du royaume de Grenade, en même temps qu'il lui confiait le soin de s'emparer de Bône en passant.

Ces instructions dictées à Tunis et datées du 16 août 1535 étaient ainsi conçues :

« Toutefois, l'empereur prescrit au marquis de Mondéjar de passer à Bône, dont s'était emparé Barberousse (Kheir Eddin). Le marquis n'ignore pas que le prince André Doria s'est présenté devant cette place avec ses galères, et qu'à son approche les Turcs se sont hâtés de l'évacuer. Conformément au traité conclu avec le roi de Tunis, le capitaine-général devra prendre possession de la Casbah, pour la garde de laquelle, ainsi qu'il a été convenu, il sera prélevé 8,000 ducats sur les rentes et les revenus de la place. Le marquis laissera dans la forteresse 600 fantassins espagnols et, pour gouverneur, le capitaine Don Alvar Gomez el Zagal (1), avec les vivres et les munitions nécessaires. »

L'empereur entre ensuite dans de nombreux détails sur les précautions qu'il juge convenable de prendre pour que l'occupation de Bône s'opère autant que possible pacifiquement, et que les Maures, qui l'ont abandonnée, reviennent promptement l'habiter.

Sa Majesté s'en remet, du reste, à la sagesse et à la prudence du marquis de Mondéjar, qui pourra débarquer 200 hommes de plus, si, d'après l'importance de la ville et son étendue, il pense que le nombre de 600 fantassins, fixé d'abord pour en former la garnison, soit insuffisant. L'empereur désire, en outre, que le marquis s'assure lui-même de l'état des fortifications, et, s'il lui paraît utile pour la sûreté de la place que certaines parties des murailles soient réparées, qu'il donne à ce sujet les ordres nécessaires. Le résultat de cette inspection devra être soumis à Sa Majesté dans un rapport indicatif de la dépense projetée (2).

Muni de ces instructions, le marquis de Mondéjar mit à la voile et arriva quelques jours après à Bône dont il s'empara sans coup férir.

---

(1) El Zagal, Le Vaillant.
(2) Documents inédits sur l'histoire de l'occupation espagnole en Afrique. Elie de la Primaudaie.

De cette place, il adressa à Charles-Quint, le 29 août 1535, un rapport ainsi conçu :

« La flotte, retardée par des calmes et des vents contraires, a mis cinq jours pour se rendre à Bône ; Don Alvar de Bazan nous y avait précédés avec les galères. Quand il se présenta dans la rade, on lui tira quelques coups de canon, ce qui fit penser que les habitants avaient l'intention de défendre la ville.

« Les troupes ayant été débarquées, on en forma deux colonnes et on les lança contre le château. Les Maures ne nous attendirent pas, et se hâtèrent de l'abandonner. Ce jour-là on ne fit pas autre chose. Nous prîmes possession de la Casbah et de la ville, et les navires que le feu de l'ennemi avait empêchés de s'approcher vinrent mouiller dans le port. Pendant les trois jours suivants, on mit à terre l'artillerie, les munitions et les vivres. Après avoir examiné la situation de la ville et la forteresse, il m'a paru que l'on devait, provisoirement, les occuper toutes les deux : la garnison du château ne pourrait être que très difficilement secourue et ravitaillée, si les Maures étaient maîtres de la ville. Il faut qu'ils n'y rentrent qu'avec notre permission et qu'ils ne la trouvent pas abandonnée, attendu que, dans ce cas, il y aurait à craindre que les anciens habitants n'y revinssent pas, et qu'elle ne servît de refuge à d'autres Maures ou Arabes, qui s'y conduiraient de manière à la rendre inhabitable. Je laisserai à Bône 800 hommes, comme Votre Majesté l'a ordonné. Avec 200 soldats dans le château et les 600 autres dans la ville, je crois que l'on peut se maintenir, en attendant que Votre Majesté ait fait connaître ses intentions à ce sujet. Il serait utile, si la ville doit être repeuplée de Maures, de construire une tour, sur un mamelon, près de la marine, afin de pouvoir secourir, au besoin, ceux du château. Cette tour construite, on permettrait aux Maures de rentrer à Bône, et, à mon avis, 300 hommes suffiraient alors pour garder la forteresse. Messer Benedito a dressé le plan de la ville et du château. Je l'envoie à Votre Majesté, avec un mémoire des réparations qu'il conviendrait de faire et de la dépense qu'elles coûteraient.

« Les vivres sont avariés pour la plus grande partie. On s'en aperçoit à la mine des soldats : pas un n'a la figure d'un homme sain. Quelques-uns sont déjà morts, et un grand nombre d'autres sont malades. Je me hâte de tout terminer, afin que nous puissions, le plus tôt possible, faire voile pour l'Espagne.

« Il y a eu quelques pourparlers avec les Maures; mais ils ne veulent pas de la paix. Don Alvar de Bazan nous a été très utile pour le débarquement des vivres et des munitions ; avec son aide, nous avons pu, en peu de temps, mener à bien cette opération.(1) »

Quelques jours après, la flotte espagnole abandonnait Bône avec sa petite garnison et se dirigeait vers l'Espagne.

Les conditions dans lesquelles on laissait le gouverneur et ses troupes n'étaient pas des plus favora-

---

(1) Documents inédits sur l'histoire de l'occupation espagnole en Afrique.

bles. Les maladies semaient de nombreux vides dans les rangs ; les approvisionnements étaient avariés et le ravitaillement devenu presque impossible, puisque les indigènes refusaient tout commerce avec les Espagnols.

Cette situation ne pouvait qu'empirer.

Nous allons en juger par la lecture du rapport ci-après, qu'adressait Don Alvar à Charles-Quint un mois environ après son arrivée à Bône, c'est-à-dire le 13 septembre 1535 (1).

« Le samedi, 23 août, dans la matinée, les galères se présentèrent devant Bône. On nous tira trois ou quatre coups d'un mauvais petit canon de fer qui ne nous fit aucun mal ; nous avons trouvé ce canon qui n'est bon ni à tuer, ni même à épouvanter.

« Les galères se retirèrent dans la partie du couchant, à une demi-lieue environ de la ville. Les Maures, au nombre d'une trentaine de cavaliers, se montrèrent bientôt..... nous avons su ensuite .... Les Turcs..... des galères qui faisaient de l'eau se réunirent à nous par..... raboteux, et ils atteignirent trois ou quatre chrétiens. Le lendemain, dimanche, ils firent de même. Les Maures et les Turcs avaient allumé de grands feux, et, pendant ces deux jours, ils conservèrent leurs drapeaux arborés sur la Casbah et sur la

---

(1) A la lecture de ce document véritablement intéressant et puisé à la même source que les précédents, on comprendra que nous ayons tenu à le reproduire en entier. Mais il existe des lacunes dans le texte produites par des déchirures ; elles ont été indiquées par des points.

ville, de sorte que le roi de Tunis ne pourra pas dire que cette place est à lui.

« Le lundi, au point du jour, le marquis de Mondéjar parut avec le reste de la flotte. Le débarquement se fit immédiatement dans une anse, au couchant de la ville, et nous prîmes possession de cette dernière et de la forteresse, sans rencontrer aucune résistance. Je restai dans le château avec deux compagnies, celles de Francisco de la..... et de Juan Avellan. Le marquis s'établit dans la ville avec les autres troupes et une bonne partie des hommes de la flotte. La cavalerie ne débarqua pas ; nous n'avions pas besoin d'elle.

« Le jour suivant, on commença à mettre à terre l'artillerie, les vivres et les munitions. Trois demi-canons, dix fauconneaux et vingt barils de poudre furent transportés au château, et on laissa, auprès de la porte de la mer (1) sur une petite place qui s'y trouve, les autres approvisionnements et le reste de l'artillerie. Les officiers comptables de Votre Majesté ont eu soin de prendre note de tout.

« Messer Benedito et moi nous avons mesuré le contour de la forteresse et l'enceinte de la ville, ainsi que la distance de cette dernière à la Casbah et celle qui existe de la forteresse à une hauteur que l'on voit sur le bord de la mer. Une petite tour construite sur

---

(1) La place du Commerce actuelle. Mais la porte dont parle Don Alvar était ouverte dans la partie du rempart que cachent aujourd'hui les docks de la douane, c'est-à-dire à gauche de la porte actuelle, ouverte seulement en 1838.

une hauteur protégerait efficacement le débarquement des vivres et des munitions. En élevant un mur de ladite tourelle au château, qui permettrait d'aller et de venir en sûreté..... La hauteur est disposée de manière qu'elle fait..... où les navires sont à l'abri .... de cette forteresse, si elle doit être détachée de la ville ; afin qu'elle ait une sortie assurée vers la mer et qu'elle puisse être secourue en cas de besoin (1).

« Une muraille, en partie ruinée, s'étend de la Casbah à la ville ; elle paraît avoir été construite pour mettre à couvert et protéger, du côté de la mer, les gens qui montent à la forteresse ou qui en descendent.

« Du côté de la terre, il y a un terrain inculte, terminé par une autre hauteur qui commande la ville. On pourrait construire sur cette hauteur une forte tour, et, de cette tour au château, un premier mur, puis un autre qui joindrait ladite hauteur à un espolon (ouvrage avancé), lequel touche à la ville. Cet espolon, comme le verra Votre Majesté, est indiqué sur le plan qu'a dressé Messer Benedito. Si l'on doit occuper la ville et la Casbah, il nous semble que cette tour serait bien placée sur la hauteur; en reconstruisant également la muraille qui tombe en ruines et la menant jusqu'aux deux autres dont il vient d'être parlé, on pourrait remédier à l'inconvénient que présente actuellement le château qui n'a point de communication assurée avec la mer, disposition dont on ne

---

(1) La hauteur dont parle ici Don Alvar est le terre-plein du Fort-Cigogne actuel.

saurait se passer. Votre Majesté examinera le plan et ordonnera les constructions qu'elle jugera convenables (1).

« Le même plan lui fera connaître la grandeur de la Casbah. Les murs sont faibles et tellement ruinés qu'ils s'écroulent lorsqu'on les pousse avec la main. Les parties les plus larges ont à peine trois pieds d'épaisseur. Sur le mur d'appui, il y a un certain nombre d'arcades; mais presque partout, pour aller de l'une à l'autre, il faut s'aventurer sur des poutres jetées en travers, et il n'est pas possible d'y passer pour faire les rondes. La disposition des embrasures est mauvaise. Le château renferme cinquante ou soixante loges ou cellules; quelques-unes ont des citernes très petites et dehors il y en a une autre, plus grande, mais toutes sont à sec.

« On est obligé de descendre chaque jour à la ville pour s'approvisionner d'eau. Ce n'est pas une petite besogne, et il pourrait se présenter telle circonstance où notre embarras serait grand. Tout notre temps se passe à transporter les munitions et provisions de bouche que l'on a dû laisser auprès de la porte de mer, et à monter de l'eau de la ville à la forteresse. Il nous est impossible de nous occuper d'autre chose et cependant il y a beaucoup à faire. La maison où nous

---

(1) Cette seconde hauteur est le deuxième contrefort de la colline de la Casbah, à droite de la porte de l'Aqueduc. L'importance de la position, qui avait attiré l'attention de Don Alvar, n'échappa pas au général Damrémont qui, en 1830, y fit construire une redoute.

sommes aurait besoin de grandes réparations, elle n'a même pas de porte. . . . .
. . . .

« Pendant les douze ou treize jours que sont restés à Bône les soldats débarqués avec le marquis de Mondéjar, ils ont si bien employé leur temps qu'ils ont enlevé tout ce qu'il y avait dans les maisons jusqu'aux marbres des murs et aux moulins, petits et grands, dont on fait usage dans ce pays. Ceux de ces objets qu'il n'était pas possible d'embarquer, on les brisait pour en avoir les ferrements. Quant aux coffres et aux bahuts que les Maures avaient laissés chez eux, il faudra, s'ils y reviennent, qu'ils en apportent d'autres. Bien peu de maisons ont encore des portes et des fenêtres; tout a été détruit. Les soldats ont percé en beaucoup d'endroits la muraille du côté de la mer, comme si les portes de la ville n'étaient pas assez grandes, et par là ils ont fait passer du blé, de l'orge et des fèves. Les rues en sont pleines. Ils craignent sans doute de n'avoir pas le temps de tout embarquer.

« Votre Majesté a ordonné que 600 hommes me fussent accordés pour la garde de la Casbah ; ce nombre, si le marquis de Mondéjar le jugeait utile, devait être porté à 800. Elle a ordonné également qu'on me remît, pour l'armement de la forteresse, une couleuvrine, trois canons doubles, trois demi-canons renforcés et vingt fauconneaux avec les munitions nécessaires. On ne m'a pas donné ladite couleuvrine; il me manque aussi trois fauconneaux. Quant aux munitions et aux vivres, Votre Majesté verra le peu qu'il nous en reste par la note du pourvoyeur.

« Le marquis m'a laissé la compagnie de Rodrigo d'Avalos, qui est forte de 200 hommes. Avec cette compagnie et les 600 soldats de la forteresse, il lui a paru qu'il était possible de garder le château et la ville, mais il ne m'a pas expliqué comment il pense que la chose peut se faire. J'avoue que je ne le comprends pas ; les gentilshommes et les capitaines, venus avec lui sur la flotte, auxquels il en a parlé, ne le comprennent pas plus que moi. Ils ont tous été d'avis que, pour défendre la ville et le château, il fallait 2,000 hommes au moins et une artillerie plus nombreuse, attendu que celle qu'on a laissée pour la forteresse seulement. . . . .
. . . .
et le château, la chose était évidente pour tous ceux qui s'y connaissent. On observa au marquis qu'il me faisait tort en agissant ainsi, et qu'avec si peu de monde je ne pouvais pas me maintenir dans la forteresse et occuper en même temps la ville.

« De mon côté, je lui dis que, d'après les ordres de Votre Majesté, je devais garder seulement le château avec 600 hommes, et que, conformément au traité conclu avec le roi de Tunis, la ville devait être rendue aux Maures ; mais le marquis ne voulut rien entendre. Considérant donc que les vivres étaient encore dans la ville, ainsi que la moitié de l'artillerie et toutes les munitions, que nous étions obligés de nous approvisionner d'eau aux puits de la ville, et surtout que la

Casbah n'a point de communication assurée avec la mer, j'insistai fortement auprès du marquis de Mondéjar pour qu'il me donnât 1,500 hommes que je répartirais dans les deux places, et 20 ou 30 autres pièces d'artillerie destinées à armer la ville. Tous ceux qui ont vu les lieux convenaient que je ne demandais qu'une chose nécessaire et raisonnable ; le marquis n'avait pas besoin d'ailleurs de tout ce monde qu'il emmenait, puisqu'en arrivant en Espagne, il avait ordre de payer les soldats et de les licencier ; mais je ne pus rien obtenir de lui.

« Je lui demandai alors de me laisser 200 hommes de plus, afin de pouvoir en garder 400 avec moi dans le château et d'établir les 600 autres dans la ville, jusqu'à ce que Votre Majesté eût été informée de ce qui se passait. J'ai bon espoir que les ordres qu'elle donnera seront tels que je pourrai remplir mes obligations, ainsi qu'il convient au service de Votre Majesté et à mon honneur. Il est impossible qu'on m'abandonne, comme je suis, aux hasards des événements. Non seulement je manque de vivres, d'artillerie et de munitions, mais le petit nombre d'hommes que je commande est à peine en état de servir. Les soldats sont dénués de tout, sans chaussures et sans vêtements, affaiblis par les fatigues et la faim qu'ils ont endurées, et démoralisés complètement. Je crois et tiens pour certain que la moitié succombera cet hiver : il en est déjà mort plus de 50 et notre pauvre hôpital est encombré de malades (1).

---

(1) A la lecture de cette peinture navrante de la situa-

« Je supplie Votre Majesté de ne pas oublier qu'avec ces 200 hommes de plus que le marquis m'a laissés, et que je paierai, s'il le faut, de ma bourse, j'ai vu moins d'inconvénient à me hasarder à garder la ville qu'à l'abandonner. Avec l'aide de Dieu, je la défendrai, ainsi que le château, jusqu'à ce que Votre Majesté ait fait connaître ses intentions.

« Bien que nous ayons de méchants voisins dans ces Turcs qui sont dispersés dans..... et à Constantine, le plus grand embarras..... nous ne pouvons nous secourir les uns les autres ni tirer partie de la grosse artillerie, parce que dans le château et dans la ville il n'y a aucun cavalier (1) préparé pour la recevoir. J'ai placé quatre canons dans la forteresse et deux dans la ville ; les fauconneaux ont été répartis dans l'une et dans l'autre. Mais, les soldats, comme je l'ai dit à Votre Majesté, sont très mal disposés. J'ai surtout à me plaindre de leur désobéissance et de leur peu de courage. Pendant que la flotte a été ici, il est arrivé ici certaines choses qu'il m'est impossible d'avouer à Votre Majesté : dix chrétiens ont fui sans honte devant un Maure, comme s'ils eussent été des femmes, et chaque jour l'ennemi ramenait les soldats à coups de lance jusqu'aux murs de la ville et aux proues des galères. Nous avons perdu de cette manière plus de 20 hommes.

---

tion d'un corps expéditionnaire à peine débarqué, on se demande comment Don Alvar a pu tenir cinq ans encore dans la Casbah.

(1) Plate-forme destinée à recevoir de l'artillerie.

« La mer entoure à peu près la moitié de la ville, et naturellement de ce côté elle est la plus forte. L'autre côté n'est défendu que par un mur sans terre-plein, dans lequel on a pratiqué un grand nombre de trous. En certains endroits, ce mur est très faible et offrirait peu de résistance à ceux qui voudraient pénétrer dans la ville. A une petite distance de la muraille, on trouve une tour située sur un rocher. Elle est grande et solidement construite. Au-dessus il y a un emplacement si vaste qu'on pourrait y disposer trois ou quatre canons, et, comme la pointe sur laquelle est bâtie la tour s'avance dans la mer, il serait facile d'empêcher tout navire, grand ou petit, d'aborder d'un côté ou de l'autre de la ville. Un pont-levis donne entrée dans cette tour, dont le sommet est à ciel ouvert, ainsi que les embrasures. Dans ses fondations, il y a une citerne.

« La muraille qui entoure la ville du côté de la terre est en meilleur état et plus élevée que celle du château ; mais elle est encore moins large. Elle a des barbacanes et un petit chemin de ronde souterrain, formé d'arcades, qui, comme celles de la Casbah, tiennent au rempart. Ces arcades, pour la plupart, ne sont pas solides. L'une et l'autre muraille ne résisteraient pas à l'artillerie : elles ne sont bonnes que contre des Arabes armés de lance.

« Deux jours après le départ de la flotte, quelques Arabes qui m'avaient demandé une entrevue vinrent dresser leurs tentes sous les murs de la ville. Un d'eux me dit qu'il était fils d'Abdallah, cheik des

Merdès, lequel cheik et un autre, tous deux de la tribu des Hannêcha, sont les plus puissants du pays. Il m'assura que son père, bon serviteur du roi de Tunisie, désirait vivre en paix et commercer avec nous.. .. prix que leur avaient donné les gens des galères, à dix ou douze ducats les bœufs et à deux ou trois les moutons.

« Pendant les deux jours que les Arabes ont trafiqué avec Don Alvar de Bazan, sur les bords de la rivière, de l'autre côté de la ville, ils en sont venus aux mains plusieurs fois avec les nôtres, et, de part et d'autre, trois ou quatre hommes ont été tués. Nos gens firent deux prisonniers. Un de ces Arabes fut amené sur les galères ; mais l'autre ayant été laissé dans la ville, je le fis mettre en liberté et lui rendis moi-même ce qu'on lui avait pris. Cette circonstance a tourné à notre profit. Ce Maure est le premier qui nous ait vendu des poules et des œufs. Quant au fils du cheik, il n'a fait avec nous aucun trafic. Au prix qu'il voulait vendre ses bœufs et ses moutons, les capitaines des galères auraient pu seuls en manger. Il me demanda des burnous pour lui, pour son père et pour son frère, et je lui répondis que, si j'étais assuré qu'ils fussent de bons serviteurs de Votre Majesté et du roi de Tunis, je les lui donnerais volontiers. Il partit, en promettant de nous amener un autre jour, de bon matin, des moutons et des bœufs à des prix raisonnables.

« Le lendemain, au point du jour, il revint, en effet, mais avec 200 Turcs, plus de 500 Arabes à pied et 200 autres à cheval. Nous leur tuâmes trois de ces hommes.

On fit aussi prisonnier un Turc dangereusement blessé d'une arquebusade. Nous avons su par lui que les Turcs, laissés ici par Barberousse, se sont présentés pour entrer dans la ville : ils pensaient que nous l'avions abandonnée ; mais bien qu'ils se fussent vantés auprès des Arabes, parmi lesquels ces coquins se sont fait une grande réputation de bravoure, de nous chasser de Bône, ils n'ont pas osé nous attaquer. Depuis ils n'ont pas reparu ; mais on m'a dit qu'ils sont campés à trois ou quatre lieues de la ville.

« Quant aux Arabes, nous les avons revus deux ou trois fois, et, dans ces escarmouches, nous leur avons tué six ou sept hommes et fait un prisonnier. Un seul des nôtres a été blessé légèrement au bras. Des petits combats ont eu lieu plutôt par nécessité que par notre volonté. Lorsque les Arabes les ont attaqués, la première fois, nos hommes étaient occupés à renouveler la provision d'eau ; la seconde fois, ils faisaient la reconnaissance d'un ravin peu éloigné de la forteresse, où l'ennemi avait l'habitude de se mettre en embuscade. Dans ces diverses affaires, nous avons reconnu combien il serait avantageux d'avoir ici de la cavalerie et des arbalétriers. Pour la cavalerie il y a de bonnes plaines, et, pour les arbalétriers, des haies de jardin et un sol montueux, le tout si bien disposé que les uns et les autres peuvent s'aider mutuellement.

« J'ai différé jusqu'à ce jour de faire partir le brigantin, espérant que j'aurais quelque chose de particulier à mander à Votre Majesté ; je voulais aussi attendre pour savoir si le roi de Tunis, en exécution de son

traité avec Votre Majesté, enverrait des ordres.....
ce que j'ai à dire à ce sujet c'est qu'il y a trois ou
quatre jours il vint ici un..... qui paraît être un homme sage. . . . .
. . . .
voir l'autorité qu'il a et la confiance qu'il mérite. Après
les compliments que les Maures sont dans l'usage de
prodiguer, il m'a dit que le roi de Tunis l'avait envoyé
à Bône, comme gouverneur de cette ville; mais il ne
m'a pas appris comment il se nomme, et il n'a amené
avec lui aucun des Maures que j'ai connus à Tunis, ce
qu'il aurait dû faire, attendu que je ne l'ai jamais vu
lui-même.

« Je ne sais s'il m'a dit la vérité ou s'il a menti. Il
peut fort bien mentir et dire vrai tout à la fois, car le
roi de Tunis ne voit pas les choses avec beaucoup de
sûreté et ne les conduit pas comme le voudrait la raison. Les Maures, d'ailleurs, sont si cupides que, lorsqu'ils y voient leurs intérêts, ils s'exposent à tout ce
qui peut leur arriver. Ce gouverneur, ou soi-disant,
tel, m'a certifié que l'Arabe, qui, ces jours derniers,
m'a dit qu'il était le fils du cheik des Merdès, était un
imposteur, lequel voulait se faire donner un burnous.
Je ne répondrai pas que ce soit la vérité et que ledit
gouverneur ne mente pas lui-même dans un but quelconque. Quoiqu'il en soit, il perdra son temps et sa
peine, parce que je me tiens sur mes gardes, avec lui
comme avec les autres. Je les connais trop bien tous.

« Voici ce dont je puis rendre compte à Votre
Majesté, quant au motif de la venue à Bône de ce

personnage, en supposant toujours qu'il m'ait dit la vérité : il paraît que le roi de Tunis lui a remis des lettres pour les habitants de cette ville qui, presque tous, se sont retirés à Constantine ; les autres ont cherché un refuge dans les montagnes voisines.

« Quelques-uns avaient accompagné Barberousse à Alger ; mais ceux-là sont revenus, et, si je dois croire ce qu'ils m'ont dit, Barberousse ne s'y trouve plus : il s'est embarqué sur les galères. Ils m'ont appris aussi que 1.000 Turcs, de ceux qui sont venus par terre de Tunis, se sont emparés de Constantine, et que Hassen Agha les commande. Ce sont 200 de ces mêmes Turcs qui ont poussé une pointe jusqu'à Bône ; ils espéraient, comme je l'ai dit à Votre Majesté, s'en rendre maîtres facilement et l'occuper au nom de Barberousse. Le caïd apporte aussi un sauf conduit et le pardon du roi pour les habitants de Bône, qui, Votre Majesté s'en souvient sans doute, ont tué leur gouverneur avant l'arrivée de Barberousse. Le roi leur fait savoir l'amitié et l'affection que Votre Majesté a pour lui et les grâces qu'elle lui a accordées. Il leur dit qu'en conséquence rien ne s'oppose à ce qu'ils reviennent en toute sécurité dans la ville et qu'ils pourront y vivre en paix ; que nous autres chrétiens nous devons occuper la forteresse, mais que nous serons pour eux de bons voisins. Le caïd a également des lettres pleines de belles promesses pour les cheiks de ces deux tribus, dont j'ai parlé à Votre Majesté, et qui sont les principales du pays.

« J'ai répondu au gouverneur de faire ce que le roi

son maître lui avait commandé ; que ce serait une très bonne chose de se concilier les Arabes et de les ramener, ainsi que les Maures, à l'obéisssance du roi de Tunis, mais que le but vers lequel il devait tendre surtout, c'était d'expulser les Turcs de cette contrée parce que .... nous ne pouvons garder sûre et bonne amitié..... qu'il m'avertit de tout ce qu'il ferait ; je lui ai dit aussi que les Arabes qui viendraient à Bône pour trafiquer avec nous seraient bien payés de tout ce qu'ils nous apporteraient et qu'on ne leur ferait aucun mal.

« Ils ont déjà commencé à venir et nous ont vendu quelques bœufs et des poules, dont nous nous sommes régalés, car nous avions tous grand besoin de nous refaire. Mais ce n'est pas sans peine que nous pouvons trafiquer avec eux, parce qu'ils refusent notre monnaie d'or, dont on ne fait pas usage dans le pays. Les Arabes ne se servent que d'une monnaie d'argent, qu'ils appellent mazarinès et qui est la trente-deuxième partie d'un ducat. Les bœufs nous ont coûté de trois à quatre doblas et les poules trois mazarinès, à peu près un réal.

« Ces jours-ci, le caïd est venu me voir. Il m'a dit qu'il négociait avec le cheik des Merdès, afin d'obtenir de lui qu'il renvoyât les 230 Turcs qui sont avec ses gens dans la montagne, à deux lieues d'ici. Il a offert à ce cheik, au nom du roi de Tunis, tout ce que Barberousse lui avait donné, c'est-à-dire certains villages du territoire de Bône. J'ai répondu au gouverneur qu'il avait agi prudemment, et que s'il le pouvait il serait convenable d'ajouter quelque chose au don fait par Barberousse ; que de mon côté je donnerais audit cheik des burnous et de l'argent, s'il se montrait un loyal serviteur du roi de Tunis. La pacification du pays dépend de cette négociation, et j'ai recommandé au caïd de se hâter.

« Les choses sont dans cet état, et je ne sais ce qui adviendra de tout ceci ; mais, de quelque manière qu'elles tournent et quand bien même ceux de Bône consentiraient à revenir habiter cette ville, je ne la remettrais pas au gouverneur. Il ne doute pas d'ailleurs que nous rencontrions à cet égard de l'opposition de la part des Turcs, si, comme je le crains, les Maures ne savent pas s'y prendre pour en débarrasser le pays ou pour les tuer tous, ceux d'ici et ceux de Constantine, ce qui serait le meilleur et le plus sûr pour tout le monde. Jusqu'à ce que Votre Majesté m'ait fait connaître ce que je dois faire, je garderai la ville et j'amuserai le caïd avec cette affaire des Turcs.

« On dit que Barberousse a été très content de cette place, et il a eu raison, parce qu'elle réunit de très bonnes qualités qui s'accordent avec son nom. Elle est parfaitement assise en un terrain plat. Son port est bien abrité contre les vents. Deux grandes rivières arrosent une grande étendue de terres labourables qui, certainement, ne le cèdent pas en fertilité à la campagne de Cordoüe. Il y a aussi un bon espace occupé par des jardins auprès de la ville, et la montatagne a des pâturages excellents pour les bestiaux sur les versants du côté de la mer. Dans quelques gorges

on trouve également de bons pacages.............
..........de la place est une autre montagne......
autour de la ville, les Arabes font herbager leurs bestiaux l'été, ils les conduisent, l'hiver, sur le bord de la mer. Ils disent que la montagne est très giboyeuse. On y trouve des lions, des porcs-épics, des ours, des sangliers, des lièvres, des lapins, des perdrix. Les sangliers surtout y pullulent à tel point qu'on les voit rôder par bandes en beaucoup d'endroits. Votre Majesté sait déjà que la rivière principale (1) peut recevoir autant de galères que l'on veut, et qu'elles peuvent hiverner dans ce port, à l'entrée de la mer, avec la plus grande sécurité. Nous en avons eu récemment la preuve par le séjour qu'y a fait la flotte. Les deux rivières sont si abondantes en poissons qu'on les tue à coup de bâton. La plus petite passe sous un pont qui a onze grandes arches (2); mais on ne peut traverser la plus grande à gué qu'auprès de son embouchure dans la mer, et cette embouchure est au plus à deux traits d'arbalète de la ville. La mer donne aussi de très bons et très beaux poissons.

« Si Votre Majesté ordonne que la ville soit rendue aux Maures, en conformité du traité fait avec le roi de Tunis, l'occupation de la Casbah sera moins dispendieuse; avec le revenu des trois quintos de chaque année, on pourra payer une bonne partie de la dépense de ladite forteresse. Toutefois, avant que Votre Majesté se dessaisisse de la ville, il convient de bien fortifier le

---

(1) La Seybouse.
(2) La Boudjima et le pont d'Hippone.

château, d'assurer sa communication avec la mer et de le munir d'une artillerie plus nombreuse. Il faudrait, pour compléter son armement, dix autres fauconneaux, une demi-douzaine de sacres, trois couleuvrines en échange des trois canons doubles, dont nous ne savons que faire, et quelques versos (1) qui nous seraient très utiles. De cette manière, nous tiendrons toujours la ville, et les Maures ne pourront pas bouger sans notre permission. Dans l'état de choses actuel, si on leur remettait Bône, nous nous trouverions à leur merci. Il importe aussi que nous soyons bien approvisionnés d'eau et de vivres qui nous font faute en ce moment.

« Pour me maintenir dans la forteresse, je n'ai besoin que des 600 hommes que Votre Majesté m'a confiés ; mais, si je dois en même temps garder la ville, je la supplie de vouloir bien mettre à ma disposition 500 hommes en sus des 1.000 qui m'ont été laissés, ainsi que l'artillerie nécessaire ; celle que l'on m'a donnée, comme je viens de le dire à Votre Majesté, suffisant à peine pour la forteresse.

« Il y aurait autre chose à faire, ce serait de repeupler Bône au moyen de Grecs ou d'Albanais (2) ; avec 200 cavaliers de ces gens, nous serions maîtres d'une si grande partie de la campagne que......... .... et la forteresse qu'il faut reconstruire ; l'une et l'autre

---

(1) Verso ancienne couleuvrine d'un petit calibre.
(2) Sans doute, Alvar Gomez veut parler des Grecs qui, après la mort du fameux Scanderbez (1467), se sont réfugiés dans l'Italie méridionale.

étant peuplées de chrétiens, il y aurait facilité d'y entretenir bon nombre de troupeaux. Avec ces Albanais, dont je viens de parler, pouvant fournir 200 cavaliers, si la Casbah était bien fortifiée et la partie des murailles de la ville qui tombe en ruines convenablement réparée, principalement du côté de la mer, il serait possible de les garder toutes deux avec 1.000 soldats.

« Quoi que Votre Majesté ordonne, d'ailleurs, je la supplie très humblement de me faire donner les gens, l'artillerie, les munitions et les vivres qui me sont nécessaires, afin que je puisse, à mon honneur et comme j'y suis obligé, lui rendre bon compte de ce qui touche à son service. En tout et pour tout je m'en remets entièrement à la décision de Votre Majesté. Elle sait mieux que moi ce qu'il est convenable de faire, beaucoup mieux que je ne saurais le concevoir et le demander.

« Le capitaine Juan Avellan est retourné en Espagne, et le marquis de Mondéjar a remis sa compagnie à Pedro Hernandez de Caravajol. Le choix qu'il a fait est bon. Le capitaine de Caravajol, qui sert, depuis longtemps, mérite la faveur dont il a été l'objet; je prie Votre Majesté d'approuver sa nomination.

« Francisco de Alarcon, notre trésorier, se rend auprès de Votre Majesté; il l'informera de tout ce qui se passe ici, et de la situation dans laquelle nous nous trouvons. Il remettra en même temps à Votre Majesté une note détaillée des choses qui nous manquent. Je la supplie de donner des ordres pour que lesdites munitions et autres approvisionnements soient fournis le plus promptement possible, avant que le temps ne se gâte et que nos besoins deviennent plus pressants.

« J'ai l'espoir que Francisco de Alarcon me rapportera aussi de la Cour les ordres de Votre Majesté sur la conduite que je dois tenir avec les Maures et les Arabes, dans le cas où ils accepteraient la paix ou voudraient nous faire la guerre. Le départ précipité de Votre Majesté de la Goulette ne lui a pas permis de me donner à ce sujet toutes les instructions nécessaires. Notre trésorier, en ce qui concerne son office, nous laisse bien approvisionnés, et son absence n'aura aucun inconvénient : son second et son frère qu'il a chargés de pourvoir à tout, pendant son voyage en Espagne, sont des gens habiles et dignes de confiance............dans l'armement de cette place. ... .comme Votre Majesté le verra par le plan ci-joint.

« Je la prie de renvoyer à Bône Messer Benedito, et de permettre qu'il dirige la construction des nouvelles fortifications. Il est très habile, et Votre Majesté peut être certaine que ses ordres seront exécutés ainsi qu'il convient. Ce sera pour nous une grande faveur. Je lui ai fait compter cent ducats pour la dépense de son voyage, et il m'a promis, si l'on veut qu'il revienne à Bône, de se charger de tous les travaux et de toutes les réparations qu'ordonnera Votre Majesté, afin de mettre le château et la ville en bon état de défense. Son intention bien arrêtée était de se retirer chez lui et il n'a cédé, en venant ici, qu'à mes instances et à celles du marquis de Mondéjar.

« Je finissais cette lettre, lorsque quelques-uns de nos hommes, qui étaient à faire de l'eau pour la forteresse, m'ont envoyé prévenir que certains Maures à pied et à cheval voulaient s'y opposer. Ils n'ont pas réussi, et nous leur avons tué deux fantassins et un cavalier. Le bijou le plus précieux que portait celui-ci est cette lance que j'envoie à Votre Majesté. Elle était aussi longue que le fer l'exigeait, mais un soldat l'a coupée, ce qui n'a fait plaisir ni au cavalier ni à moi. Je ne dois plus à Votre Majesté qu'une paire d'étrivières et une sangle, attendu que j'ai fourni le reste à la Goulette. S'il y avait ici meilleure occasion, j'acquitterais ma dette plutôt deux fois qu'une.

« On m'a dit que dans ce pays les bons chevaux ne sont pas rares. J'ai un poulain qui deviendra, je crois, un excellent cheval. Si Votre Majesté désire qu'on lui en cherche quelques-uns, qu'elle veuille bien me le faire savoir, et je donnerai des ordres en conséquence. »

Nous avons tenu à reproduire cette lettre en entier, car elle est l'histoire de l'occupation pendant les cinq ans que flotta le drapeau espagnol sur la Casbah.

Abandonnés à eux-mêmes, privés de tout, sans nouvelle de la mère-patrie, continuellement harcelés par les Arabes, les soldats espagnols, aussi bien que leurs officiers, se laissèrent aller à un profond découragement; et, comme nous le verrons dans la suite de cette correspondance, ils voulurent se faire musulmans. Du découragement à l'indiscipline, il n'y a qu'un pas, il fut bientôt franchi.

Au long rapport que nous venons de lire, Charles-Quint répondit :

« Messine, 23 octobre 1535.

« Le roi,

« Nous avons lu votre lettre qui nous a été apportée par Messer Benedito et Francisco de Alarcon. D'après le compte qu'ils nous ont rendu, ce que vous nous avez écrit et le rapport que nous a fait le marquis de Mondéjar sur l'état où vous avez trouvé la ville de Bône, sur son importance et sur ce qu'il convient de faire pour la fortifier et pourvoir aux besoins de la population, ainsi qu'aux autres choses qui la concernent, après avoir considéré l'utilité, les inconvénients et les dépenses qui en résulteraient, et par-dessus toute notre volonté et tant qu'on observe loyalement de notre part le traité qui a été conclu avec le roi de Tunis,

« Nous avons ordonné et ordonnons ce qui suit :

« On occupera seulement, comme nous appartenant, la forteresse de ladite ville de Bône, ainsi qu'il avait été d'abord décidé et ordonné.

« La garnison sera de 600 fantassins espagnols avec leurs officiers et gens de service, et dans le port stationneront deux brigantins.

« Pour la sécurité de ladite garnison et afin que les habitants maures de la ville ne puissent lui causer aucun dommage, vous ferez démolir de fond en comble la muraille avec tours qui joint la forteresse à la ville.

« Si vous croyez que l'on puisse garder et défendre la tour qui existe sur un rocher au bord de la mer, près du débarcadère du château, vous la ferez fortifier et vous y mettrez 25 ou 30 hommes, après vous être assuré qu'ils peuvent être secourus de la forteresse, par mer ou par terre, en cas de besoin. De cette manière, les deux brigantins qui devront rester à Bône se trouveront en sûreté, et les navires chrétiens qui viendront y commercer ou qui apporteront des approvisionnements pour la garnison, pourront, dans un cas de nécessité, être aidés ou secourus. La même disposition assurera l'embarquement et le débarquement desdits navires, ainsi que la communication entre le port et la forteresse, alors même que les habitants de la ville se montreraient hostiles.

« La troupe qui devra être de garde dans ladite tour sera prise sur le nombre des six cents hommes de la garnison et commandée par une personne de confiance, laquelle sera responsable des soldats et du poste ; mais si vous connaissez que cette tour n'est d'aucun avantage pour le bien et la conservation du château, vous la ferez démolir, ainsi que la muraille, afin qu'aucun corsaire n'essaie de s'en emparer, et que les Maures de la ville, s'ils ne sont pas en paix avec nous, ne puissent en tirer parti pour attaquer la forteresse.

« Il est bien entendu que vous ne remettrez à ces derniers la ville de Bône que lorsque la muraille sera démolie et que la tour aura été fortifiée et munie de sa garnison, si vous jugez qu'elle doive être conservée ou détruite ; dans le cas contraire, il importe que personne ne puisse s'y établir à notre détriment.

« Si le roi de Tunis vous écrit ou si le gouverneur

qu'il a envoyé vous parle à ce sujet, vous devrez agir prudemment et leur répondre qu'incessamment vous leur rendrez la ville lorsque vous aurez fait porter dans la forteresse l'artillerie et les approvisionnements qui sont restés en bas.

« Lorsque vous aurez fait ce qui est dit ci-dessus, vous remettrez la ville aux Maures et vous vivrez avec eux en bonne intelligence ; mais vous ne devrez pas leur permettre de recevoir des Turcs. S'il était même possible de les déterminer à chasser ceux qui sont dans le voisinage de la ville ou à Constantine, ce serait une bonne chose et une grande sécurité pour vous.

« Afin d'aviser et de mettre ordre suivant votre manière de voir, à tout ce qui concerne la démolition de la muraille et la fortification de la tour, ainsi qu'à ce qu'il vous paraîtrait convenable de faire, si la forteresse nécessite des réparations, nous avons ordonné à Messer Benedito de retourner à Bône ; il y restera jusqu'à ce que tous les travaux soient terminés. Pour revenir en Espagne, il prendra passage sur l'un des brigantins qui ont été mis à votre disposition. La distance n'est pas grande de Bône à Bougie, et il s'arrêtera dans cette dernière place pour examiner les fortifications. On nous a informé qu'il y a là des choses qui ne sont pas comme elles devraient être.

« Pour lesdites dépenses et réparations, frais d'espions et de messagers, nous avons donné ordre qu'il vous fût remit immédiatement mille ducats prélevés sur l'argent qui est envoyé à notre payeur Sébastiano de Ciçaguirre, ainsi que vous le verrez par le bordereau ci-joint, signé du grand commandeur de Léon, notre secrétaire, et de Pedro de Aïaçola, notre trésorier général et notre conseiller. Vous recevrez aussi, par le premier navire qui partira d'ici, les bois de construction, munitions et autres approvisionnements que vous avez demandés.

« Vous aurez soin de veiller à ce que, dans la répartition de cet argent et dans l'emploi des matériaux, il soit procédé avec la plus grande économie. Je me repose sur vous à ce sujet. Vous ne devrez dépenser que ce qui sera modérément nécessaire et qu'on ne saurait absolument éviter, d'autant plus que les travaux de réparation dont il s'agit sont de peu d'importance, et qu'il ne peut être question de rien faire de neuf hors de propos. Dans un autre bordereau, adressé à Miguel de Pénozos, notre pourvoyeur, et signé de notre grand commandeur de Léon et dudit trésorier général, vous trouverez le détail des vivres et munitions qui vous sont expédiés par le navire ayant pour patron Jayme Gual, en attendant les autres approvisionnements que l'on réunit à Messine ; et vous aurez à prendre les dispositions nécessaires pour assurer le débarquement, ainsi que leur transport dans la forteresse.

« Il y a lieu de croire qu'avec les vivres qui vous restent encore et ceux qu'on vous envoie, vous serez convenablement pourvus jusqu'à la fin de cette année et même au delà. Quant aux six premiers mois de l'année prochaine, des ordres ont été donnés pour que l'on se procure toutes les choses dont vous pourriez avoir besoin et pour qu'on vous les expédie sur un bon navire. Cependant on ne pourra le faire que lorsqu'il commencera à geler à cause des viandes salées que l'on doit vous envoyer. En ce moment, avec la chaleur qui règne en Sicile, on ne peut préparer lesdites viandes dans la crainte qu'elles ne se gâtent. On aura soin, d'ailleurs, que les vivres que vous recevrez plus tard soient de bonne qualité et qu'ils vous soient expédiés le plus promptement possible. Des ordres ont été donnés à cet effet au pourvoyeur de Palerme, chargé de cet envoi.

« La garnison de la forteresse de Bône, devant être seulement de 600 hommes, vous ferez embarquer sans retard, pour être transportés à Mahon, avec le capitaine Pedro Erres de Carvajal, les 400 hommes que vous avez de trop, bien pourvus de vivres et payés de leur solde. Dans la lettre et la cédule qui accompagnent la présente dépêche et que vous devrez remettre audit capitaine, tout est expliqué et spécifié d'une manière particulière. Vous veillerez à ce que l'on observe et exécute ce qu'elles contiennent avec toute la célérité possible.

« Vous nous informez que dans ce pays il y a de beaux chevaux mauresques. Si vous en trouvez deux de taille moyenne et de bonne allure, et deux autres grands coureurs, de haute taille et dont la robe soit remarquable, vous nous obligerez de les acheter pourvu qu'ils aient de bonnes bouches, et vous nous les enverrez par des navires qui vous porteront des vivres ou par tout autre qui s'engagerait à les transporter à Barcelone, Valence, Carthagène, Alicante ou Malaga, suivant le port de destination, en prenant toutes les précautions pour que, du lieu de débarquement, ils soient conduits, bien soignés, à notre Cour. Si nous sommes satisfaits de ces chevaux, nous vous écrirons pour que vous en achetiez d'autres. Comme il ne s'agit pas pour nous de défendre la ville, l'artillerie que vous avez doit suffire pour la forteresse. Quant aux demi-couleuvrines et aux versos que vous demandez en échange des canons, laissés à Bône, tout cela se fera quand il sera possible ; en ce moment, il n'y a aucun moyen de vous les procurer. Notre payeur Sébastiano de Cyçaguirre a reçu ordre de porter en compte, à son avoir, les 200 ducats que vous avez fait donner à Messer Benedito pour les frais de son voyage et de son retour.

....

« Défense a été faite à tous nos vassaux, marchands ou autres, sous les peines les plus graves, de commercer avec Alger ou tout autre port occupé par les Turcs. Il ne leur est permis de trafiquer qu'à Oran, Bougie, Bône, la Goulette qui nous appartiennent. Ces ports sont situés dans de très bons pays et parfaitement à la convenance des marchands ; cette mesure doit profiter également aux sujets du roi de Tunis, et, de cette façon, les garnisons desdites places se trouveront toujours bien approvisionnées.

« Je vous donne avis de cette disposition, afin que, si cela est nécessaire, les Maures de paix en soient avertis, et que les habitants de Bône sachent que notre intention est de les traiter avec bonté, et de faire tout ce qui nous sera possible pour augmenter la prospérité de leur ville, s'ils se montrent, comme ils le doivent, fidèles à notre service et à celui du roi de Tunis.

« Ayez soin de nous informer de tout ce que vous apprendrez de nouveau et qu'il nous serait utile de connaître. Je sais que je puis compter sur vous pour cela.

« Moi, le roi. »

Force fut à Don Zagal avec les 600 hommes, dont les rangs étaient chaque jour éclaircis par les maladies et les escarmouches, de se maintenir à Bône. Pour compléter ce tableau de misères, disons que les approvisionnements annoncés ne vinrent pas, que pendant quatre ans, Don Alvar dut entretenir ses troupes du produit des razzias qui ne se faisaient qu'au détriment de la discipline et diminuaient chaque fois de quelques unités le nombre des Espagnols. Bien plus, profondément affectée de l'abandon dans lequel on la laissait, privée des secours de sa religion, la garnison voulut un moment se faire musulmane. Les razzias dont nous venons de parler furent la cause de violents dissentiments entre le gouverneur du roi de Tunis et le gouverneur espagnol. Une lettre de Don Bernardino de Mendoza nous en signale les raisons :

« La Goulette de Tunis, 24 mai 1536.

« Le 16 mai j'ai écrit longuement à Votre Seigneurie. Ce que j'ai à lui mander aujourd'hui, c'est que le roi de Tunis ne paie pas les soldats de la garnison de Bône. Il prétend qu'il n'y est pas obligé, et que, d'ailleurs, son caïd manque d'argent attendu qu'Alvar Gomez ne lui a pas donné ce qui lui revenait, à lui et à ses cavaliers, des différentes razzias que l'on a faites. Le roi n'a pas raison de se plaindre : son caïd a reçu sa part du butin calculée sur le nombre de ses gens. Ce sont les Maures eux-mêmes qui me l'ont assuré. Ce qu'ils voudraient tous deux, c'est que le produit des razzias fût partagé par moitié, mais, à mon avis, cela serait injuste. Le caïd n'a que 60 cavaliers, et les chrétiens sont au nombre de 400 à 500 fantassins et de 20 lances.

« Votre Seigneurie peut être bien persuadée que, dans cette affaire comme dans toutes les autres choses, Alvar Gomez se conduit très loyalement ; mais comme ceux de Bône n'ont pas voulu se soumettre au roi ni recevoir son gouvernement, ce qui est cause que le roi et le caïd se trouvent à court d'argent, ils cherchent des prétextes pour se dispenser de payer.

« Je donne avis de tout ceci à Votre Seigneurie, pour qu'elle soit informée de la vérité et qu'on n'accuse pas Alvar Gomez qui ne mérite aucun reproche (1). »

Quatre années s'écoulent pendant lesquelles les accusations qui ont motivé la lettre qu'on vient de lire se font plus précises et plus graves. Ce n'est pas seulement de concussion que Don Alvar est accusé, mais de trahison. On prétend que des engagements secrets le lient aux Arabes et qu'il s'est engagé à leur livrer la Casbah. Bientôt Don Alvar est instruit de ces sourdes

---

(1) Elie de la Primaudaie. Documents.

menées, il apprend que la cour d'Espagne, mise au courant de sa conduite, va lui en demander un compte sévère ; il acquiert la conviction que le trésorier Miguel de Penagos est l'auteur de cette dénonciation. Dès lors l'idée de se venger de son subordonné ne quitte plus Don Alvar. Ce drame qui fut le signal de la fin de l'occupation espagnole à Bône est raconté par les témoins eux-mêmes dans les documents suivants :

Octobre 1540. Le capitaine Pedro Godinez de Azevedo, écrit ce qui suit de Bône à la date des 2 et 22 octobre :

« Le 26 septembre, le commandant Alvar Gomez, fit appeler Miguel de Penagos, et l'ayant enfermé dans une chambre, il le poignarda. Il sortit ensuite et dit, devant tout le monde, que, s'il avait tué le payeur, c'était à son corps défendant, parce que ce dernier voulait le tuer lui-même. Il prévint en même temps le capitaine Godinez, qu'ayant l'intention de s'en aller, il lui remettrait le commandement de la forteresse. Quelques heures après, il avait changé d'avis et déclara qu'il ne partirait pas et qu'il mourrait dans le château, l'épée à la main. Il ajouta d'ailleurs que personne n'échapperait à la mort, pas plus le capitaine que les autres, parce qu'il mettrait le feu à la forteresse.

« Voyant ce qui se passait, le capitaine Godinez avertit la garnison de se tenir sur ses gardes. On avait désarmé le commandant, mais il paraît qu'il avait caché une dague entre les matelas de son lit. Un clerc, qui avait été laissé auprès de lui, accourut prévenir le capitaine qu'Alvar Gomez venait de se frapper de plusieurs coups de poignard. Ayant fait venir deux notaires, le capitaine leur dit de se rendre dans la chambre du commandant et de dresser procès-verbal de ce qui était arrivé.

« Interrogé par eux, Alvar Gomez fit des aveux. Il déclara que, s'il avait essayé de se tuer, c'était parce qu'il savait qu'on avait reçu l'ordre de l'arrêter, qu'il avait eu en effet la pensée de s'enfuir, non par crainte des soldats, mais parce qu'il ne voulait pas être conduit en Espagne, que tout ce que l'on disait d'ailleurs était vrai, et qu'il méritait d'être brûlé ; mais il affirma qu'il n'avait fait aucun traité avec les Maures et qu'il n'avait rien à se reprocher dans l'affaire de la tour.

« Le capitaine Godinez s'était empressé de donner avis à la Goulette de ce malheureux événement ; et le 16 octobre, D. Girou est arrivé à Bône, où il se trouve encore. Il a fait arrêter Alvar Gomez ainsi que plusieurs autres. Le capitaine écrit aussi qu'il faut changer la garnison, parce qu'un grand nombre de soldats sont mariés.

« Rodrigue de Orosco, lieutenant du trésorier de Bône, dans une lettre qui porte la date du 1er octobre, raconte de la même manière que le capitaine Godinez la mort du payeur et ce qui s'est passé ensuite dans la chambre du commandant. Il a donné ordre que l'on dressât un état de tout l'argent qu'Alvar Gomez avait en sa possession. On n'a retrouvé que 4.000 ducats ; mais il croit que plus de 10.000 autres ont été cachés par le commandant. Quant au mobilier, on n'a pas fait d'inventaire.

« Les enseignes, sergents, caporaux de la garnison écrivent que le capitaine Godinez s'est très bien conduit dans cette triste circonstance. Ils rappellent à Sa Majesté qu'ils sont à Bône depuis cinq ans et comme beaucoup d'entre eux sont mariés et ont des enfants ils la supplient de leur permettre de rentrer en Espagne.

« Le crime dont s'est rendu coupable Alvar Gomez emporte la confiscation de tous ses biens. Le Conseil pense qu'il serait juste que les deux petites-filles du payeur Miguel de Pénagos reçussent en don une partie de cette fortune. On pourrait aussi donner à un de ses frères ou à quelque autre de ses parents l'emploi qu'il laisse vacant. (1) ».

Le 8 novembre, Francisco de Alarcon qui, à la nouvelle des événements qui venaient d'avoir lieu, était accouru à Bône, écrivait en ces termes à Charles-Quint :

« De Cagliari,

« J'ai écrit à Votre Majesté pour l'informer de ce que j'avais appris relativement à la mort du payeur Penagos ; mais, à mon arrivée à Bône, j'ai entendu un tout autre récit du capitaine Godinez. Le commandeur Girou doit écrire à Votre Majesté et lui raconter les choses comme elles se sont passées véritablement. Il a fait quelques arrestations. En ce moment il termine l'instruction de cette affaire, et Votre Majesté peut être assurée qu'on ne lui cachera pas la vérité,

---

(1) Documents inédits sur l'histoire de l'occupation espagnole en Afrique (Elie de la Primaudaie).

bien qu'on ait essayé de la tromper à diverses reprises. Aucune considération ne l'a arrêté : il a fait résolument son devoir. A mon avis, Dieu et Votre Majesté ont été bien servis par le commandeur ; on peut dire qu'il a sauvé cette malheureuse garnison d'une ruine totale.

« Nous nous demandons tous avec étonnement ce qu'Alvar Gomez a pu faire de tout l'argent qu'il a reçu. On n'a retrouvé que 4.400 ducats, ainsi que le verra Votre Majesté par le mémoire que lui envoie le commandeur Girou — ce dont j'ai pris note dans mes livres — le commandeur se donne beaucoup de peine pour découvrir ce qu'est devenu cet argent.

« Comme je sais que Votre Majesté sera contente d'apprendre l'heureux changement survenu dans la manière de vivre des soldats, je m'empresse de l'informer que ces malheureux qui, par désespoir, voulaient se faire Maures, se confessent aujourd'hui et communient. Nous en avons tous remercié Dieu, et nous espérons que le jour de la Nativité de Notre Seigneur, ils feront ce que font les autres chrétiens, car ils ont maintenant une église, grâce au commandeur Girou, et ils croient en Dieu et ne blasphèment plus.

« La venue à Bône dudit commandeur a été heureuse pour tout le monde, et Votre Majesté devrait bien lui ordonner d'y résider quelque temps, jusqu'à ce qu'il ait pu remettre toutes choses en bon état. On a envoyé le frère Thomas de Guzman pour réformer les monastères de la Catalogne, et il serait bien nécessaire qu'on laissât ici le commandeur pour faire la même chose. Les soldats l'aiment : bien traités par lui, ils sont redevenus ce qu'ils étaient autrefois, gais et contents (1) ».

L'enquête terminée, le commandeur Girou annonça au gouverneur prisonnier qu'il allait être transféré en Espagne pour y être jugé. Le lendemain, on trouvait Don Alvar étranglé avec sa propre ceinture.

Si les Espagnols avaient voulu garder Bône, il aurait fallu, comme le conseillait le capitaine Godinez, non seulement changer toute une garnison affaiblie par cinq ans d'exil et démoralisée par les exemples qu'elle avait eus sous les yeux, mais encore la remplacer par un effectif bien supérieur à l'ancien. Quoi qu'il en soit, Charles-Quint ordonna l'évacuation. On fit sauter les remparts, on ruina les tours de la Casbah et de la ville, et la garnison se rembarqua.

Cette nouvelle fut aussi promptement connue de Tunis que d'Alger.

Les Turcs accoururent, relevèrent les fortifications démolies et s'installèrent à Bône qu'ils devaient garder jusqu'à notre arrivée en Algérie.

Pendant cinq années encore les Espagnols se maintinrent à Bougie. Mais attaqués avec fureur par les Turcs, demandant en vain du secours à l'Espagne, la faible garnison capitula et son malheureux chef de

---

(1) Documents inédits sur l'histoire de l'occupation espagnole en Afrique (E. de la Primaudaie).

Peralta eut la tête tranchée pour n'avoir pas su mourir à son poste.

Le 13 septembre 1574 Tunis succombait à son tour après une défense héroïque.

CHAPITRE IV

Etablissement des Français sur la côte d'Afrique. — Fondation du bastion et du comptoir de Bône. — Expédition du grand duc de Toscane en 1607. — Bône est enlevée d'assaut. — Création de la Compagnie d'Afrique. — Résumé de son histoire jusqu'à sa suppression, en 1794. — Correspondance des agents de Bône. — Création d'une agence d'Afrique. — Son histoire jusqu'en 1827. — Correspondance du bey de Constantine avec le dey d'Alger au sujet de Bône.

Nous avons vu, dans les chapitres précédents, que les Génois, les Pisans et les Espagnols avaient eu de tout temps des relations très suivies avec les Etats de la côte d'Afrique. Les Français, seuls, s'y montraient rarement malgré la sécurité relative que leur garantissaient les traités de François Ier et de Henri IV avec la Turquie, dont le dey d'Alger était le vassal.

Cependant, en 1520, des Français (1) fondèrent un comptoir au cap Nègre pour la pêche du corail et le commerce des cuirs, laines, etc.

Ce premier essai trouva bientôt des imitateurs.

En 1524, deux Marseillais, Thomas Liuch et Carlin Didier, achetèrent aux tribus arabes, campées entre Bône et Mersa el Kharaz (2), qu'ils baptisèrent ensuite

---

(1) L'histoire n'a pas conservé leurs noms.
(2) Le port aux breloques.

du nom de La Calle, le privilège de pêcher le corail et de pratiquer le commerce.

Ils firent construire, dans une crique de la côte pour abriter leurs marchandises et leur personnel, une maison qui prit le nom de Bastion de France. Ce bâtiment fut détruit une première fois par les Turcs en 1551. Reconstruit presque aussitôt, il changea de propriétaires, car les fondateurs, ruinés par la concurrence des Génois, durent en faire la cession.

En 1604, le commerce de l'établissement du Bastion avait pris une grande extension sous l'habile direction de M. de Moissac, mais des contestations ayant éclaté vers cette époque entre les Turcs d'Alger et notre ambassadeur, malgré les représentations de la Turquie, le Divan déclara une guerre acharnée aux Français.

Nos navires ne furent pas plus respectés que ceux des autres nationalités ; leurs équipages furent réduits en esclavage. Les janissaires de la garnison de Bône attaquèrent le Bastion à l'improviste et le détruisirent de fond en comble.

Devant cette nouvelle explosion de la fureur barbaresque, les navigateurs n'osèrent plus s'aventurer au large, les bâtiments de commerce se renfermèrent dans les ports et de nouveau une profonde terreur régna sur la Méditerranée.

Le grand duc de Toscane et quelques esprits généreux résolurent de châtier les pirates jusque dans un de leurs repaires.

On choisit Bône comme objectif « à cause qu'estant la plus proche de chrestienté, elle estoit plus propre à estre pillée qu'à estre tenuë et gardée : mesme aussi parce qu'on y espérait faire force esclaves, etc. »

L'armée navale, outre les navires et les troupes du grand duc de Toscane, comptait dans ses rangs cinq navires français, montés par des Bretons et par des aventuriers, sous les ordres du chevalier de Beauregard. Le rendez-vous général était à l'île de la Galite, et on ne marchait que de nuit pour ne pas donner l'éveil. On arriva ainsi en vue de Bône et l'armée débarqua au lieu dit l'Espalmoir, ce qui n'est autre que la plage Fabre actuelle.

Bône, après quelques jours, fut enlevée de vive force; la plupart des habitants passés au fil de l'épée et le reste emmené en esclavage (1).

En 1626, d'Argencourt, gouverneur de Narbonne, voulut le réédifier, mais vivement attaqué par les Arabes des tribus et par les Turcs, il dut se rembarquer précipitamment. Le Gouvernement chargea alors un capitaine corse, très connu sur les côtes barbaresques, et nommé Sauson Napollon, d'entamer des

---

(1) Je dois à l'obligeance de M. le docteur Boude communication d'un document fort rare et très peu connu. C'est le récit, publié en 1608, de l'expédition du grand duc de Toscane contre Bône, et intitulé : Les Estraines royales, contenant les considérations chrestiennes, politiques qui ont meu le grand duc de Toscane à faire chercher, par toutes les isles de la mer Ilatique, le renommé corsaire Morath Rays, et à entreprendre dernièrement sur la Barbarie, avec un vray et ample récit, de tout ce qui se passa de plus remarquable en la dicte entreprise. Je n'ai malheureusement pas eu le temps, en raison de mon brusque départ de Bône, d'en extraire les principaux passages.

négociations pour faire cesser un état de choses très préjudiciable aux intérêts du commerce français. Il réussit pleinement et le 20 septembre 1628 il concluait avec le Divan d'Alger un traité aux termes duquel le Bastion et ses dépendances étaient restitués à la France moyennant une redevance de vingt-six mille doubles. A ce traité était annexé un état des dépenses occasionnées par l'entretien des différents comptoirs, s'élevant à la somme de 135,740 livres. La maison de Bône était comprise dans ces dépenses pour une somme de 13,300 livres ainsi réparties :

A la ville	7.000
Entretien de la maison et des cinq personnes qui y habitent	4.000
Aux chefs et officiers de la garnison	800
Redevance aux galères de guerre turques qui abordent à Bône	500
Salaire des cinq hommes employés	1.000
TOTAL	13.300

« La maison de Bône, dit une note de l'époque, est très grande et logeable. Elle a été achetée des deniers du Bastion, comme tous les meubles et ustensiles qui y sont. »

Sauson Napollon, qui avait été nommé par le roi directeur de l'établissement du Bastion, fut tué en 1633, à une attaque qu'il avait tentée contre les Génois de Tabarca. Il fut remplacé par Sauson Lepage. Quelques années paisibles s'écoulèrent, mais en 1637 les Turcs recommencèrent leurs courses, capturant les navires français et poussant l'audace jusqu'à débarquer sur les côtes de la Provence, d'où ils enlevaient les habitants. Richelieu n'ayant pu obtenir de réparation fit capturer des corsaires jusque dans le port d'Alger par le chevalier de Meuty. Furieux, le Divan ordonna la destruction du Bastion et du comptoir de Bône. Ali Bitchinin fut chargé de cette mission. Il arriva devant l'établissement français avec six galères ; il s'y introduisit par surprise ou plutôt par trahison et après avoir tout livré aux flammes, rentra à Alger ayant à son bord les habitants qui furent jetés au bagne. Cette exécution eut pour résultat une insurrection des Arabes de la province de Constantine, qui voyaient disparaître avec le Bastion la source de tous leurs bénéfices. Les Turcs voulurent les faire rentrer dans le devoir, mais battu dans toutes les rencontres, ils durent accepter les conditions du vainqueur. Une des principales fut ainsi formulée : « Ils (les Turcs) rebâtiraient le Bastion de France, ainsi que ses dépendances, attendu que c'est là, qu'eux, révoltés, allaient échanger leurs denrées contre de bon argent avec lequel ils payaient la lezma; de sorte que la ruine dudit Bastion les avait empêchés de ne plus rien payer. »

Le traité du 7 juillet 1640 qui autorisait les Français à relever le Bastion et la maison de Bône, bien qu'il n'eût pas été approuvé par Richelieu, n'en resta pas moins en vigueur. La fuite frauduleuse du sieur Picquet qui s'embarqua à La Calle en 1658 avec toute la garnison, sans acquitter ses dettes, vint de nouveau exciter la colère des pirates d'Alger ; ils ne voulurent plus entendre parler des Français et songèrent un instant à louer nos comptoirs aux Anglais. Ce ne fut qu'en 1666, à l'occasion du traité de paix passé entre la France et Alger, que les Turcs permirent au négociateur, Arnaud, de reconstituer la Compagnie du Bastion et de ses dépendances. Cette nouvelle Compagnie, dont les directeurs furent de Lafont, Masson de Lafontaine et de Lalo, choisit Arnaud pour gérer ses affaires. Des causes de dissentiments ne tardèrent pas à se produire entre les directeurs de la Compagnie et Arnaud, et les relations prirent un tel caractère d'animosité qu'il fut décidé qu'on arrêterait Arnaud. Mais celui-ci, qui avait pour lui l'appui du Divan d'Alger, refusa d'obéir aux ordres venus de France, et malgré les démarches officielles tentées par le gouvernement se maintint à La Calle. Pourparlers et démarches durèrent jusqu'en 1674, époque à laquelle Arnaud mourut subitement.

Grâce à l'intervention du chevalier d'Arvieux, le sieur de Lafont fut autorisé par le gouvernement d'Alger à succéder à Arnaud, mais à la condition qu'il paierait 12.000 livres aux enfants du défunt et ne les maltraiterait pas. Mais à peine arrivé au Bastion, de Lafont fit arrêter les enfants d'Arnaud et les envoya enchaînés en France. Le Divan, irrité de cette mauvaise foi, fit arrêter de Lafont, lequel ne dut sa vie qu'aux prières du frère Le Vacher, notre agent consulaire à Alger. Peu après, la Compagnie, dont les affaires avaient considérablement diminué par suite de tous ces tiraillements, céda ses droits à un sieur Dussault, qui transporta le siège de ses transactions et de son commerce à La Calle.

Lors du deuxième bombardement d'Alger par Duquesne, en 1683, Mezzo Morto, qui s'était emparé du pouvoir, donna l'ordre de détruire les établissements français et d'en ramener les habitants prisonniers. Heureusement l'amiral français avait prévu le cas, et lorsque les Turcs de Bône reçurent l'ordre d'agir, des galères envoyées par Duquesne avaient déjà transporté à Toulon les 400 personnes qui composaient la colonie française. L'année suivante, Dussault voulut revenir, mais les Anglais s'étaient installés à La Calle et les Français durent attendre jusqu'en 1694 l'expiration du bail qui leur avait été consenti par le Divan.

Le 1er janvier 1694, Pierre Hély, directeur de la nouvelle Compagnie d'Afrique, organisée par des négociants de Marseille, conclut avec Alger un traité par lequel il était autorisé à relever nos établissements, et il était spécialement dit pour Bône :

« Article 5. Jadis, dans l'ancienne coutume, à la fin de chaque deux mois, le versement de cinq cents réaux était fait entre les mains du caïd de ladite ville de Bône. Maintenant il n'est plus payé une obole entre les mains du caïd de Bône. Mais tous les deux mois, il faut verser entre les mains de la personne investie par nous, du titre d'Agha. Noubadji (agha de la garnison), la somme de cinq cents réaux. » Et plus loin : « l'agent de la Compagnie, résidant à Bône, se rendra, quand bon lui semblera, au Bastion. Notre Agha lui en délivrera la permission. »

En 1707, la fusion de l'établissement du cap Nègre, qui, nous l'avons dit plus haut, avait été fondé en

1520 (1) avec la compagnie d'Hély, sut donner un nouvel essor à la prospérité de nos comptoirs, mais en 1713, cette Compagnie fut dissoute et remplacée d'abord par la Compagnie d'Afrique, puis par la Compagnie des Indes, et enfin le 1er janvier 1741, par la Compagnie royale d'Afrique qui devait durer jusqu'en 1794.

En 1744, sur un faux rapport, le dey d'Alger avait livré au pillage La Calle et ses dépendances. Les Anglais voulurent même profiter de ce conflit pour obtenir l'autorisation de s'implanter à La Calle, mais ils ne réussirent pas. Malgré les déboires que lui inflige la brutale politique des Turcs, la Compagnie se trouve bientôt et de nouveau en pleine prospérité. En 1763 nouvelles avanies au sujet d'un navire marseillais, qui avait eu le mauvais goût de se défendre contre un pirate algérien.

Les habitants des comptoirs français sont jetés en prison. Mais nos nationaux ne se laissent pas décourager, et, après chaque vexation, la Compagnie semble reprendre de nouvelles forces. En 1767 parut un règlement déterminant les obligations du gouverneur de La Calle et de l'agent de Bône. Voici la partie du règlement concernant ce dernier :

« *Comptoir de Bône.* — L'agent de ce comptoir se rendra agréable au caïd, aux Turcs et aux habitants de la ville, dont il étudiera les mœurs, les inclinations et s'instruira à fond des usages établis sur la justice pour découvrir et empêcher les contraventions que la

---

(1) Voir Histoire de La Calle par Féraud.

Compagnie essuie dans les différents articles de son commerce exclusif; il recourra au bey de Constantine dans toute occasion, après avoir consulté et pris l'avis du gouverneur de La Calle, auquel il communiquera tout ce qui surviendra dans son comptoir, en vue d'agir de concert pour le plus grand avantage de la Compagnie qui ordonne à son agent de s'opposer non seulement aux innovations dangereuses qui peuvent porter préjudice au commerce, mais de s'occuper de l'abolition des usages plus anciens, dont l'introduction ne peut être attribuée qu'à l'incapacité ou à la faiblesse.

« L'agent entretiendra le bon ordre et la subordination dans le comptoir et veillera à ce que tous les employés y remplissent exactement leurs obligations et qu'ils s'abstiennent surtout de fréquenter dans les maisons en vue de prévenir les troubles et les avances qui peuvent en résulter.

« L'agent aura l'attention la plus exacte à procéder, tous les mois, à une vérification de caisse où seront mis les dépôts dont lui ou le caissier auront été chargés, la Compagnie voulant qu'il en soit tenu par la Chancellerie un état détaillé et circonstancié dans un registre qui prouve le temps, la qualité des dépôts et l'époque où ils auront été confiés ou retirés. Ce soin, duquel on ne s'écartera jamais, obviera à des abus ou inconvénients prouvés par la Compagnie qui défend de prêter aux habitants de Bône, autant pour ne pas perdre que pour ne pas ensuite s'endosser ceux qu'on voudrait obliger à payer.

« L'agent surveillera le commis chargé des achats

de cuirs et cire pour que les premiers ne soient pas achetés au-dessus de leur juste valeur et que la cire ne soit pas falsifiée ; et, comme il arrive souvent que sous différents prétextes des Turcs demandent d'acheter de la cire, l'agent doit être attentif à n'en délivrer qu'à ceux qui se présenteront avec des lettres du dey ou des officiers du Divan d'Alger.

« L'agent se donnera tous les soins possibles en vue d'être instruits du véritable motif auquel on doit attribuer le manque de traite, et lui-même s'efforcera de ramener cet article en tenant, conjointement avec le caïd qui y a intérêt, toutes les demandes relatives à un objet de cette conséquence, les laines seront pesées par l'agent avec toute la justice possible pour encourager les vendeurs et les engager à retourner.

« De concert avec le Gouverneur de La Calle, l'agent réclamera d'avance les deux chargements de blé accordés par l'Ottoman, sans négliger les moyens et profiter de toutes les circonstances pour se procurer l'achat de plus de denrées qu'il sera possible.

« Des récoltes abondantes, le défaut d'interlopes et bien d'autres circonstances pourront favoriser leur zèle et le besoin où se trouve la Compagnie d'augmenter son commerce.

« L'agent tiendra un journal exact et fidèle de tout ce qui se passera dans son comptoir et du commerce que les interlopes feront à Bône ; il en fera passer une copie par tous les bâtiments à la Compagnie et une autre au Gouverneur de La Calle, au moins une fois le mois, et, comme la Compagnie a trouvé bon de réserver pour son compte toutes les parties du commerce particulier attribué autrefois à l'agent, celui-ci, en agissant toujours comme seul appelé à ce commerce, veillera à son extension et à le faire fructifier autant qu'il dépendra de lui en ne vendant point à crédit et en demandant d'avance tous les articles qui pourront avoir du débit.

« Finalement, la Compagnie de Bône, pour éviter les détails qui feront peu à peu la matière de ses lettres, de recommander à l'agent d'user de soins économiques qui, écartant toute dépense superflue, annoncent une bonne administration ; elle exige de plus que l'agent présente ses opérations telles qu'elles sont, afin que la Compagnie et le Gouverneur de La Calle, parfaitement instruits, soient à même de donner des ordres utiles et analogues aux véritables circonstances.»

Dans son histoire de La Calle M. l'Interprète principal Féraud a reproduit tout au long la correspondance des agents de la Compagnie d'Afrique à Bône. Cette correspondance étant l'histoire de ce comptoir, nous en donnons un résumé, au cours duquel nous citerons les principales lettres :

« Bône, 18 août 1783.

« Quoique vous fussiez proprement dans le danger (1) j'étais ici dans une plus grande crainte que vous, attendu que nous n'avons affaire, quant aux habitants,

---

(1) Bourguignon, qui était alors notre agent à Bône, fait allusion à l'attaque projetée de l'escadre espagnole commandée par don Barcello contre Alger, attaque dont il sera question plus loin.

qu'à des gens ignorants, jaloux de notre commerce quoique réduit à rien. Pillards, qui n'auraient souhaité qu'un désordre pour tomber sur notre maison, nous enlever les fonds de notre caisse et nous massacrer en cas de résistance de notre part, et même sans cela, du côté des officiers, je craignais encore plus, attendu que le caïd Agy Asseïn, qui est également mercanti, a tellement pris le dessus sur tous les autres qu'il n'y a que sa volonté qui passe. Ce caïd est guerrier, juge souverain et législateur, tellement que l'agha du Divan, le cadi et le mufti, et Sidi Cheik se sont interdits de leurs fonctions, craignant ses emportements et ses violences, et plus encore ses malices : Je ne veux pas dire autrement. La quantité de fonds que nous avions en caisse me faisait tout craindre de la part de cet officier, qui, en apparence, faisait valoir les ordres du bey pour protéger notre maison. C'était cependant lui qui mettait l'épouvante dans la ville en disant que les Espagnols étaient arrivés à Alger.

« Il détruisait ensuite cette nouvelle et maltraitait ceux qui s'en occupaient, faisant des avanies à tout propos et maltraitant tout le monde. Il a, surtout, tourné sa rage contre les Papas (religieux) et les gens de la justice qu'il a bâtonnés et fait bâtonner ces jours passés.

« Il vint un jour chez nous ne sachant, sans doute, que faire, et y resta quatre heures et demie, tellement qu'il nous fit dîner à trois heures et demie et cela pour me tenir des propos d'un enfant ou d'un imbécile. Il s'est toujours imaginé que je ne savais à quoi m'en tenir sur les entreprises des Espagnols, et tâchait de me sonder pour tirer de moi ce que j'en avais appris. Cependant, la première nouvelle que nous avons eue de la part de la Compagnie, ce n'a été que par le capitaine Etienne, arrivé hier, qu'elle m'apprend qu'il était décidé que les Espagnols allaient à Alger.

« Ce caïd, dans sa visite, ayant appris ma crainte dans le cas de troubles dans la ville, voulut me rassurer en me disant qu'il en faisait son affaire, qu'ainsi je n'eus rien à craindre de la part des Turcs et des Maures ; mais que si je craignais quelque chose de la part des Espagnols, je l'en avertisse, parce que alors il enverrait chez nous les argents qu'il a du compte du bey et des siens, que je ferai passer avec les nôtres à La Calle. A quoi je répondis qu'il ne convenait point d'attendre l'extrémité pour prendre cette précaution, attendu que l'on courrait risque de ne pas y être à temps ; que mon avis était d'écrire au gouverneur de La Calle, de m'envoyer un moment plutôt la frégate, afin d'y embarquer nos fonds, ceux en quantité que nous avons du bey, ainsi que ceux qu'il voudrait me remettre. Le caïd s'étant opposé à cet avis, les choses en restèrent là.

« Plusieurs jours après, M. Ramel, prévoyant qu'il ne pourrait m'expédier de quelque temps la frégate, pour nous porter nos besoins, jugea à propos de nous l'envoyer avec du bois et du vin. La frégate étant ici, voyant les continuelles vexations du caïd, et que les enfants de trois à six ans demandaient à nos messieurs, qu'ils rencontraient dans leur promenade, de leur donner de l'argent, qu'autrement on les tuerait à la première occasion ; jugeant que ces propos ne partaient pas de leur tête, mais bien de ce qu'ils entendaient dire à leurs père, mère et autres, j'envoyai notre drogman chez le caïd pour lui dire que, puisque la frégate se trouvait ici et que je ne pourrais l'avoir de longtemps, je pensais qu'il conviendrait d'en profiter pour faire passer à La Calle les fonds de la Compagnie et du bey et que s'il voulait en profiter pour ceux qu'il avait ainsi que s'il me l'avait dit l'autre fois, il en était le maître.

« Cet officier m'envoya dire qu'il n'y avait rien à craindre, qu'il avait donné des ordres à diverses nations maures qui nous environnent, de se tenir prêtes à se rendre à notre plaine auprès de la ville, à la première demande qu'il leur en ferait, qu'ainsi, je n'eus rien à craindre. Pour n'avoir rien à me reprocher, en cas d'événement, je renvoyai notre drogman chez le caïd, pour lui dire que la précaution que je voulais prendre n'ayant pas été approuvée par lui, je m'en déchargeais sur lui-même en cas d'événements fâcheux ; que ce que j'en faisais était pour le prévenir et me tranquilliser sur ce qui intéressait beaucoup la Compagnie et le Bey. Sur quoi il répliqua que je pouvais être en toute sûreté, laisser jour et nuit les portes de notre maison entièrement ouvertes et me reposer entièrement sur lui.

« Je m'en tins à son dire et ne pensais plus à cette affaire, d'ailleurs, la frégate était partie. Le lendemain matin, notre drogman, venant à son ordinaire, chez nous, je lui vis un air courroucé, je lui en demandai la raison, et me dit : « Ne voulez-vous pas que je sois « fâché, je viens de visiter le caïd qui, d'abord, m'a « reçu poliment, mais un instant après, en présence « des chiaoux de la garnison, il m'a dit : Le capitaine « de la Compagnie veut fuir ; si cela arrive, je te ferai « pendre à la porte de sa maison ».

« Le drogman, surpris de ce propos, lui demanda qui est-ce qui lui avait dit que je voulais fuir ; que c'était lui qui l'inventait ; que, d'autre part, il était Turc comme lui et officier, et qu'ainsi il n'avait aucun pouvoir sur lui et il le quitta aussitôt.

« Ce caïd a ensuite fait courir le bruit dans la ville que je voulais fuir et le disait à qui voulait l'entendre. Il est détesté de toute la ville qu'il tyrannise. Comme il est beaucoup emporté, on le craint et le bruit court que, prévoyant que le bey le tirera de sa place, il joue de son reste et tire parti de tout ce qu'il peut. Ce qui fait dire à plusieurs qu'il veut mourir, pour dire que par ses vexations, le bey ou quelque particulier résolu le tueront, ainsi que peu s'en est fallu, par deux fois, que cela ne lui arrivât. Je ne vous ai fait ce long détail que pour vous faire connaître à quoi nous sommes sujets dans ce pays par le peu de protection que nous avons.

« Bourguignon,
« Agent de la Compagnie à Bonne. »

« Bonne, 9 mars 1784.

« Je ne sais si je vous ai jamais entretenu sur le compte de Mohamed Benadoux, écrivain de confiance du caïd Agy Hassen et Mercanti aujourd'hui. Ce Benadoux, qui est Collin, était autrefois marmiton à la maison de la Compagnie, au Collo ; il est aujourd'hui le sultan à Bonne, c'est lui qui est le Caïd et qui mène tout le monde, Chrétiens et Maures, tambour battant. Il les pressure on ne peut davantage. Ce pillage, avec les étrangers et les gens de la ville, m'importe fort peu, mais je suis irrité contre les manières insolentes de Benadoux, qui veut nous mener à volonté et qui nous rend la vie dure, etc. »

« Bonne, 2 août 1784.

« Le corail devient toujours plus rare, surtout le beau, et par surcroît de malheur, depuis quelques années, les Trapanais, Liparotes et autres pêcheurs de corail du royaume de Naples, viennent en nombre avec leurs bateaux..... Partout où pénètrent ces bateaux, ils balayent le fond de la mer, au point qu'ils n'y laissent pas un brin de corail ; tout est enlevé par eux : aussi la plupart de nos pêcheurs se sont retirés en France par la tartane du capitaine Mouton, partie hier matin.

« BOURGUIGNON. »

A cette époque les épidémies étaient fréquentes, et comme il n'existait pas de loi sanitaire pour mettre en interdit les régions contaminées, les ravages s'étendaient rapidement. On peut dire sans exagération que de 1783 à 1829 la peste ne cessa de sévir sur la région de La Calle et de Bône.

Nous venons de voir que les tracasseries n'étaient

pas ménagées à nos malheureux agents, et cependant, malgré tous ces dangers, toutes ces difficultés, le commerce n'éprouvait pas de ralentissement. « J'ai expédié jusqu'à présent, écrivait Bourguignon, le 12 janvier 1785, 5.800 caffis de blé (1), ce qui fait 200 caffis en plus de vos accords avec Agy Messaoud. »

Barre, agent de la Compagnie, écrit, le 14 mars 1786 : « La peste, à laquelle on ne songeait plus, vient de se renouveler chez les Nadis et de se manifester dans notre ville. Il meurt ici, depuis le 10 du courant, de cinq à six personnes par jour, atteintes de cette cruelle maladie. Nous prenons des précautions pour nous en garantir et j'ai fait poser aujourd'hui, à cet effet, une barrière au devant de la porte de la maison pour empêcher que les Maures y communiquent. Nous sommes dans une mauvaise passe et nous faisons tous des vœux pour que la mortalité n'augmente pas et pour la cessation de ce fléau. J'instruis le bey de ce qui se passe à ce sujet. »

« Bonne, 21 mars.

« La peste fait des progrès en ville; il meurt journellement de 14 à 18 personnes. »

« Bonne, le 1er avril 1785.

« M. Guibert, notre caissier, partira pour Constantine avec notre Caïd Mercanti, dans peu de jours. Je le chargerai de parler au bey pour la réparation des magasins que nous tenons de lui en rente : lui payer

---

(1) Cette mesure est encore employée en Tunisie. Elle vaut 620 litres.

300 piastres de Constantine l'année et ne pouvoir y rien mettre dedans à cause que la pluie perce les terrasses, c'est fort désagréable. Il y a deux ans et demi qu'il me manque de parole. Son Caïd Mercanti ne fait qu'y passer un peu de chaux, qui ne tient qu'à la première pluie, passé quoi, ils sont aussi mal arrangés qu'auparavant.

« Bourguignon. »

« Bonne, le 21 avril 1785.

« La famine qu'il y a à Tripoli de Barbarie oblige le Pacha Bey d'expédier des bâtiments à Bonne pour chercher du blé.

« Je vous ai fait part du changement de notre drogman Mahmoud, que le bey a remplacé par Osman Martegal, Français ruiné, qui, dans le temps, a mis le désordre dans la maison de Bonne. Voyez de nous débarrasser de ce nouveau drogman et faites nous rendre Mahmoud..... »

« Bonne, 29 mai 1785.

« *A Monsieur* Ferrier, *chancelier à Alger.*

« Je vous remercie de l'avis que vous me donnez du bruit qui court du dessein des Espagnols sur Bonne. La nouvelle en était publique dans cette ville et l'on se prépare en conséquence pour la défense. Une petite tartane de Saint-Tropez, allant à Tripoli de Barbarie, ayant fait erreur dans sa route, a donné dans notre golfe et mouilla avant-hier soir à notre rade. Le capitaine Lieutaud du Postillon y fut à bord, lui dit où il était et la tartane repartit la nuit même pour Tripoli.

Les gens de Bonne disent que c'est un bâtiment espagnol qui est venu pour épier ce qui se passait. Comme nous sommes chrétiens comme lui, ils disent que nous leur faisons la main. C'est là, comme vous le savez, la façon de penser des gens de ce pays, qui ne distinguent pas les nations et jugent qu'elles pensent toutes de même et ne forment qu'un corps.

« Bourguignon. »

« Bonne, le 10 juin 1785.

« *A Monsieur* Ferrier, *Alger*,

« J'ai avis de la Compagnie, par sa lettre du 31 mai, qu'elle a reçu la nouvelle de Mahon que le général Barcello avec une escadre composée de 4 frégates, 4 chebeks, 3 brigantins, 6 chaloupes canonnières et 5 à 600 hommes de troupe de débarquement, doit venir ruiner Bonne, le Collo et Bougie. Je viens de donner cette nouvelle au Caïd qui va expédier deux cavaliers au bey. J'en profite pour demander à cette puissance d'envoyer à La Calle nos effets et de charger le reste sur quatre bâtiments.

« Bourguignon. »

La peste recommence à Bône et dans les environs. 40 à 50 personnes meurent par jour. « Ce cruel fléau a détruit plus de la moitié des habitants ; la ville est déserte, la mortalité est toujours plus effrayante ; elle roule depuis assez longtemps sur 60 à 80 personnes par jour..... La peste a enlevé hier 103 personnes. » L'épidémie disparut vers le commencement d'août.

« Bonne, 17 octobre 1786.

« Le caïd Moulay Hassen vient d'être destitué..... Benadoux, dont M. Bourguignon vous a souvent parlé, a été mis aux fers..... Il y a eu ce matin rébellion. Divers Turcs avaient forcé la prison du caïd et l'avaient fait réfugier chez Sidi Chik, d'où on l'a retiré de force .... »

La guerre faillit bientôt éclater pour un motif futile. Au mois d'avril 1791, une corvette fut envoyée à Alger pour faire reconnaître notre nouveau pavillon national, le drapeau tricolore. Alger et Tunis firent des objections sous prétexte que le rouge, couleur nationale des Etats musulmans, flottait en dernier rang.

Pendant ces dernières années, la situation de nos agents ne s'était guère améliorée. Guibert, dont le dévouement à la cause française était sans bornes, devenait l'objet d'accusations incessantes de la part du bey de Constantine, Salah, homme intelligent, mais très autoritaire. Il fut destitué en août 1792, mais il n'accepta pas sa disgrâce. Il massacra son successeur désigné par le dey d'Alger et leva contre ce dernier l'étendard de la révolte. Nos agents à Bône reçurent des ordres très sévères pour leur défendre de favoriser l'évasion de Salah.

La République fut solennellement reconnue à Alger, vers la fin de 1792 et le bruit de nos victoires ayant pénétré jusque chez les forbans algériens, nos relations avec eux s'en ressentirent aussitôt. Nos provinces du midi de la France, privées de récoltes, offraient le spectacle de la plus lamentable misère. Profitant des bonnes dispositions des Algériens à notre égard, de nombreux convois chargés de blé furent expédiés en France, mais les troubles qui éclatèrent dans les tribus de La Calle, révoltées contre l'autorité du bey, la peste qui faisait de nouveaux ravages à Constantine, interrompirent les expéditions.

« Je suis toujours, écrivait Guibert, de Bonne, le 30
« octobre 1793, dans les ornières jusqu'au cou, et avec
« peu d'espoir de m'en tirer bientôt, puisque je ne
« reçois point d'argent. Je prends patience et me ré-
« signe. Je viens de revendre une très grande partie
« de blé que j'avais depuis le mois de mars.

« Guibert. »

La disette faisant toujours des ravages dans les provinces du midi de la France, le gouvernement de la République se décida à faire des achats de grains en Afrique et envoya les instructions suivantes au citoyen Guibert, agent de la Compagnie d'Afrique à Bône :

« Pleine de confiance dans le zèle, dans le patriotisme, dans les lumières et dans les connaissances locales du citoyen Guibert, la République attend de lui le plus grand succès possible dans les vues ci-après pour l'exécution desquelles il ne négligera aucun moyen praticable.

« Le Comité d'approvisionnements maritimes en blé, établit à Marseille, a ordonné à Alger l'achat de tous les blés qu'on pourra s'y procurer, pour être expédiés dans les ports de la République sur la Méditerranée.

« . ... Guibert est chargé d'arrêter tous les blés qu'il pourra, pour le compte de la Compagnie d'Afrique et à ses périls et fortunes, s'il le juge convenable.

« Si les juifs ou les neutres ont à Bône des blés, Guibert tâchera, par tous les moyens de prudence, de les acheter, livrables dans un des ports de la République..... Il sera stipulé un prix seul et unique, pour la charge de blé rendue en France... Le blé doit être livré sain. Il sera payé au choix du vendeur, soit au lieu du débarquement, soit à Bône, soit à Alger, soit à Livourne, en telle monnaie qu'il sera convenue après la livraison au lieu du déchargement, etc., etc. (1).

....

« Le citoyen Guibert est prié de garder sur ses opérations et les nôtres le secret en tout ce qui sera possible. *Deus protegat !* »

« Alger, 7 pluviôse, l'an 2 de la République française une et indivisible.

« (Signé) : Vallière et Bressan. »

Non seulement nous avions à lutter contre la mauvaise volonté du bey de Constantine et des juifs qui accaparaient les céréales, mais encore contre les intrigues de la politique anglaise qui s'efforçait d'obtenir du dey d'Alger un décret de prohibition pour l'exportation des céréales. Malgré toutes ces difficultés et grâce surtout aux sommes envoyées par le gouvernement, Guibert put expédier, au mois d'avril 1794,

---

(1) Voir Histoire de La Calle par Féraud, page 466 et suivantes.

1.720 caffis de blé. Malgré les énormes services rendus par la Compagnie d'Afrique, le comité du Salut public l'abolit quelques mois après et la remplaça par une agence au compte de l'Etat. Gimon en fut nommé directeur. Néanmoins, les anciens employés de la Compagnie qui avaient fait preuve dans ces dernières années d'un dévouement sans bornes, restèrent à leur poste, car nous retrouvons la correspondance de l'époque signée des noms de Peïron à La Calle et Guibert à Bône.

Les Anglais n'avaient cessé d'intriguer auprès du divan d'Alger pour nous remplacer sur les côtes d'Afrique, mais ils n'avaient pu vaincre la sympathie réelle que nous portait Baba Hassan. Furieux de leur insuccès, ils cherchèrent à ruiner notre marine de commerce, en courant sus à tous nos petits bâtiments.

Une lettre datée de Bône relate une prise effectuée contre le droit des gens et qui faillit amener une rupture entre la régence d'Alger et l'Angleterre.

« Bône, 2 floréal, an 4 de la République,
« (21 avril 1796).

« *Au citoyen Herculais, envoyé extraordinaire de la République française auprès des puissances barbaresques,*

« Je viens vous faire part d'un événement fâcheux qui me navre le cœur et qui est dans le genre de celui dont vous avez été témoin à Tunis par le fait des Anglais, sur les bâtiments de guerre que nous y avions.

« Hier, après-midi, nous vîmes à l'entrée du golfe,

dans la partie de l'est, un bâtiment que l'on ne pouvait reconnaître à cause de la brume, bien qu'il fût à peine à la distance de deux lieues. Ce bâtiment s'étant rapproché fut reconnu pour être une frégate, portant pavillon anglais. Vers la fin du jour, elle vint mouiller au Fort-Génois et se plaça au voisinage de la corvette l'*Unité*, à environ une portée de pistolet.

« Le lendemain, la frégate anglaise et la corvette avaient disparu toutes deux.

« Ce rapport m'a été fait par quatre soldats de ladite corvette, lesquels n'ayant pu hier soir rejoindre leur bord, avaient passé la nuit à terre. La prise de la corvette a eu lieu pendant la nuit, sans qu'un coup de pistolet eût été tiré, et il est vraisemblable de croire que l'*Unité*, se voyant inférieure en force, (elle ne porte que du huit), se sera laissée amariner sans résistance, par respect pour la neutralité du port où elle se trouvait. Le citoyen Ladrezenec, capitaine de l'*Unité*, était malade chez moi depuis onze jours de la petite vérole, et ladite corvette était commandée par le citoyen Lebreton, lieutenant en pied.

« Le gouverneur de la ville et l'aga de la garnison eurent la pensée d'envoyer, à bord de la frégate, le capitaine du port et divers Turcs pour offrir au commandant anglais les secours dont il pouvait avoir besoin et lui observer, en même temps, qu'il se trouvait dans un port neutre ; mais ils n'osèrent pas le faire, n'étant pas bien sûrs de la nationalité de la frégate et craignant de trouver, au lieu d'un navire anglais, un bâtiment de guerre napolitain ou maltais qui les aurait fait enlever.

« Le citoyen GUIBERT,
« Agent d'Afrique à Bône. »

Cette violation du territoire algérien aurait pu avoir de graves conséquences pour les Anglais si les juifs, tout-puissants à cette époque, n'étaient intervenus pour aplanir les difficultés qui semblaient devoir surgir de ce guet-apens.

Napoléon inspira une véritable terreur au dey d'Alger. Les préparatifs de l'expédition d'Egypte étaient à ses yeux dirigés contre lui, aussi quelle ne fut sa stupéfaction en apprenant, coup sur coup, la prise de Malte par les troupes françaises, suivie de la délivrance de tous les esclaves musulmans et la déclaration de guerre de la Turquie à la France. Le dey était très disposé à laisser les ordres de la Porte à l'état de lettre morte. Mais ses ordres mal compris occasionnèrent un redoublement de misères pour nos nationaux à Bône.

« *Guibert, agent d'Afrique à Bône, à* ASTONI SIELVE, *chancelier du consulat de France et agent d'Afrique à Alger.*

« Bône, le 8 brumaire, an VII.
« (29 octobre 1798).

« Vous aurez su, mon cher ami, par mes lettres au citoyen Moltedo, les détails de notre arrestation ici, pendant douze jours, de la manière scandaleuse, humiliante, outrageante que cela s'est exécuté, quoique nous n'ayons à nous plaindre d'aucune insulte personnelle de la part des Turcs qui nous gardaient à vue, jour et nuit, sans que nous puissions sortir de la maison, et de ce qui en est résulté pour la tranquillité des autres comptoirs, car peu s'en est manqué que La Calle ne fût entièrement abandonnée.

« Cette démarche hostile contre nous ne saurait être exécutée d'aucune manière, si le dey ne l'a pas ordonnée, malgré qu'elle serait une violation manifeste de notre Ottoman qui dit, article 9, de la manière la plus précise et la plus claire, qu'en cas de mésintelligence avec la France qui cause rupture de pays, nos établissements devaient être respectés et continuer leur commerce comme si la meilleure harmonie existait toujours entre les deux nations.

« ..... Par ce qui vient de se passer d'absolument contraire au droit des gens, quel que soit le motif qui y ait donné lieu, ne vous prouve-t-on pas que nous ne sommes dans ce pays-ci que comme des otages et qu'à la moindre alerte notre sûreté peut être compromise ?

« GUIBERT. »

« Alger, du 19 brumaire an VII.
« (9 novembre 1798).

« *A l'Agence à Marseille.*

« Ayant été informé hier soir, par une lettre du citoyen Guibert au consul, où il lui fait part de l'événement de l'arrestation de tous les Français de Bône et de Collo, cette démarche a été fortement désapprouvée par le dey qui a déclaré que la Porte était maîtresse de faire la guerre à la France, mais que lui voulait vivre en bonne intelligence avec elle, à moins qu'elle ne fût la première à rompre avec lui, ayant déjà été informé que plusieurs bateaux corailleurs étaient partis précipitamment de La Calle pour Corse, au moment que cet événement se passait, et craignant qu'ils n'aient mis l'alarme sur votre compte et celui des concessions.

« C'est une incartade du caïd de Bône qui a mal compris les ordres du bey, lequel a fait ses excuses à Guibert. En répondant à sa lettre sur son arrestation et celle des autres Français à Bône, il a prié de ne lui en point tenir rancune.

« ASTONI SIELVE. »

Mais les ordres de la Sublime deviennent impérieux, et enfin le dey se décide à jeter au bagne d'Alger tous nos nationaux. A Bône, Guibert fut arrêté par le Turc Braham, chaouch. La Calle fut prise par trahison, et le bey de Constantine, qui avait dirigé l'expédition, fit tout piller et détruire. Les pertes furent immenses et le commerce de comptoir définitivement ruiné. La paix ne fut rétablie qu'en 1800, à la grande joie du dey. La concession des comptoirs fut restituée à la France aux mêmes conditions, dont elle jouissait avant la rupture de la paix, sauf toutefois que pour indemniser la Compagnie d'Afrique des pertes subies, le dey lui faisait la remise des redevances d'une année. Un conflit s'éleva entre la Compagnie et l'Etat qui voulait se réserver le monopole de la pêche du corail. Personne n'ayant voulu céder, la Compagnie fut dissoute le 6 mai 1802.

En 1807, les Anglais voulurent s'établir à La Calle, mais leur intention était moins d'en faire une place forte qu'un entrepôt de céréales et de vivres à l'usage de leur flotte de la Méditerranée. C'était ce que redoutait le plus le divan d'Alger, aussi ne voulut-il jamais consentir à cette création.

A Bône, ils s'étaient emparé de l'établissement de l'ancien comptoir français. Sur la plainte portée par Raimbert (1), le tribunal musulman de Bône, en présence de la garnison turque et des notables de la ville, rendit une sentence : « Qui reconnaissait que la maison de la Compagnie appartenait en propriété aux Français et ordonnait au consul anglais de la restituer immédiatement aux Français. » (2)

Néanmoins, les Anglais s'obstinèrent à rester à Bône, malgré la répugnance manifeste des habitants et malgré la décroissance du commerce et les pertes qui en résultaient pour eux. Cela dura jusqu'en 1815, époque à laquelle lord Exmouth parut devant Alger pour y demander l'abolition de l'esclavage. Il fut insulté et tous les Anglais des concessions jetés aux fers. Les Français entrèrent immédiatement en pourparlers pour reprendre leurs anciens privilèges, mais le dey, tout en leur permettant de s'établir à La Calle et à Bône, ne voulut pas leur laisser la jouissance des avantages qu'ils possédaient antérieurement.

---

(1) Raimbert, ancien agent à Collo, avait été chargé par le gouvernement de rétablir la pêche française sur les côtes de Barbarie.

(2) Féraud, Histoire de La Calle.

M. Maurice fut nommé agent du Comptoir de Bône, et Adrien Dupré prit, dans cette même ville, le titre de consul de France aux concessions d'Afrique.

Pendant quelques années, la Compagnie concessionnaire végéta, et au moment où elle espérait une reprise du commerce, l'injure faite au consul Deval vint rompre les relations de la France avec Alger. Ordre fut donné à nos agent d'évacuer les Comptoirs. Cet ordre fut si brusque que les employés de la maison de Bône abandonnèrent leurs effets et s'embarquèrent le 20 juin, au nombre de 28 personnes, sur la gabare le *Volcan*. Il était temps, car le dey, à la notification de la rupture, avait donné l'ordre de détruire nos établissements et d'en arrêter tous les employés. Ce fut Si Hafsi ben el Aoun qui fut chargé de cette mission, et le 24 juin le bey de Constantine écrivait en ces termes au dey d'Alger pour lui annoncer l'exécution de ses ordres :

« *A Hassein Pacha.*

« En arrivant samedi, 28 de ce mois, au gîte d'étape de Hamza, j'ai reçu deux lettres, l'une des Eulema de Bône et l'autre du fils du Markanti. Ils m'informent qu'un vaisseau et une corvette de guerre français sont entrés dans le port de Bône ; le consul, le représentant de la Compagnie et les nationaux français résidant à Bône sont montés sur ces deux bâtiments. Aussitôt qu'ils ont appris leur embarquement, les Bônois ont appliqué les scellés à leurs maisons ; puis ils ont pris des mesures pour la garde à faire de nuit autour de la ville, ainsi que l'exposent les deux lettres que je vous transmets, afin que vous en preniez connaissance, ce qui me dispensera d'entrer dans de plus longs détails à ce sujet.

« J'ai immédiatement fait partir le Markanti en lui donnant des instructions sur toutes choses, insistant notamment auprès de lui pour les mesures de surveillance à observer de nuit comme de jour.

« En ce moment, grâce à Dieu, la sécurité, la paix et la tranquillité règnent à Bône et dans la totalité de la contrée.

« El Hafsi est arrivé à Constantine mardi, il en est reparti, et sans nul doute qu'il est parvenu à cette heure où nous l'avons envoyé en mission.

« Dès que je recevrai des nouvelles de lui ou bien de Bône, je vous les transmettrai rapidement.

« Que Dieu vous rende victorieux et extermine les mécréants.

« EL HADJ AHMED,
« Bey de Constantine.

« Dimanche, 29 de kâada 1242.
« (24 juin 1827). »

Dans le post-scriptum d'une lettre du 8 juillet 1827, El Hadj Ahmed écrit : « J'ai envoyé au cheik Mohamed bou Mettin un cheval, un fusil et un burnous. Le Markanti m'informe que le raïn Ali el Feloudji, venant d'Alger, a été serré de près par les ennemis de Dieu, les Français, étant au large du roi El Hamra (cap de Garde). Il s'est enfui du côté de l'Edough et, de là, il a expédié un homme du pays pour prévenir à Bône. Les Bônois lui ont envoyé deux felouques avec des soldats armés. Les matelots avaient déjà gagné la terre avec leurs fusils. »

« *A Husseïn Pacha.*

« Votre auguste lettre m'étant parvenue, j'ai été instruit de tout ce que vous me notifiez. J'ai donc écrit immédiatement au Markanti de Bône, lui prescrivant de faire à l'égard de tout bâtiment de guerre français qui se présenterait ce que vous ordonnez, de se hâter de lui lancer des boulets, de ne pas faire feu à poudre, mais bien au contraire de tirer dessus sans lui laisser aucun répit.

« J'ai également envoyé de suite des ordres au khalifa pour qu'il se porte avec son camp et ses goums auprès de Bône et de s'y établir, lui recommandant expressément d'observer avec vigilance la situation de la ville, de se tenir prêt à la défendre et de ne rien ignorer de ce qui se passe dans Bône, de nuit comme de jour.

« Les khézourdji (remplaçants) sont partis aussi de Constantine pour Bône munis par moi d'un nombre suffisant de tentes ; nous les avons pourvus de vivres, biscuits, bebi'oul (sorte de grosse farine), beurre, huile et enfin des mulets porteurs d'outres pour l'eau. Rien ne leur manque de ce qui peut être nécessaire.

« J'ai, en outre, écrit au Markanti pour qu'il subvienne à tous leurs besoins.

« Dans chacune de mes lettres au Markanti, je lui renouvelle mes recommandations, afin que de nuit comme de jour on se garde avec la plus grande vigilance.

« Jusqu'à présent, les missives du Markanti m'assurent que tout est tranquille à Bône et aux environs, sur terre aussi bien que sur mer.

« Le porteur de la présente est également chargé d'une lettre que le Markanti adresse à votre fils et notre frère Sidi Ibrahim, ministre de la marine.

« EL HADJ AHMED,
« Bey de Constantine. »

« 26 de hidja 1242.
« (21 juillet 1827.)

« *A Huseïn Pacha.*

« Aussitôt votre courrier arrivé, j'ai expédié la lettre destinée à votre oukil à Tunis.

« En même temps, j'ai écrit aux notables de Bône pour l'exécution des ordres que vous m'avez donnés.

« J'ai, en outre, commandé expressément au porteur de ma lettre d'aller inspecter lui-même les batteries, visiter les affûts de canon et tous les engins de guerre. Je lui ai prescrit de passer environ deux journées à Bône, afin de bien examiner comment s'y fait le service de garde et de quelle manière s'exécutent les précautions de surveillance.

« J'ai très vigoureusement insisté pour qu'il ait à me fournir ensuite des renseignements détaillés, exacts et fidèles sur tout ce qu'il aura vu.

« J'ai reçu aujourd'hui une lettre du Markanti, par laquelle il m'informe que les brêches existant aux batteries sont réparées. Des charpentiers ont été envoyés dans la montagne pour couper des bois, lesquels ont déjà été apportés en partie à l'aide de barques. Nous avons mis à la disposition du Markanti les charpentiers de Constantine, qui sont allés se joindre à ceux de Bône et tous, maintenant, sont occupés à travailler avec ardeur à la confection d'affûts de canon et de bois de fusil. Dans chaque batterie on fait une garde très vigilante, de même que sur tous les autres points ; quant à moi, je ne cesse de leur adresser fréquemment des recommandations.

« Aujourd'hui même, il est revenu de Bône quelques-uns des émissaires que j'y avais envoyés et tous me confirment les rapports du Markanti, c'est-à-dire que les travaux de défense marchent avec célérité, que le service de garde (de la côte), s'y fait exactement, et enfin que la tranquillité règne partout.

« EL-HADJ AHMED,
« Bey de Constantine. »

« 15 moharrem 1243.
« (8 août 1827.)

« *A Hussein Pacha.*

« Je vous fais connaître que les habitants de votre ville de Bône ont aperçu ces jours-ci quatre bâtiments qui se montrent et disparaissent ensuite. Les Bônois, qui sont de pauvres gens, la plupart sans armes, ont été épouvantés de cette apparition.

« Apprenant cette situation, je leur ai envoyé cent fusils en ordonnant de les distribuer à ceux qui en ont besoin, après avoir établi une liste nominative de chaque détenteur. Je les préviens que si ces fusils ne leur suffisent point, je leur en enverrai encore d'autres. Cela leur a donné courage et confiance ; ils montent maintenant la garde avec zèle ; leurs craintes se sont dissipées; gloire en soit rendue à Dieu, qu'il vous soutienne et donne la victoire au peuple de notre seigneur Mahomet, qu'il extermine et écrase les impies.

« Salut.

« EL HADJ AHMED,
« Bey de Constantine.

« 27 de kâada 1245.

« (20 mai 1830.) (1) »

Nous allons maintenant voir dans le chapitre suivant de quels événements dramatiques Bône fut le théâtre, avant d'y voir flotter pour toujours le drapeau français.

FIN DE LA PREMIÈRE PARTIE

---

(1) Le texte arabe de ces lettres a été donné par M. d'Houdetot à M. Féraud, interprète principal, qui en a fait la traduction.

DEUXIÈME PARTIE

BONE DEPUIS 1830

CHAPITRE V

Prise d'Alger en 1830. — Expédition du général Damrémont et première occupation de Bône. — Abandon de Bône à la nouvelle de la Révolution de juillet. — Siège de Bône par l'armée du bey de Constantine. — Les Bônois demandent du secours. — Expédition du commandant Huder, deuxième occupation de Bône. — Le commandant Huder est trahi, sa mort, désastre de l'expédition.

Le 5 juillet 1830, Alger ouvrait ses portes au maréchal de Bourmont. La piraterie, cette odieuse institution qui, durant trois siècles, avait courbé le monde chrétien sous le joug de l'épouvante et de la honte, était anéantie. La France venait enfin d'arborer son drapeau victorieux sur le repaire des redoutables forbans qui, fiers de leur longue impunité, n'avaient pas craint d'insulter notre représentant.

La marine, à qui revenait en cette occasion une large part de gloire, n'avait pas encore terminé sa mission, et l'amiral Duperré reçut l'ordre d'envoyer une division navale devant Tripoli pour imposer au bey de cette ville l'obligation de ne plus armer de corsaires, d'interdire l'esclavage des chrétiens dans ses Etats et, enfin, de donner réparation d'une insulte dont le consul de France avait été victime au mois de septembre 1829.

L'impression produite dans le monde musulman par la chute d'Alger avait été profonde. Il fallait la mettre à profit en occupant les principaux ports de la Régence. Cependant cette occupation eût été sans doute ajournée, bien qu'elle entrât dans les vues du maréchal de Bourmont, si de puissantes raisons que nous allons passer en revue n'avaient presque imposé au gouvernement l'obligation de satisfaire l'opinion publique.

A peine la nouvelle du succès de nos armées était-elle parvenue en France, que de nombreuses sollicitations assaillirent le gouvernement en vue d'obtenir le rétablissement des pêcheries de corail et des comptoirs de commerce de La Calle et de Bône, ruinés au moment de la rupture de nos relations avec la Régence d'Alger. L'ancien agent de la Compagnie d'Afrique, Raimbert (1) auquel un long séjour à Bône et

---

(1) Raimbert avait été, en 1795, agent du comptoir de Collo, pour le compte de la Compagnie d'Afrique dont le siège était à La Calle. Forcé de fuir avec tout le personnel pour éviter la captivité, il se retira à Marseille. Mais il n'avait pas abandonné l'espoir de revenir en Afrique. Aussi accourut-il avec joie dès les premiers jours de la conquête se mettre à la disposition du général en chef. Il obtint de précéder l'expédition du commandant Huder à Bône, ou il avait laissé d'excellents souvenirs. Son influence eut une grande part dans l'accueil sympathique qui fut fait au commandant de l'expédition. Raimbert fut ensuite admis dans le corps des interprètes militaires et ne consentit à prendre sa retraite dignement acquise qu'à l'âge de soixante-treize ans.

une connaissance approfondie des mœurs et de la langue du pays permettaient de fournir de précieux renseignements, s'efforçait de faire valoir les sérieux avantages que procurerait au commerce français l'occupation de nos anciens établissements. Un traité conclu le 8 août avec la Régence de Tunis vint donner un commencement de satisfaction aux solliciteurs. « Le bey de Tunis restituait à la France le droit de pêcher exclusivement le corail, depuis la limite des possessions françaises jusqu'au cap Nègre, ainsi qu'elle le possédait avant la guerre de 1799. La France n'avait à payer aucune redevance pour la jouissance de ce droit. » Nous verrons plus loin que cette dernière clause ne tarda pas à être changée.

Bône, à notre arrivée en Afrique, bien que déchue de son ancienne prospérité, n'en était pas moins le seul port de la province de Constantine ouvert au commerce européen ; c'est là que venaient s'entasser les riches produits de l'intérieur, les cuirs, les laines et surtout les grains qui, tant de fois, avaient sauvé de la famine les populations méridionales de la France. L'Europe y apportait ses marchandises et principalement les armes et munitions de guerre nécessaires aux troupes des beys et aux contingents des tribus. Bône pouvait donc à juste titre être considérée, sinon comme la clef, du moins comme une des portes du beylik de l'Est. Si l'occupation de cette ville était jugée par le maréchal de Bourmont d'une importance extrême au point de vue de l'extension future de notre domination dans la province de Constantine, les Bônois envisageaient avec joie la perspective de notre arrivée. Leurs relations presque ininterrompues depuis le moyen âge avec les nations de l'Europe méridionale, et plus particulièrement avec la France, le séjour prolongé de nos compatriotes à La Calle et, parmi eux, la présence constante dans leur port de tous les pavillons du commerce européen, en un mot, une longue habitude des chrétiens et de leurs mœurs, avaient en quelque sorte inspiré aux Bônois des idées de tolérance et de progrès, si toutefois ce mot peut être employé à propos des musulmans de 1830.

Mais plus encore que leur sympathie, l'intérêt personnel leur faisait une loi de nous accueillir en amis. Aux richesses que procuraient aux Bônois les relations de commerce, étaient venus se joindre les bénéfices dont nos comptoirs étaient la source. Cette situation avait été la cause même de leur ruine, car elle n'avait pas tardé à éveiller les instincts cupides des beys de Constantine. Ceux-ci auraient pu se contenter des droits prélevés sur les échanges, mais ils préférèrent traiter directement les affaires avec les Européens. Le gouvernement beylical s'était donc emparé du monopole du commerce, et, pour empêcher toute fraude, avait installé à Bône un agent spécialement chargé des transactions. Cet agent appelé « Mercanti » avait acquis bientôt une autorité au moins égale à celle du gouverneur de Bône. Ce fut un coup funeste pour la coquette citée. Privée des sources principales de ses revenus, elle avait vu sa fortune décroître rapidement, et, en 1830, Bône comptait à peine quinze cents habitants.

L'espoir de reconquérir la liberté de commerce, source de leur richesse passée, le désir de secouer le joug odieux du bey Ahmed, décidèrent les Bônois, dès que la nouvelle de la chute du gouvernement turc leur fut parvenue, à se déclarer indépendants. Une sorte de comité fut organisé et chargé de solliciter du général en chef l'appui de nos armes. Ce comité était composé de quatre hommes les plus influents de la cité. C'étaient Si Zerrouk ben Sidi Cheik, Si Ahmed ben Sidi Cheik, le cadi Si Hassein et Si Redjem ben Radia, ex-caïd de Bône. Quelques jours avant notre arrivée à Bône un agent du bey s'était présenté en son nom pour prendre le commandement de la ville, mais le comité ayant refusé de le recevoir il se contenta de demander livraison des poudres, ce qui lui fut également refusé. C'était une rupture que ne déguisait pas même un semblant de prétexte.

Nous avons dit que, dès les premiers jours de la conquête, le maréchal de Bourmont avait résolu, pressé par l'opinion publique, d'occuper les principaux ports de la Régence. Il était convaincu de ne rencontrer aucune résistance. « La prise d'Alger, écrivait-il, paraît devoir assurer la soumission de toutes les parties de la Régence. Plus la milice turque était redoutée, plus sa prompte destruction a révélé dans l'esprit des Africains la force de l'armée française. Le bey de Tiltery a reconnu le premier l'impossibilité de prolonger la lutte, et les Arabes paraissent convaincus que les beys d'Oran et de Constantine ne tarderont pas à suivre cet exemple. Tout nous porte à croire que la tâche de l'armée est remplie. »

Illusion que les événements se chargeront bientôt de dissiper.

Le 26 juillet, une escadre, sous les ordres du contre-amiral de Rosamel, sortait d'Alger. Elle était composée de huit navires : le *Trident*, vaisseau portant le pavillon du contre-amiral ; deux frégates de premier rang : la *Guerrière* et la *Surveillante*; deux bombardes : le *Vulcain* et le *Vésuve* ; un brick de vingt canons : l'*Action* ; un vaisseau armé en flûte : le *Superbe*. Elle emportait la première brigade de la deuxième division, c'est-à-dire deux régiments d'infanterie le 6e et le 49e, formant un effectif de deux mille cinq cents hommes, une compagnie du génie et une batterie de campagne. Damrémont, un de nos meilleurs généraux, avait reçu le commandement de l'expédition.

La division navale arriva en vue de Bône le 2 août. Le débarquement, favorisé par une mer très calme, commença aussitôt. Les habitants, parmi lesquels se trouvait Raimbert, arrivé quelques jours avant, accoururent sur le môle et confirmèrent leurs bonnes intentions en apportant à nos soldats des vivres frais. Le général Damrémont, malgré ces démonstrations amicales, ne crut pas devoir s'endormir dans une fausse sécurité et, aussitôt que le débarquement fut terminé, il fit occuper les principales positions. La Casbah reçu un bataillon du 6e de ligne ; le 2e bataillon et le 49e de ligne, chargés de surveiller la plaine qui s'étendait jusqu'à la Boudjima, prirent d'abord position sur la route de Constantine ; mais la crainte de voir la santé des troupes compromise par les exhalaisons d'un terrain marécageux obligea le général Damrémont à les faire rentrer ; elles furent logées en ville. Deux redoutes, élevées à la hâte en avant de la porte de Constantine, furent confiées à la garde d'un bataillon.

Bien lui en prit, car de toutes parts les tribus couraient aux armes, et, dès le 3, leurs premiers cavaliers vinrent caracoler à portée de fusil des remparts. Le nombre de ces éclaireurs ne fit qu'augmenter dans les journées qui suivirent et, bientôt, des masses assez considérables de cavalerie défilèrent sous les yeux de nos soldats qu'elles espéraient attirer en rase campagne. Le général Damrémont, pour éclairer les abords de la place, autant que pour sortir d'une inaction qui, interprétée par l'ennemi comme un signe de faiblesse, pouvait augmenter son audace, ordonna une sortie. Les ruines d'Hippone, à cette époque bien autrement considérables qu'aujourd'hui, offraient un abri naturel aux hordes qui nous assiégeaient.

Le 6 au matin, une compagnie de voltigeurs, soutenue par deux pièces de campagne, fut lancée en avant ; en quelques instants, elle eut gravi les pentes de la colline et délogé les Arabes. Nos soldats, pour la première fois, apparaissaient au sommet du mamelon, qui domina si longtemps la célèbre cité de Saint-Augustin.

L'importance stratégique de la position frappa le général Damrémont, mais la difficulté d'y mener de l'artillerie le fit renoncer au projet d'occuper ce point.

Les Arabes, embusqués dans les ruines, n'opposèrent à nos grenadiers qu'une résistance suffisante pour permettre à d'autres bandes de contourner la plaine et de se jeter à l'improviste sur les travailleurs occupés à achever la redoute Nord. Un combat assez vif s'engagea dans lequel quatre hommes du 6e furent tués.

Le 7, un renfort assez considérable vint encourager les assaillants ; une attaque combinée eut lieu sur divers points à la fois, mais elle fut énergiquement repoussée et quelques coups de mitraille suffirent pour achever la déroute. Le découragement commençait à se glisser dans les rangs de l'ennemi, lorsque, dans l'après-midi, apparut le cheik de La Calle, suivi d'une assez grosse troupe.

Le soir même, à onze heures et demie, eut lieu une attaque furieuse, mais le général Damrémont avait été prévenu par les habitants de Bône, et nos soldats étaient sur leur garde. Malgré la fusillade et la mitraille, les Arabes s'avancèrent jusqu'au bord des fossés des redoutes, et firent preuve d'un véritable courage, ils ne se retirèrent qu'à la pointe du jour, après sept heures d'un combat acharné. Le commandant Foucaud, qui dirigeait l'artillerie, fut grièvement blessé. Nos pertes étaient du reste peu considérables, car, nos soldats couverts par des retranchements, étaient moins exposés que les assaillants. L'habitude d'enlever leurs morts nous empêchait d'en évaluer le nombre ; mais leurs pertes avaient dû être sérieuses, car ils restèrent dans l'inaction pendant deux jours.

Le 10, au matin, eut lieu une nouvelle attaque contre les redoutes, objet de tous les efforts de l'ennemi ; nous eûmes deux hommes tués. Le capitaine du génie d'Oussières eut le bras brisé par une balle. Mais toutes ces attaques n'étaient que le prélude d'un assaut plus sérieux.

Depuis la sortie du 6, nos troupes s'étaient tenues sur la défensive. Ce n'est pas que nos soldats n'eussent préféré aller chercher l'ennemi, mais le général Damrémont n'ignorait pas que l'énervement produit sur ces natures ardentes par notre impassibilité, se traduirait par quelque tentative désespérée qui lui fournirait l'occasion de leur infliger une cruelle et dernière leçon.

Les événements justifièrent ses prévisions. Les Arabes de la plaine, décimés par les derniers combats, s'étaient décidés à faire appel aux habitants de l'Edough et on vit bientôt les files de ces rudes montagnards déboucher dans la vallée.

Le 11, le général Damrémont s'aperçut, au grand mouvement qui régnait parmi les Arabes, dont le nombre était beaucoup plus considérable qu'à l'ordinaire, qu'une attaque sérieuse se préparait ; il se porta de sa personne dans la redoute qui, par sa position, paraissait la plus menacée et se disposa à une vigoureuse défense.

L'attaque prévue eut lieu à onze heures du soir ; les Arabes se précipitèrent sur nos ouvrages avec une admirable intrépidité ; repoussés, non sans peine, ils revinrent à la charge à une heure du matin ; plusieurs d'entre eux franchirent les fossés, escaladèrent les parapets et combattirent à l'arme blanche dans l'intérieur des redoutes où ils périrent glorieusement.

Après un combat acharné, le courage, aidé de la discipline, *triompha du courage seul;* nos soldats étaient joyeux d'avoir rencontré des ennemis dignes de leur valeur.

Les Arabes furent encore repoussés. Quatre-vingt-cinq cadavres, qu'ils laissèrent dans les fossés et sur les parapets des redoutes, dénotent avec quelle fureur ils combattirent ; ils firent preuve en cette circonstance de cette ténacité qui semble appartenir plus particulièrement à la race berbère ; et, en effet, tous les agresseurs étaient des montagnards de l'Edough et des environs de Stora (1).

Cette chaude attaque fut la dernière. Parmi les cadavres des Arabes tués, on reconnut celui du beau-frère du bey de Constantine. De notre côté, nous avions à regretter la mort de deux canonniers, d'un sergent du 49e et d'un soldat du 6e.

Le général Damrémont, à partir de ce moment, ne songea plus qu'à rétablir l'ordre dans la ville, en mettant l'ancien service administratif en harmonie avec la pensée de l'occupation. Il se garda bien de changer les autorités qu'il avait trouvées en débarquant; il institua même un conseil des notables, véritable conseil municipal, qui lui présentait les vœux de la population. Son grand esprit de sagesse et de conciliation, sa justice et sa modération, lui attirèrent l'affection des habitants.

L'occupation de Bône était donc désormais un fait ac-

---

(1) Pélissier, Annales algériennes.

compli, et nous étions en droit de nous énorgueillir d'une conquête qui, effectuée presque sans lutte, n'était que le résultat des dispositions sympathiques des habitants.

Il eût pu en être tout autrement, et bien du sang aurait été versé si les Bônois, plus fanatiques, avaient résolu de se défendre, ce qu'ils auraient pu faire avec de sérieux avantages.

Nous avons vu, en effet, dans le chapitre qui précède, qu'à l'époque de la rupture des relations le bey Ahmed s'était occupé de faire fortifier la ville. La correspondance, citée plus haut, qu'il entretint avec le dey d'Alger, nous démontre le prix qu'il attachait à la conservation de ce point du littoral.

Le général Damrémont, par sa sage politique, eut sans doute consolidé la domination française dans la province si, malheureusement, les événements de Juillet n'étaient venus détruire le résultat obtenu. La déchéance de Charles X fut bientôt connue à Alger; elle frappa de stupeur le maréchal de Bourmont.

Ignorant les intentions du nouveau gouvernement, il crut nécessaire de réunir sous sa main toutes les troupes de l'armée d'Afrique pour parer aux éventualités. En rappelant les corps expéditionnaires de Bône et d'Oran, l'intention du maréchal, ont dit les uns, était de faire intervenir l'armée d'Afrique pour assurer l'élection du duc de Bordeaux. D'autres, qu'il ne voulait que réunir toutes les forces dont il disposait pour les tenir prêtes à être embarquées en prévision d'un conflit européen.

Quoi qu'il en soit, il fallut abandonner Bône et ce

ne fut pas sans un sentiment de véritable tristesse, je dirais presque de honte, que le général Damrémont obéit à l'ordre qui lui avait été envoyé.

Ce départ pouvait être considéré par les Bônois comme une sorte de trahison.

En occupant leur ville, nous assumions la responsabilité de leur sécurité future, et notre départ les livrait, réduits à leurs propres forces, à la vengeance inexorable du bey Ahmed.

Rendons cette justice au général Damrémont, qu'il s'efforça, par ses paroles et par ses actes, d'atténuer les effets désastreux de cette retraite. Il chercha à faire comprendre aux habitants atterés, que si les événements nous mettaient dans l'obligation momentanée de nous retirer, la France n'en aurait pas moins les yeux fixés sur eux et que si le danger devenait trop pressant, leur appel serait toujours entendu.

Pour donner un plus grand poids à sa promesse, il laissa des munitions et des vivres en assez grande quantité.

L'ordre de départ était arrivé le 18 et, le même jour, l'escadre du contre-amiral de Rosamel, qui revenait de Tripoli, jetait l'ancre devant Bône.

La mer était très agitée, et le transport du matériel de l'artillerie, à bord des navires, constituait un véritable danger. On y parvint cependant avec beaucoup de temps et d'efforts. Les troupes ne commencèrent leur embarquement que le 20 au soir. Le colonel Magnan, qui commandait les compagnies d'élite, dut repousser jusqu'au dernier moment les attaques des

Arabes qui occupaient nos positions au fur et à mesure que nous les abandonnions. Ces compagnies s'embarquèrent les dernières le 21, à onze heures du matin.

Les habitants nous avaient loyalement aidé dans cette difficile opération et même, au dernier moment, nous donnèrent une preuve frappante de leur amitié.

Un artilleur était resté en ville ; les dernières embarcations allaient s'éloigner lorsqu'on vit accourir les Bônois qui, à l'aide de cordes, firent descendre l'artilleur dans une des barques qui était revenue au pied d'un rocher.

Bien que les habitants de Bône nous eussent donné pendant notre séjour des preuves non équivoques de leur sympathie, il était prudent, en prévision des changements qui pouvaient se produire dans l'esprit d'une population que notre départ livrait aux influences du dehors et aux intrigues du dedans, il était prudent, dis-je, de prendre des précautions pour faciliter un retour probable.

Le capitaine Cuvilliers, commandant le *Superbe,* fut chargé d'enclouer les canons du côté de la mer.

L'expédition était de retour à Alger le 26 août, un mois après en être sortie.

Lorsque les voiles de notre escadre eurent disparu à l'horizon, grande fut la perplexité des Bônois.

Fallait-il appeler Ahmed bey et par cette démarche obtenir son pardon ? Fallait-il persévérer dans la voie où l'on s'était engagé ?

L'avis des frères Si Ahmed et Si Zerrouk ben Sidi Cheickh, qui comptaient de nombreux partisans, prévalut; on décida de sauver à tout prix l'indépendance qui devait rendre à Bône sa prospérité passée.

Les tribus des environs ne pouvaient pardonner aux Bônois de s'être fait les alliés des infidèles, aussi ne cessèrent-elles, dès notre départ, de harceler la ville et d'interdire toute communication avec l'intérieur. Fort heureusement, les montagnards de l'Edough ne s'associèrent pas au mouvement général et continuèrent d'approvisionner la ville par les criques de l'Oued-Koubba et d'Aïn-Beugra (1).

Si le bey Ahmed, informé de notre départ, n'eût écouté que sa colère et son ardent désir de vengeance, il est certain qu'il fût accouru, mais de graves complications le retenaient dans le sud de la province, soulevée contre son autorité odieuse et abhorrée.

Ce fut vers la fin de 1830 seulement qu'il put disposer de quelques troupes. Il en confia le commandement à El Hadj Amar ben Zagouta (2) et le lança contre Bône, autant pour châtier les rebelles que pour reprendre rapidement possession du seul point de ravitaillement qui existait dans la province (3).

---

(1) La première de ces plages s'appelle aujourd'hui « plage Chapuis. » La seconde est située entre le cap de Garde et le cap de Fer, au nord-ouest de Bône.

(2) Ben Zagouta avait rempli pendant longtemps les fonctions de Markanti ou délégué du bey à Bône.

(3) Le maréchal Clauzel avait pris la succession du maréchal de Bourmont le 2 septembre; il avait formé depuis son arrivée en Afrique un projet dont l'exécution devait nous permettre de concentrer tous nos efforts et tous nos sacrifices sur la province d'Alger, tout en établissant notre suzeraineté sur les autres parties de la Régence.

La déchéance d'Ahmed fut prononcée par arrêté du 15 décembre et, le 18 du même mois, un autre décret donnait le beylik de Constantine à un frère du bey de Tunis, Si Mustapha.

En voici la reproduction :

« *18 décembre 1830. — Convention entre le général en chef de l'armée française et le bey de Tunis, pour la perception des revenus de la province de Constantine.*

« Au quartier général d'Alger, le 18 décembre 1830, etc.

« Article premier. — Le général en chef, en vertu des pouvoirs susdits, ayant nommé bey de Constantine Sidi Mustapha, désigné par Son Altesse le bey de Tunis, son frère, et sa dite Altesse, ainsi que Sidi Mustapha, bey désigné, ayant autorisé par les pleins pouvoirs déjà cités, Sidi Mustapha, garde des sceaux et ministre, à garantir, au nom de Son Altesse et du bey désigné, les conditions déjà convenues entre les parties contractantes, ainsi que leur exécution, il a été convenu de rédiger ces conditions au moyen du présent acte, lequel, écrit dans les deux langues, sera signé par les deux parties, en leurs qualités respectives exprimées dans le préambule.

« Ces conditions sont les suivantes :

« 1º Son Altesse le bey de Tunis garantit et s'oblige personnellement au paiement à Tunis, à titre de con-

---

Il consistait à céder à un des princes de la famille régnante de Tunis les deux beyliks de Constantine et d'Oran, moyennant une reconnaissance de vasselage et un tribut annuel, garanti par le bey de Tunis.

tributions pour la province de Constantine, de la somme de huit cent mille francs pour l'année 1831. Le premier paiement par quart aura lieu dans le courant de juillet prochain, et les autres à des époques successives, de manière que tout soit soldé à la fin de décembre 1831 et, pour la régularité des écritures, il sera consenti, au nom du bey de Tunis, par Sidi Mustapha, garde des sceaux, l'une des parties contractantes, quatre obligations de deux cent mille francs chacune, au profit du Trésor français, à Alger ;

« 2º Les paiements des années suivantes, également par quart ou par trimestre, seront de la somme d'un million de francs, divisée en quatre paiements, sauf les arrangements qui pourront être pris postérieurement, après que la province de Constantine sera pacifiée;

« 3º L'asile sera accordé, sans aucun frais, par le gouvernement de Tunis, dans l'île de Tabarca, aux bateaux français pêcheurs de corail ou autres ;

« 4º Dans les ports de Bône, Stora, Bougie et autres de la province de Constantine, les Français ne paieront que moitié des droits d'entrée de douane imposés aux autres nations ;

« 5º Tous les revenus de la province de Constantine, de quelque nature qu'ils soient, seront perçus par le bey ;

« 6º Toute protection sera accordée aux Français et autres Européens qui viendront s'établir comme négociants ou agriculteurs dans la province de Constantine;

« 7º Il ne sera placé aucune garnison française dans les ports ou ville du beylik avant que la province ne soit tout à fait soumise, et, dans tous les cas, il sera pris d'un commun accord des mesures d'ordre dans l'intérêt réciproque ;

« 8° Si Son Altesse le bey de Tunis venait à rappeler près d'elle le bey de Constantine, son frère, il serait désigné un autre prince qui réunît les qualités nécessaires et qui, sous l'approbation préalable du général en chef, recevrait la commission du bey de Constantine.

« Comte Clauzel (1),   Sidi Mustapha. »

Déchéance et convention n'étaient qu'une vaine menace, tant que notre drapeau ne flotterait pas sur les murs de Constantine.

L'impossibilité dans laquelle se trouvait Mustapha de prendre possession de son commandement et d'assurer la perception des impôts en faisait une sorte de bey *in-partibus,* peu fait pour inquiéter l'énergique Ahmed.

Mais ce dernier était poursuivi par la crainte de nous voir revenir à Bône, ce qui lui aurait enlevé pour toujours l'espoir d'y rentrer en maître. Aussi, en envoyant Ben Zagouta à marche forcée, espérait-il nous devancer et mettre la ville à l'abri d'une nouvelle occupa-

---

(1) Ce traité ne fut pas approuvé par le gouvernement, grâce à la pression du ministre des affaires étrangères, M. Sebastiani, qui, froissé de n'avoir pas été consulté par le maréchal, s'opposa à la ratification de deux mesures qui pouvaient produire d'excellents résultats, si elles eussent été bien exécutées. Le maréchal rentra en France le 21 février et fut remplacé par le général Berthezène, qui n'eut que le titre de commandant de la division d'occupation.

tion, car il était persuadé que les Bônois, à l'aspect de ses troupes, rentreraient immédiatement dans le devoir.

Quelle ne dut pas être sa surprise et son courroux en apprenant qu'aux sommations de son lieutenant, les habitants de la ville rebelle avaient répondu par des salves de mousqueterie.

Ben Zagouta, meilleur marchand que vaillant soldat, se hâta de battre en retraite et alla s'installer sur la rive gauche de la Seybouse, à l'endroit où se trouve aujourd'hui le dépôt de remonte de l'Allélick.

De là, il envoya ses émissaires dans les tribus pour réunir leurs contingents. Celles-ci, qu'attiraient l'espoir du pillage et surtout leur haine contre les Bônois, se hâtèrent de répondre à son appel. Seuls, les montagnards refusèrent et continuèrent leurs relations avec la ville par la voie de mer, toute communication ayant été coupée avec l'intérieur par les bandes de Ben Zagouta.

Les Bônois vécurent ainsi de longs mois avec les provisions qu'ils recevaient de la montagne et qui leur étaient apportées comme nous l'avons déjà dit aux petites criques de l'Oued-Koubba et d'Aïn-Beugra.

Lorsque Ben Zagouta jugea qu'il avait suffisamment de monde autour de lui, il se rapprocha de Bône, mais en dépit de toutes ses tentatives, il ne réussit pas y entrer. Les batteries de la Casbah l'empêchaient, du reste, de séjourner longtemps à proximité de la place, et, après chaque attaque, il était obligé de se replier à une certaine distance.

La défense de la citadelle était assurée par une centaine de Turcs déserteurs de Constantine, futur noyau du bataillon turc qui se comporta si vaillamment en mainte occasion et devint à son tour le 3ᵉ régiment de tirailleurs.

Le siège durant déjà depuis six mois, les vivres manquaient et les alertes continuelles avaient considérablement affaibli la population.

Les Bônois se souvinrent alors de la promesse que leur avait faite le général Damrémont et commencèrent à tourner les yeux vers Alger.

Un hasard providentiel amena à ce moment en vue de Bône un brick français, le *Grenadier,* ayant à son bord le commandant Huder (1). Les habitants se hâtèrent de lui envoyer six notables pour implorer son appui : « L'orateur commença par déclarer que la détermination des gens de Bône était telle que jamais ils ne passeraient vivants sous la domination du bey de Constantine ; puis il demanda qu'on voulût bien les assister d'un envoi de vivres et d'un détachement de cette troupe musulmane dont on disait que les Français appréciaient le bon service à Alger, en ajoutant qu'ils souhaiteraient à la tête du détachement un officier du génie. » Mais Huder n'avait ni le droit ni les moyens d'intervenir ; il ne put que leur laisser des vivres et leur promit de rendre compte de leur situation au général en chef.

Un mois s'écoula encore et, bien que dans cet inter-

---

(1) Le commandant Huder venait de Tunis, où il avait été envoyé en mission.

valle des provisions et des munitions leur eussent été envoyées, leur situation devenait de jour en jour plus critique.

Le commandant Huder, de retour à Alger, s'était empressé de rendre compte au général en chef de la situation désespérée de Bône et l'avait supplié de lui confier le commandement d'une expédition pour aller au secours de ses habitants.

Le général Berthezène, d'un caractère naturellement hésitant, n'osait prendre sur lui une telle responsabilité. A vrai dire, la situation était difficile; les moyens de transports nécessaires manquaient totalement et il y avait presque danger à affaiblir l'effectif des troupes employées à réprimer l'insurrection dont la plaine de la Mitidja était alors le théâtre. Cependant une dernière démarche des Bônois, affolés et résolus à livrer leur ville dans un délai de quinze jours s'ils n'étaient secourus, la crainte de laisser ce point important tomber entre les mains de notre ennemi le plus acharné, firent disparaître toute hésitation.

Une compagnie du premier bataillon de zouaves, composée de quatre officiers, huit sous-officiers et cent quinze zouaves, munis chacun de 150 cartouches, s'embarqua à bord de la corvette la *Créole* et du brick l'*Adonis*.

Les deux navires, outre un gros chargement de vivres, emportaient cent fusils et soixante costumes destinés à équiper les habitants qui seraient tentés de s'engager dans le nouveau corps.

Ce détail dénote la confiance que le commandant

Huder avait dans le résultat final de sa mission.

La compagnie de zouaves était sous les ordres d'un ancien officier du génie, le capitaine Bigot. Le commandant Huder, qui avait revendiqué l'honneur de diriger cette entreprise, fut investi de la direction générale de l'expédition, qui sortit d'Alger le 9 septembre 1831. Cinq jours après, au milieu de l'enthousiasme des habitants qui voyaient en eux des libérateurs, nos soldats débarquèrent à Bône et s'y installèrent. A peine le général Berthezène fut-il informé de l'arrivée à Bône du commandant Huder, qu'il se hâta de demander au gouvernement l'autorisation d'envoyer des renforts, mais il dut attendre que des moyens de transport fussent mis à sa disposition. Fatal retard qui causera la catastrophe finale.

L'accueil enthousiaste dont il avait été l'objet à son arrivée, et surtout les flatteries dont l'Arabe est si prodigue pour toute autorité, même accidentelle, avait gagné la confiance du commandant Huder, qui rendait compte de sa mission, en ces termes, au général en chef :

« Je me réjouis, mon général, écrivait-il, d'avoir pu amener les choses à ce point, par des moyens qui ne froissent point les masses. Mon action sera plus libre et l'autorité française, mieux constatée, s'affermira de plus en plus. Je vous prie de m'envoyer cent ou cent cinquante zouaves arabes; pas de mélange de Français, ils nous gâtent tout. Les habitants de toutes les classes viennent me féliciter, me dire que je suis fortuné, que tout me réussit.

« Si, d'une part, je rencontre une confiance dont je n'ai qu'à me louer, de l'autre je n'oublie point les précautions que me commande la situation encore nouvelle et toute d'épreuves où nous sommes. » Paroles que les événements vont bientôt démentir, car au moment où il écrivait ces lignes, de sourdes intrigues se tramaient autour de lui et préparaient la douloureuse catastrophe qui devait coûter la vie à nos malheureux officiers.

D'un côté, Ahmed ben Cheickh, que notre présence gênait dans ses secrètes visées et qui n'avait pas encore renoncé à l'espoir de se créer un domaine indépendant, mettait à profit son influence religieuse pour recruter les partisans hostiles à notre domination ; de l'autre, un ancien bey destitué, Ibrahim, personnage dissimulé et intelligent, que la misère rendait encore plus audacieux, était venu à Bône sous prétexte de mettre son influence au service du commandant, mais en réalité pour essayer de nous créer des difficultés et s'emparer du pouvoir après nous avoir chassés. Il réussit pleinement.

Braham-bey-el-Greteley, ou comme l'indiquait son cachet, Ibrahim-bey-ben-Ali, d'abord caïd des Haractas, avait été pendant trois ans bey de Constantine. « Il était, dit Vayssettes, dans son histoire des beys, généreux, affable, sincère dans ses paroles, désireux du bonheur de ses administrés, doux et compatissant pour les gens de bien, sévère et implacable pour les criminels et les fauteurs de désordre quels qu'ils fussent. Aussi, sous son gouvernement, ne vit-on plus les grands commettre de ces injustices qui rendent parfois leur autorité si lourde et si odieuse. La tyrannie et l'arbitraire furent sévèrement réprimés, chacun pour conserver les faveurs du maître dut se renfermer dans les limites de son devoir et les peuples vécurent heureux et tranquilles. »

Ibrahim fut destitué, puis interné à Médéa. En 1830 il vint dans la province de Constantine pour tenter de reconquérir le pouvoir, mais battu par Ahmed, il se réfugia en Tunisie et n'en sortit qu'en apprenant la révolution, dont Bône venait d'être le théâtre.

Les souvenirs laissés par l'ex-bey vivaient encore dans l'esprit de la population, aussi l'accueillit-elle avec bienveillance.

De leur côté, les Turcs de la Casbah avaient conservé de profondes sympathies pour Ibrahim, car ils espéraient bien, en cas de réussite, se partager plus tard honneurs et dignités.

La bienveillance des habitants, que le succès changerait en enthousiasme, la sympathie de la garnison turque constituaient déjà pour Ibrahim de sérieuses chances de réussite. Il ne s'agissait donc plus que de patienter, et de profiter d'une occasion favorable pour jeter le masque et s'emparer de la Casbah, dont la position le rendrait maître de Bône.

Le commandant Huder, entouré de prévenances et de protestation de fidélité par ceux-là mêmes qui se préparaient à le trahir, n'avait pas conservé l'indépendance d'esprit nécessaire pour s'apercevoir de ce qui se passait autour de lui. Mais les deux antagonistes, à l'affût du pouvoir, se devinèrent. Trop habiles pour laisser éclater ouvertement leurs sentiments de haine, ils cherchèrent à se nuire mutuellement dans l'esprit du commandant Huder, tout en conservant dans leurs rapports des apparences d'amitié. Ibrahim, par ses airs de franchise et de bonhomie, avait su s'attirer la sympathie de ce dernier, tandis qu'au contraire l'attitude froide et réservée de Sidi Ahmed l'avait indisposé. Ce fut donc avec certaine complaisance qu'il prêta l'oreille aux insinuations d'Ibrahim qui accusait son adversaire de vouloir s'emparer de la Casbah pour se déclarer indépendant, mais il lui était difficile de prendre des mesures de rigueur, sans qu'elles fussent justifiées par des preuves évidentes qu'Ibrahim ne put du reste fournir.

Si Ahmed, avec le merveilleux instinct de l'Arabe, comprit bientôt que son adversaire plus heureux allait le perdre ; il prit un parti décisif et écrivit en son nom et celui de ses partisans une lettre au bey Ahmed en le priant de venir à leur secours. En voici la traduction.

« Louange à Dieu et notre Seigneur et maître, El Hadj, pacha de Constantine. Salut.

« Permettez que nous exposions à votre Seigneurie les motifs de notre conduite et de nos actes.

« Lorsque les Turcs gouvernaient le pays, nous leur étions soumis et jamais leur autorité ne fut méconnue par nous, aujourd'hui leur puissance est renversée et les Français règnent à leur place. Et nous faibles que nous sommes que pouvons-nous faire ? Nous sommes étrangers au maniement des armes et aux luttes sanglantes des batailles. A la vue des troupes que tu as envoyées contre nous, nos enfants ont été saisis d'épouvante et nos cœurs ont pâli. Si c'est à cause d'Ibrahim bey que tu nous fais la guerre, sache qu'il est venu dans nos murs pour y chercher un refuge et qu'il s'est imposé à nous ; mais il n'a ni armes ni soldats à t'opposer ; si ton expédition est dirigée contre les Français, ils sont en effet les maîtres de la ville et nous subissons la loi du vainqueur ; mais étions-nous assez forts pour leur résister et est-il aujourd'hui en notre pouvoir de nous soustraire à leur domination ? Cependant nous remettons entre tes mains le sort de notre propre cause, nous t'établissons arbitre de nos destinées.

« A toi de prendre les moyens efficaces pour consolider la tranquillité de notre ville. »

Pendant ce temps, le commandant Huder et ses officiers définitivement rassurés par l'attitude pacifique de la population et des notables avec lesquels ils avaient de fréquentes entrevues, se relâchaient des mesures de prudence prises les premiers jours. C'est ainsi qu'ils laissèrent leurs hommes se répandre en ville, au lieu de les garder réunis afin de prévenir toute surprise ; qu'ils négligèrent de leur assigner un point de ralliement en cas d'attaque ; l'officier chargé du détachement de la Casbah, dont la présence pouvait au moins mettre les zouaves à l'abri des suggestions des Turcs travaillés eux-mêmes par les sourdes menées d'Ibrahim, faisait de fréquentes absences et descendait en ville. C'était courir au-devant d'une catastrophe. En effet, le détachement de la Casbah, livré à lui-même et vivant continuellement en contact avec les Turcs, ne tarda pas à subir l'influence de ces derniers. Des fautes aussi graves ne pouvaient passer inaperçues aux yeux d'un homme qui avait intérêt à en profiter.

Dans la nuit du 24 juillet, Ibrahim alla trouver secrètement le commandant Huder et, après avoir lancé contre Ahmed de nouvelles accusations malheureusement trop vraies, il le quitta en lui demandant de l'argent, sous prétexte de payer les émissaires chargés de surveiller les agissements de son ennemi. Le commandant lui fournit cette dernière arme.

Le 26, profitant de l'absence de l'officier commandant le détachement de la Casbah, Ibrahim se rendit à la forteresse. Les Turcs, seuls, n'auraient pas hésité un instant, car cette démarche était attendue, mais la présence des zouaves les retenait encore ; se servant alors de l'argent que lui avait donné naïvement le commandant Huder, Ibrahim fit promptement cesser cette hésitation ; les zouaves ne purent ou ne voulurent résister et firent cause commune avec les Turcs. Les portes furent fermées et quelques instants après les canons de la forteresse saluaient l'étendard musulman arboré à la place du drapeau français.

Quel dut être le désespoir du commandant Huder et de ses officiers en voyant disparaître le résultat de tant de fatigues et de peines. Espérant cependant n'être en présence que d'une mutinerie, ils réunirent à la hâte quelques zouaves et se dirigèrent vers la Casbah. Ils ne conservèrent plus de doute sur le caractère de cette rébellion lorsqu'ils se virent repoussés à coups de fusil par leurs propres soldats qui les injuriaient du haut des murs.

La corvette la *Créole* n'avait pas quitté le port de Bône; le brick l'*Adonis*, qui avait fait voile pour Alger, était revenu mouiller dans la rade en entendant la fusillade. Le commandant Huder voulait se servir des équipages pour tenter une attaque contre la Casbah, mais les habitants, craignant qu'Ibrahim n'écrasa la ville sous le feu de son artillerie, le supplièrent de différer son projet, lui promettant de lui faire rendre la citadelle sans effusion de sang.

Il est certain qu'en attendant la réalisation des promesses faites, le commandant Huder, tant pour les mettre à l'abri que pour les soustraire aux influences des partisans d'Ahmed ben Cheickh, aurait dû ramener les restes de sa troupe à bord des navires; il eût évité par là le sanglant dénouement de cette tragédie.

Quoi qu'il en soit, les événements, à partir de ce moment, se précipitent.

Pendant que le commandant Huder, espérant toujours que la Casbah va lui être rendue, s'obstine à rester en ville, les tribus de la plaine se réunissent à l'appel d'Ahmed ben Cheickh.

L'attitude de ce dernier devient plus insolente et il jette définitivement le masque dans la journée du 29. Suivi de ses parents et de ses partisans, il se présente chez le commandant et lui intime l'ordre d'évacuer la ville. Vaincu par la fatalité, ayant épuisé tous les moyens, celui-ci doit céder à la force et envoie demander des embarcations aux commandants des deux navires qui se trouvaient en rade. Au même instant, une vive fusillade éclate, des cris de joie mêlés à des gémissements et des imprécations se font entendre.

Le capitaine Bigot, à la tête de quelques hommes restés fidèles, se précipite vers les portes de la ville, que venaient de forcer les Arabes de la plaine, et essaie de s'opposer au torrent; peine inutile, aux premières bandes en succèdent d'autres; le capitaine Bigot, après avoir tué deux de ses adversaires, tombe frappé de deux coups de pistolet, et la foule, se ruant sur son cadavre, lui tranche la tête avec son propre sabre. A ce moment, le commandant Huder accourait pour le soutenir. Mais, témoin impuissant du désastre, il ne songe plus qu'à battre en retraite et sauver les derniers débris de sa troupe. Disputant le terrain pas à pas, luttant avec la rage et le désespoir dans l'âme, quelques zouaves accompagnent le commandant qui, atteint lui-même de deux blessures graves, ne se soutient qu'à force d'énergie. Ils arrivent ainsi sur le port.

Les marins des navires voient le danger qui les menace, font force de rames, et viennent se joindre à la petite troupe, qui, pendant une heure, fait bravement tête au flot toujours croissant des assaillants.

Ceci se passait à l'endroit des quais où se trouvent aujourd'hui les bâtiments en planches de la Compagnie Transatlantique.

Du haut des remparts, les Arabes, qui n'osaient s'aventurer sur le port, fusillaient nos hommes. Une balle frappe à la tête et tue l'infortuné commandant Huder, au moment où il mettait le pied dans un canot. Enfin, les derniers combattants purent regagner les deux bricks qui, durant cet épouvantable drame, n'avaient cessé de tirer sur la ville.

Outre les pertes subies par les zouaves, neuf marins avaient été tués. Triste ironie du sort, quelques heures après ce douloureux événement, les deux bricks : le *Cygne* et le *Voltigeur,* portant deux cent quarante hommes du 2e bataillon de zouaves, commandés par le chef de bataillon Duvivier, arrivaient d'Alger. Celui-ci voulait venger nos malheureux compatriotes et tenter avec sa troupe une attaque contre la Casbah qui continuait à tirer sur nos navires, mais les pertes subies par les équipages de la *Créole* et de l'*Adonis* étaient sensibles. Outre les marins tués, il y avait un nombre considérable de blessés, il ne fallait pas dans ces conditions aller au-devant d'un nouvel échec.

Les débris de l'expédition rentrèrent à Alger, avec les renforts, le 11 octobre 1831.

CHAPITRE VI

Ibrahim, maître de la Casbah, oblige Ben Zagouta à se retirer. — Ben Aïssa, lieutenant du bey de Constantine, le remplace et assiège Bône. — Yussuf et d'Armandy sont envoyés à Bône. — Longs pourparlers avec Ben Aïssa et Ibrahim, ce dernier s'enfuit. — Prise de la Casbah par d'Armandy, Yussuf et l'épuipage de la *Béarnaise*. — Occupation définitive de Bône.

Cet événement eut un grand retentissement en France, l'opinion publique s'en émut. Le commandant Huder avait payé de sa vie son imprudente confiance, mais il fallait encore une victime, et toute la responsabilité tomba sur le général Berthezène, qui fut sacrifié.

Il dut céder son commandement au général Savary, duc de Rovigo, qui arriva en Algérie avec des instructions précises au sujet de la province de l'Est. Il devait essayer de conclure avec Ahmed bey un traité par lequel ce dernier reconnaîtrait la suzeraineté de la France, paierait un tribut annuel et consentirait à la cession de Bône.

Le bey devait, en outre, interdire tout commerce d'exportation ou d'importation avec Tunis, au profit de Bône. En échange, la France lui accordait sa protection, se chargeait de l'entretien et de l'armement de ses troupes, etc.

Ahmed eût peut-être accepté les autres conditions, mais refusa obstinément de céder Bône, et les choses restèrent en l'état.

Ibrahim, au profit duquel nous avions, en cette circonstance malheureuse, joué le rôle du Raton de la fable, s'était solidement établi dans la Casbah. Il n'avait au début, pour toute garnison, que les Turcs déserteurs dont il a été déjà question; mais, peu confiant dans la fidélité et le dévouement des habitants de Bône, qu'il écrasait d'impôts et de contributions de toutes sortes, il fit appel aux Turcs que le maréchal de Bourmont avait, après la prise d'Alger, fait transporter en Asie mineure.

Environ quatre cents de ces bandits accoururent, alléchés par l'espoir de voir renaître les beaux jours de la piraterie. A leur arrivée, Ibrahim, jusqu'alors sur la défensive, se décida à attaquer Ben Zagouta qui, durant tous ces événements, s'était tenu dans les environs.

Les Bônois, n'ayant point de pitié à attendre du bey, s'ils tombaient en son pouvoir, se virent bien à regret dans l'obligation de faire cause commune avec Ibrahim et de soutenir son attaque.

Ce fut le 5 janvier 1832 qu'eut lieu la rencontre des deux adversaires sur l'ancienne route de Constantine, au delà du pont du même nom. Ben Zagouta avait, il est vrai, l'avantage du nombre, car presque toutes les tribus de la plaine lui avaient envoyé des contingents; mais les Turcs avaient pour eux un semblant de discipline. Le combat dura deux grands jours avec des alternatives de succès et de défaite et les deux armées se retirèrent sans résultat définitif.

Cependant, Ben Zagouta traînait avec lui 250 prisonniers qui, sur l'ordre du bey, furent égorgés; il n'épargna que les Turcs pris dans la lutte et dont il espérait pouvoir se servir pour entraîner ceux qui, après le combat, s'étaient retirés dans la Casbah avec Ibrahim.

En outre, exaspéré de ce qu'il considérait comme une défaite, il fit mettre à mort Ben Zagouta.

Le bach-hamba, Ali ben Aïssa, lui succéda et arriva devant Bône avec environ 1.800 hommes de renfort. Il établit son camp sur l'Oued-Deheb (Ruisseau d'Or) et rétrécit chaque jour le cercle dans lequel il avait enfermé la ville. Pour ôter aux Bônois leurs dernières ressources, il bloqua le port avec une grande felouque qui courait sus à toute embarcation. Il priva aussi la population des provisions qu'elle se procurait chez les Kabyles du cap de Fer. En même temps il réussit, soit par ses promesses soit par ses menaces, à faire déserter une grande partie des Turcs d'Ibrahim.

La Casbah, bien que sa garnison fut réduite par cette désertion, n'en demeurait pas moins imprenable. Il ne fallait pas songer à l'enlever de vive force. La résistance de la ville aurait pu être facilement domptée; mais les batteries de la citadelle en rendaient l'occupation impossible.

Ali ben Aïssa eut alors, tour à tour, recours aux promesses et aux menaces. Les unes et les autres demeurèrent sans effet sur les défenseurs de la Casbah.

Quant à ceux de la ville, l'horreur inspirée par le nom d'Ahmed les empêcha seule d'accepter les propositions de Ben Aïssa, malgré les garanties qu'il leur offrait dans la proclamation suivante : « Je ne viens point, disait-il, attenter à vos jours et à vos biens; je viens en toute sincérité et charitablement vous dire que si vous suivez mes amis, vous avez tout à attendre de ma bienveillance. Je ne vous demande que de m'ouvrir vos portes et j'entrerai chez vous, accompagné de quelques-uns des miens. Je vous demanderai ensuite comme chef celui que vous choisirez, j'informerai notre maître Ahmed Pacha, que Dieu le dirige, que vous êtes rentrés dans sa tutelle et la colonne reprendra le chemin de Constantine. Certes, mes instructions me commandent d'éviter tout conflit et toute effusion de sang. Seulement, je suis là pour vous bloquer et, si vous résistez, pour vous réduire par la famine au point de souiller Bône de vos cadavres. »

Alors commença une guerre de Vandales; tout ennemi pris, de part et d'autre, eut la tête tranchée. Les jardins, véritable forêt d'arbres fruitiers qui couvraient les espaces de terrain dont nous avons fait le cours National et la nouvelle ville, furent dévastés et détruits, et cette plaine, jadis si riche, ne fut bientôt plus qu'un vaste marais.

« Bône, a dit M. l'interprète principal Féraud dans la *Revue Algérienne* de 1873, avant les sièges qu'en fit Ben Aïssa, n'était pas cette ville où peu d'années après des régiments presque entiers se fondaient sous les exhalaisons pestilentielles des marécages. La plaine, à partir de l'enceinte de la ville jusqu'au pied de l'Edough, s'étendait, couverte de jardins cultivés et de quinconces de jujubiers, d'où provenait le nom de *Annaba, la Jujubière*, par lequel les Arabes désignaient depuis le moyen âge la ville de Bône ; des eaux abondantes favorisaient la plus riche végétation abritée contre les ardeurs du soleil par de nombreuses plantations qui donnaient l'aspect le plus riant aux environs de la ville, tout en assurant sa salubrité.

« Loin d'être un foyer d'infection, Bône était renommée alors par la pureté de son eau, la beauté de son climat et le charme de ses campagnes. Les gens de Constantine venaient y rétablir leur santé épuisée. »

Six mois s'écoulèrent. La population, décimée par la famine, sentait faiblir sa résolution. Trois notables se dévouèrent, et, malgré la violente opposition des frères Ben Cheickh, qui voulaient rendre la ville à Ben Aïssa, purent, à la faveur de la nuit, franchir l'enceinte des remparts..... et gagner la montagne, d'où ils se dirigèrent rapidement vers Alger ; admis en présence du duc de Rovigo, ils le supplièrent d'oublier la trahison dont le commandant Huder et ses officiers avaient été victimes et de venir à leur secours (1). Bien que résolu à mettre à profit l'occasion qui lui était offerte, le général en chef ne voulut point s'engager au hasard.

---

(1) Nous verrons plus loin dans une lettre adressée par les habitants au duc de Rovigo, que ceux-ci se défendaient d'avoir trempé dans le guet-apens du commandant Huder.

A cette époque servait dans les rangs algériens, avec le grade de capitaine, un jeune homme dont le nom devait être quelques années après dans toutes les bouches. C'était Yussuf (1).

Il est intéressant de faire connaître, en les résumant, les commencements, véritablement romanesques, de celui dont la vie a été mêlée à toutes les phases de notre établissement dans la province de l'Est, depuis l'audacieuse entreprise qui nous livra Bône jusqu'à la retraite de la première expédition de Constantine.

Yussuf, ou plutôt Joseph, était né, selon le récit qu'il fit lui-même au maréchal de Bourmont, à l'île d'Elbe vers 1808 ou 1809. Il se rappelait y avoir vu l'Empereur Napoléon, sa mère et la princesse Pauline, sa sœur, chez laquelle on le conduisait chaque matin et qui lui montrait beaucoup d'affection (2).

Il fut envoyé à Florence vers le commencement de 1815 pour y faire des études. Un corsaire tunisien donna la chasse au navire qui le portait et s'en empara. Le jeune Joseph, conduit à Tunis, fut offert au bey régnant, Mahmoud, qui le garda dans son palais. Yussuf, comme on l'appela désormais, reçut d'abord l'instruction des fils de famille, et lorsqu'il fut en âge de quitter le harem beylical, il sut, par son intelligence et son courage à toute épreuve, se concilier l'affection de son maître. Dès lors, il prit part à toutes les expéditions contre les tribus insoumises de la Tunisie

---

(1) Les détails qui vont suivre sont empruntés à la biographie du général Yussuf par le colonel Trumelet.

(2) Trumelet « Yussuf ».

et apprit ainsi à diriger les razzias qu'il devait renouveler d'une manière si brillante en Algérie.

Mais, jouissant d'une extrême liberté dans le palais du bey, il noua bientôt une intrigue d'amour avec la fille aînée du prince, la belle Kaboura. Surpris dans un de ses rendez-vous par un esclave grec, il tua l'imprudent et en jeta le cadavre dans un puits. Son crime fut découvert et sa mort résolue. Il réussit à s'enfuir et put gagner, non sans lutte, le brick français l'*Adonis*, qui croisait devant les ruines de Carthage (1).

Ce navire, que commandait le capitaine Huguet, avait mission de se joindre à la flotte de l'amiral Duperré, et c'est ainsi que Yussuf débarqua à Sidi-Ferredj (Sidi-Ferruch) et vint mettre au service de la France son intelligence et sa bravoure. (2)

---

(1) Selon M. Marcotte de Quivières *(2 ans en Afrique)*, ce fut un M. Vangaver, négociant, marié à une Tunisienne et habitant Tunis depuis 20 ans, qui facilita l'évasion de Yussuf. « J'ai eu, dit-il, sur cette circonstance, des détails très intéressants et généralement ignorés, qui trouveraient mieux leur place dans un roman que dans l'humble relation de mon voyage. »

(2) Le colonel Trumelet, dans sa biographie de Yussuf, donne une autre version que je résume. Le gouvernement français, au moment de l'expédition de 1830, avait envoyé à Tunis MM. d'Aubignosc et Girardin, interprètes de l'armée, pour engager le bey à se faire représenter à l'armée expéditionnaire par quelques officiers. Le bey refusa. Mais Yussuf, ayant eu connaissance du but de la mission des deux officiers français, supplia le prince de l'autoriser à les suivre. Il fut traité d'ingrat et ses ennemis eurent beau jeu pour miner son crédit à la Cour. Son intrigue avec Kaboura, découverte, l'obligea à chercher son salut dans la fuite. Poursuivi, il dut la vie à MM. Jules et Ferdinand

— 157 —

Tour à tour, en faveur ou soupçonné de trahison, il ne tarda pas à s'attirer l'affection de ses camarades et de ses chefs par sa rare intrépidité et son indiscutable dévouement (1). Tel était l'homme auquel le général en chef allait confier l'importante mission de relever le courage abattu de toute une population et de préparer pacifiquement notre arrivée dans une nouvelle province.

Nous nous bornerons à reproduire le récit d'un témoin oculaire, c'est-à-dire, la relation d'un jeune élève de première classe, M. de Cornulier Lucinière, embarqué à bord de la goëlette la *Béarnaise*, chargée de conduire Yussuf à Bône (2).

« A la suite de l'échec de la précédente opération, celle du commandant Huder, dit M. de Cornulier dans son récit, le gouvernement avait interdit de la manière la plus formelle toute nouvelle tentative, voire même toute relation avec Bône. »

Cependant les envoyés de cette ville, assiégée par les troupes du bey de Constantine et réduite aux dernières extrémités, étant venus supplier M. le duc de Rovigo d'accepter leur soumission et de les sauver de leurs ennemis, il ne crut pas devoir les décourager

---

de Lesseps, fils du consul général de France à Tunis, qui le firent recevoir à bord de l'*Adonis*.

(1) Yussuf avait été nommé interprète militaire par arrêté du 1er août 1830. Puis admis avec le grade de capitaine, à titre provisoire, dans les Chasseurs algériens.

(2) Cette relation a été publiée dans la biographie de Yussuf, par le colonel Trumelet.

par un refus absolu, et leur donna donc quelque espérance d'être secourus lorsqu'il se serait assuré de leurs véritables sentiments. Tel fut le motif qui décida le premier envoi de la *Béarnaise* à Bône.

Telle était la situation de cette ville lors de l'arrivée du duc de Rovigo à Alger. Revenant, en raison de l'urgence et du puissant intérêt politique que présentait pour la France l'occupation de Bône, revenant, disons-nous, sur sa précédente détermination, le commandant en chef a décidé de faire une nouvelle tentative pour entrer en possession d'une place qui était une des clefs de Constantine.

Le général en chef avait d'abord décidé qu'il serait envoyé une mission à Bône pour reconnaître l'état des choses. Le coup d'œil exercé du duc de Rovigo se porta sans hésiter sur le capitaine Yussuf, dont il n'avait pas tardé à reconnaître les mérites ; il lui adjoignit quelques Maures en relations de commerce avec ceux de Bône, les embarqua sur la *Béarnaise* et nous partîmes le 2 février pour cette ville..............
....

« Le beau temps était revenu ; nous fûmes mouiller le 9 février, au matin, devant Bône, et nous envoyâmes à terre un canot avec pavillon parlementaire. On convint que des otages, désignés par les Maures que nous avions à bord, nous seraient livrés, pendant que Yussuf, qui avait offert de se charger seul de cette périlleuse mission, se rendrait à la Casbah. Il arriva à la porte où, quelques mois auparavant, avait eu lieu le combat de

Huder. Quelques têtes grimaçantes (1), en putréfaction, étaient rangées sur le mur du rempart.

« Ibrahim voulut d'abord, par ses manières hautaines et menaçantes, essayer d'intimider Yussuf ; mais celui-ci, par son intrépide dignité, l'obligea à plus de respect et de déférence à l'égard de l'envoyé de la France.

« L'entretien fut grave et solennel, et il eut lieu en turc, car Ibrahim ne parlait pas l'arabe. Yussuf en profita pour dire la vérité aux Turcs de la garnison et les éclairer sur leur position, nous avons su plus tard que ses paroles avaient produit une grande impression sur les défenseurs de la Casbah. La situation était en effet fort difficile pour eux : ils avaient peu de vivres et ils étaient bloqués du côté de la terre, ils recevaient encore des secours par mer ; mais nous pouvions facilement leur fermer cette porte ; dès lors, ils en étaient réduits à mourir de faim, ou à se rendre, c'est-à-dire tomber sous le yatagan.

« Yussuf eut l'audace de leur faire entendre cette vérité, et de leur démontrer que si, au contraire, ils remettaient la Casbah à la France, ils obtiendraient leur plein pardon pour l'affaire du commandant Huder. Je dois dire que s'il ne fut pris aucun engagement, l'offre n'en fut pas non plus repoussée.

« Nous étions à bord fort inquiétés de Yussuf, car la séance nous paraissait bien longue ; aussi les otages,

---

(1) Ces têtes, au nombre de trente, étaient celles d'Arabes de Constantine qui avaient été tués récemment dans une attaque de nuit. (Trumelet Yussuf).

qui connaissaient la barbarie d'Ibrahim, étaient très peu rassurés sur leur propre sort.

« Yussuf étant enfin revenu, nous renvoyâmes ces pauvres diables dans leurs familles et nous reprîmes la route d'Alger. »

Cette mission n'avait pas été sans résultat. Deux lettres avaient été remises à Yussuf pour le général en chef. La première était ainsi conçue :

« *De la part d'Ibrahim, ex-bey de Constantine, actuellement à Bône, au général en chef.*

« *Salutations.*

« J'ai reçu votre chère lettre qui m'engage à être tout d'accord avec vous et de faire la paix. Ma soumission a été faite cependant il y a longtemps, mais pour vous l'assurer davantage, j'ai ouvert mon cœur à Yussuf qui mérite votre confiance. Je ne demande pas mieux que de me présenter à vous, mais je ne puis laisser la ville de Bône une seule minute, car les ennemis parviendraient à leurs desseins.

« J'ai chargé Yussuf de tous mes pouvoirs, tout ce qu'il fera auprès de vous sera bien fait.

« Salut.
   « IBRAHIM, *bey.* »

La seconde lettre disait :

« *De la part des notables de la ville de Bône au général en chef.*

« Vous nous demandez quels sont les sentiments qui nous animent et si nous nous souvenons des bienfaits que nous avons reçus de vous. Sachez par le nom de

Dieu que personne de notre ville ne nie vos bienfaits. Quant à nos sentiments nous sommes fidèles et n'avons jamais eu l'idée de trahir les Français. Si vous avez été trompés ce fut par d'autres que nous.

« Les habitants de la ville ont reçu Yussuf avec plaisir et lui ont dévoilé les sentiments qui les animent; il vous répétera tout ce qu'il leur a entendu dire et les assertions fondées de leur innocence.

« Ceux qui cherchent à faire des révoltes ne sont pas musulmans ; par la grâce de Dieu, nous le sommes, nous !

« Yussuf vous dira quel mal nous ont fait les Arabes de Constantine. Nous espérons que vous prendrez notre vengeance.

« Si vous ne nous envoyez pas de provisions, nous mourrons de faim. Il y a une partie de nos notables qui ont fui depuis longtemps à Tunis, craignant l'entrée à Bône de Ben Zagouta et de Ben Aïssa qui, autrefois, nous ont fait beaucoup de mal.

« Salut.
« Les notables de Bône. »

Aussitôt débarqué, Yussuf accourut auprès du duc de Rovigo, auquel il dépeignit la situation désespérée de Bône, les excellentes dispositions de ses habitants et des frères Ben Cheickh, dont l'intention évidente était de livrer le ville à Ben Aïssa.

Le général en chef était convaincu de la nécessité d'occuper Bône, mais il n'avait pas de troupes disponibles sous la main et il était impossible d'organiser un corps expéditionnaire dans quelques jours. Or, il était à craindre que pendant ce temps une trahison introduisît le lieutenant d'Ahmed dans la place, ce qui en eût rendu l'occupation sinon impossible, du moins difficile à effectuer sans effusion de sang. Il fallait avant tout ravitailler les habitants et relever leur moral abattu. Le duc Rovigo jeta les yeux sur un capitaine d'artillerie en qui il avait toute confiance. C'était le capitaine d'Armandy.

« Sorti de l'école de Saint-Cyr en 1813 avec le grade de lieutenant d'artillerie, d'Armandy avait fait les dernières campagnes de l'Empire en Espagne et dans le midi de la France ; son début dans la carrière avait été remarqué et, lors de la réorganisation de l'armée, en 1815, il fut classé dans la garde royale, mais cette distinction ne l'avait pas empêché de subir des discussions politiques et d'être renvoyé de l'armée comme beaucoup d'autres officiers. Il prit alors le parti de s'expatrier.

« De 1816 à 1824 il visita l'Egypte, Mascate, la Perse, le royaume de Lahore et l'Inde anglaise. Doué de tous les avantages extérieurs comme des plus brillantes qualités de l'esprit et connaissant plusieurs langues, il fut bien accueilli partout, mais il refusa les propositions les plus avantageuses pour garder la liberté de rentrer au service de la France, aussitôt qu'il le pourrait.

« En 1824, par l'intermédiaire de nos résidents de l'Inde, il fut nommé consul à Moka ; il occupa ce poste pendant six ans.

« En 1830, celui de Damiette étant vacant, il vint à

Paris pour le demander, mais la Révolution de Juillet le fit rentrer dans l'armée ; et, à la fin de 1831, on l'envoya à la direction de l'artillerie d'Alger avec un emploi de capitaine en second. Il fut accueilli avec une extrême bienveillance par le gouverneur général duc de Rovigo qui venait d'exil comme lui (1). »

La *Béarnaise* sortit d'Alger le 23 février emportant les capitaines d'Armandy et Yussuf. Ce dernier avait reçu avant son départ la lettre suivante du maréchal de camp Trézel, chef d'état-major général :

« Monsieur le capitaine,

« M. le général en chef me charge de vous témoigner sa satisfaction pour la manière dont vous vous êtes acquitté de votre dernière mission à Bône ; il désire que vous y retourniez pour suivre les mêmes affaires et lui en rendre compte aussitôt que vous en aurez l'occasion.

« Le capitaine d'artillerie d'Armandy, qui a longtemps résidé en Arabie et dans l'Orient, part aussi sur la *Béarnaise*. Il est chargé d'offrir à Ibrahim bey le secours de ses conseils pour la défense de la place ; il s'entendra avec vous pour la distribution, par portions, des vivres que le général en chef envoie à la garnison. L'objet de ce mode de distribution est de tenir cette garnison et son chef sous notre dépendance, au moins jusqu'à ce que les assiégeants se soient retirés.

« Vous prendrez l'un et l'autre les précautions que

---

(1) Féraud, interprète principal.

votre connaissance des Orientaux vous suggérera pour votre sûreté et celle de la felouque la *Casauba*, qui pourrait être laissée à Bône pendant le voyage de la goélette à Tunis.

« Si vous jugiez l'un et l'autre qu'il n'y eût point d'inconvénient à l'y laisser, et, pour vous, à séjourner à Bône jusqu'au retour de la goélette, vous reviendrez avec cette goélette à Alger.

« Le général en chef demande pour vous au ministre de la guerre la décoration de la Légion d'honneur.

« P.-S. — Si l'on ignore à Bône que nous avons ici les assassins du capitaine Bigot, il faut bien se garder de laisser transpirer cette nouvelle. »

La *Béarnaise* sortit donc d'Alger le 23 février, traînant à sa remorque la felouque la *Casauba* chargée de provisions et de vivres. Elle avait à son bord les deux capitaines d'Armandy et Yussuf, deux maréchaux-des-logis d'artillerie, MM. Coulomb et Chanier, et le canonnier Monsire.

Laissons la parole au capitaine d'Armandy, qui adressait, le 8 mars, le rapport qu'on va lire, au général en chef :

« Rade de Bône, 8 mars 1832 (1).

« Partis d'Alger le 23 février, nous mouillâmes, avec la *Béarnaise*, le 28 au soir, dans la baie des Caroubiers, à deux milles environ à l'ouest de celle de Bône; le

---

(1) Les rapports autographes du capitaine d'Armandy ont été retrouvés au gouvernement général par M. Féraud, qui les a reproduits.

lendemain, à la pointe du jour, au moment de l'appareillage, nous découvrîmes sur une plage voisine une troupe de gens armés; bientôt après une chaloupe se détacha du rivage et amena à bord de la goélette un Turc se disant envoyé du général de l'armée de Constantine, de la part duquel il apportait une lettre qui engageait le capitaine du navire à lui envoyer quelqu'un, soit musulman soit chrétien, avec lequel il put communiquer, disant avoir des choses de la plus haute importance à faire connaître.

« Ne jugeant pas convenable de hasarder personne dans une entreprise de cette nature, dont on ne nous laissait pas même soupçonner le but, je priai le capitaine de répondre par écrit à Sidi Ali ben Aïssa que, ne pouvant retarder notre départ et contrevenir ainsi aux ordres que nous avions d'aller mouiller dans la rade de Bône, nous nous y rendions et que nous serions toujours enchantés d'y recevoir ses communications, soit par écrit soit de vive voix. Cette lettre resta sans réponse et la barque ne revint plus à notre bord.

« A peine entré dans la rade de Bône, deux bateaux de cette ville vinrent accoster la *Béarnaise* amenant les principaux habitants : le beau-père d'Ibrahim bey et plusieurs des grands attachés à sa personne.

« Le capitaine Joseph mit pied à terre aussitôt et monta à la Casbah pour y annoncer notre arrivée qui parut faire tant de plaisir au bey qu'il nous fit saluer par toute l'artillerie de la ville et du fort. La goélette lui rendit ce salut par un autre de quinze coups de canon. Mais d'abord j'étais descendu à terre, accompagné de M. Fréart (1), capitaine de la *Béarnaise*, et de trois officiers de son état-major ; une partie de la garnison de la Casbah nous attendait sur le rivage ; elle nous y salua d'une salve de mousqueterie et nous accompagna jusqu'à la citadelle, où Ibrahim nous acccueillit fort bien. Il était entouré des principaux personnages de Bône qui parurent nous voir avec le plus grand plaisir. Je remis au bey la lettre dont j'étais chargé pour lui ; il la reçut avec respect et la fit lire à haute voix pour que tout le monde dans la ville en eût connaissance. Son contenu procura une telle satisfaction que tous les habitants en rendirent grâce à Dieu, en récitant la *Fataha*, espèce de *Te Deum* musulman.

« Cette première audience terminée, je fus conduit dans la maison qui m'était destinée ; en traversant la ville je fus tristement frappé de l'air de désolation et de misère qu'elle présentait aux regards : les rues étaient désertes, la plupart des maisons paraissaient abandonnées, beaucoup tombaient en ruines ; d'autres, sans habitants, avaient leurs portes brisées ou toutes grandes ouvertes, et l'aspect de celles qui étaient encore occupées prouvait que le propriétaire, découragé, sans espoir, comme sans ressources, ne pensait nullement à réparer le toit sous lequel il reposait sa tête et sous lequel il désirait peut-être la mort comme terme de ses maux.

« La maison dans laquelle je fus conduit était sans

---

(1) Le nom de cet officier a été donné à une rue de Bône.

doute l'une des plus belles et des mieux conservées de la ville, mais elle n'offrait que les quatre murs et des fenêtres sans châssis. J'y campai et, ayant pris congé du capitaine de la *Béarnaise*, qui était pressé de quitter la rade peu sûre de Bône et qui mit à la voile le même soir, je restai seul avec mes trois hommes au pouvoir d'Ibrahim que l'on peut, à bon droit, accuser de la mort de plus d'un Français et dont l'extérieur ne prévient pas en sa faveur. Ses manières polies m'avaient parues forcées et, semblable à un tigre apprivoisé, il paraissait gronder encore en faisant des caresses.

« Je ne demandai pourtant pas d'otages, ne croyant avoir rien à craindre des habitants de la ville et Ibrahim, n'ayant personne près de lui (son fils n'étant pas venu le rejoindre), qui lui fut assez cher pour que sa vie pût répondre de la nôtre.

« Tenant cependant à remplir la mission dont vous avez eu la bonté de me charger et justifier votre confiance, je fis en musulman : je me confiai à ma destinée.

« Le lendemain, 1er mars, je montai à la Casbah, où j'eus une longue conférence avec le bey ; il me fit part de ses projets et des espérances qu'il avait d'être avant peu secouru par ses amis du Sahara. Je lui dis qu'il devait se confier bien davantage à vos promesses et n'attendre son salut que de la France, qui saurait lui donner tous les secours nécessaires, s'il se défendait assez bien pour se maintenir de son arrivée. A cela, il me répondit en me conduisant au-dessus de la porte de la Casbah, où il me montra les têtes de sept malheureux tombés entre ses mains et seuls trophées de tous les avantages qu'il me dit avoir remportés sur ses ennemis, en m'annonçant que tant qu'il aurait des vivres et des munitions, sa citadelle serait imprenable. Il finit par me demander les provisions que vous lui aviez envoyées et dont le capitaine Joseph lui avait promis la moitié.

« Ne pouvant, après cela, paraître vouloir le rationner et bien sûr qu'il ne vendrait pas ce que je lui donnerais, je mis à sa disposition soixante sacs de blé et vingt-cinq de riz, me réservant ainsi le droit de disposer comme je l'entendrais de plus des deux tiers du chargement de la felouque. Il me remercia et je le quittai après lui avoir demandé la permission de visiter les murailles de la ville. Ma proposition parut l'enchanter, mais il me donna pourtant un de ses soldats les plus fidèles sous prétexte de m'accompagner partout et, sans doute aussi, pour épier toutes mes démarches.

« Bône est bâtie au pied de la colline sur laquelle s'élève la Casbah qui la domine entièrement; elle a la forme d'un quadrilatère irrégulier, entourée d'une chemise flanquée de quelques feux croisés en avant d'elle. Je trouvai la face du sud ou de la porte de Constantine assez bien gardée et armée d'autant de pièces qu'il était nécessaire à sa défense de ce côté; à une lieue de distance l'on apercevait dans un vallon le camp des troupes de Constantine, dont j'évaluais la force à 1.200 ou 1.500 hommes; d'après le nombre des tentes je me trompais au moins d'environ la moitié, ainsi que je l'appris quelques jours plus tard. Les assiégeants, pour venir attaquer la ville, devaient passer sur une chaussée qui traverse un marais, qui s'étend depuis une petite rivière jusqu'au pied de la colline de la Casbah, couvrant ainsi parfaitement le front attaqué, de sorte que je regardais Bône d'une défense très aisée. Les trois autres côtés de la ville étaient moins bien armés, encore plus mal gardés et laissés, faute d'hommes, presque entièrement à leur propre force.

« Le 2 mars au matin, je fis délivrer au bey les grains que je lui avais promis la veille; en sortant de chez moi je trouvai deux notables; je ne les avais plus vus et j'en avais été surpris; je leur en fis amicalement le reproche. Ils m'assurèrent s'être présentés chez moi et que le janissaire d'Ibrahim, qui était à ma porte, leur en avait refusé l'entrée. Je montai sur-le-champ à la Casbah pour me plaindre d'être tenu ainsi en charte privée. Le bey fit l'étonné et me promit que désormais je pourrais recevoir qui bon me semblerait.

« Dès que je fus rentré chez moi, je fis prier les cadis, muphtis, etc., d'y venir et j'eus avec eux une longue conversation. Ils me parlèrent longuement de leur triste sort qu'ils me peignirent des plus sombres couleurs et qui me parut être, en effet, véritablement déplorable.

« Assiégés depuis huit mois par l'armée de Constantine, ils avaient peu à peu épuisé leurs provisions dont Ibrahim bey s'était fait donner par force le reste pour nourrir les soldats de la citadelle. Une seule ressource leur restait, c'était de se procurer quelques vivres sur la côte voisine du Cap de Fer (Sidi-Akacha, en arabe), dont les habitants étaient leurs amis. Sidi Ali ben Aïssa la leur avait enlevée en se procurant une chaloupe qui, courant sur les leurs, les empêchait d'avoir aucune communication avec le dehors, et ils témoignèrent les plus vifs regrets que nous n'eussions pas retenu cette chaloupe lorsqu'elle était venue à bord de la goélette.

Pressurés par Ibrahim, redoutant les vengeances d'Ahmed bey, mourant de faim, réduits à manger de l'herbe pour soutenir leur misérable existence, voyant leur population diminuer tous les jours, ou par la fuite ou par la mort de quelqu'un d'entre eux, ils n'avaient, me dirent-ils, d'autre espoir que dans la France. Je leur répondis qu'ils pouvaient y compter, que vous vous occupiez d'eux avec sollicitude, que ne pouvant mieux faire pour l'instant, à cause de la mauvaise saison, vous m'aviez envoyé vers eux pour les assurer de votre bienveillance et leur apporter des vivres qui pourraient les aider à attendre les secours plus efficaces que vous comptiez leur faire passer bientôt.

« L'annonce des vivres leur fit plaisir, mais lorsque je leur dis que je ne pourrais leur distribuer que quatre cents livres de blé ou de riz par jour, je vis la tristesse se peindre de nouveau sur leur figure.

« Quatre cents livres, me dirent-ils, c'est une bien faible pitance pour toute une population affamée : ne pourriez-vous donc pas nous en donner une plus grande quantité pour faire vivre nos pères, nos femmes et nos enfants ? Serions-nous heureux de manger en les voyant autour de nous mourir de faim ?

« Mais, leur dis-je, si je vous livre toutes les provisions que j'apporte et que vous les dévoriez en un jour, comment ferez-vous le lendemain ?

« Si, après avoir déchargé votre felouque, vous ordonnez à son capitaine de transporter quelqu'un de nous au cap de Fer et d'y prendre les vivres que nous achèterons, nous n'aurons plus à craindre le besoin et nous n'aurons que des grâces à vous rendre et des bénédictions pour le général en chef de l'armée française qui vous a envoyé.

« Ne pouvant résister à leurs prières, je leur promis de faire ce qu'ils désiraient, si le capitaine de la barque jugeait qu'il pût faire ce voyage sans danger.

« Pour leur plaire, je fis appeler à l'instant ce *raïs*, et, comme il m'assura qu'il n'y avait rien à craindre, il fut arrêté que le chargement à apporter d'Alger serait débarqué et déposé chez moi et que la felouque irait ensuite chercher des vivres sur la côte. Cette décision prise, les notables se retirèrent en m'assurant de toute leur reconnaissance.

« Cependant, j'avais remarqué avec peine que quelques-uns d'entre eux, entre autres le cheik El Islam Sidi Ahmed, le personnage le plus important de la ville, avait pris peu de part à la conversation. Je ne savais qu'en penser et m'en informai à diverses personnes qui me laissèrent mon incertitude, tandis que d'autres me dirent qu'ennuyé des malheurs de son pays, on le soupçonnait de traiter avec le général des assiégeants.

« Le 3 mars, malgré le mauvais temps, l'on débarqua de la felouque 90 sacs de blé ou de riz ; j'en distribuai sur-le-champ quelques-uns aux notables de Bône, les chargeant d'en faire la répartition parmi leurs concitoyens les plus nécessiteux.

« Le soir du même jour, Ibrahim me fit prévenir qu'il avait appris, par ses espions, que les troupes de Constantine nous attaqueraient dans la nuit suivante ; je la passai sous les armes avec mes hommes et fis une ronde sur les remparts pour m'assurer qu'on y fit bonne garde. Je trouvai tout en bon ordre, et la nuit se passa sans que nous fussions inquiétés, bien que de temps à autre il y eût quelques coups de fusil tirés.

« Le lendemain, 4 mars, étant le premier jour du Beyram, je montai à la citadelle dès le matin, accompagné des principaux habitants, pour y souhaiter les bonnes fêtes à Ibrahim. C'est un usage oriental, je le connaissais et je crus devoir m'y conformer.

« Le bey reçut, en même temps que les miennes, les félicitations de tout ce qu'il y a de marquant à Bône ; il nous régala d'un concert de tambours et du spectacle d'un combat de lutteurs et d'un autre au sabre.

« Tout me parut avoir pris un air plus riant ; les gens que je voyais se presser autour du bey me semblaient lui être dévoués. Il leur fit quelques petites distributions d'argent et de burnous et je le quittai enfin, persuadé qu'il avait encore assez de partisans et qu'il pouvait, sans crainte, se maintenir jusqu'à l'arrivée de nos troupes.

« La journée se passa comme si l'ennemi n'eût pas été aux portes.

« Le soir, la fatigue me fit coucher de bonne heure et je dormais lorsque, vers minuit, des coups de fusil me réveillèrent ; je m'habillai à l'instant et je fis lever les trois artilleurs que j'avais avec moi. J'envoyai en même temps un des soldats d'Ibrahim, que j'avais à ma porte, s'informer de ce qui se passait ; il revint et m'apprit que les assiégeants attaquaient, mais mollement, le front de Constantine ; je fis prendre les armes à tout mon monde et me disposai à me rendre de ce côté, lorsqu'en ouvrant la porte pour sortir, cinq à six personnes armées, mais pâles de frayeur, se précipitèrent dans la maison, en priant de les sauver, me disant que la ville était prise et qu'il fallait fuir et fuir à l'instant, si nous voulions éviter d'être massacrés.

« Surpris d'une nouvelle à laquelle je m'attendais si peu, je commençai par faire barricader la porte. La maison où je restais donnait sur le rivage de la mer ; je fis disposer une corde à une fenêtre pour pouvoir y descendre au besoin. Deux ou trois mauvaises chaloupes s'y trouvaient sur le sable ; j'envoyai les Arabes effrayés, qui s'étaient réfugiés chez moi, pour s'assurer de deux d'entre elles et les mettre à flot. Ces dispositions prises pour assurer notre retraite en cas de besoin, je montai sur la terrasse pour mieux entendre ce qui se passait dans la ville ; tout m'y paraissant assez tranquille et comme l'on continuait à tirer des coups de fusil, entremêlés de quelques coups de canon du côté de la porte de Constantine, je pensai qu'une terreur panique avait fait fuir les Arabes, qui s'étaient réfugiés chez moi. Je voulus donc sortir pour aller m'assurer de la vérité, mais les deux soldats d'Ibrahim, qui étaient encore dans la maison, refusèrent de m'accompagner.

« Pendant que je cherchais à les décider à me suivre, on frappa à la porte. Je fis demander qui c'était et Mohamed Serradj, l'un des députés de Bône à Alger, me répondit en le priant de lui ouvrir

« Il entra, suivi d'une vingtaine de Turcs et d'Arabes, dont la plupart, connaissant la maison, se précipitèrent vers la fenêtre donnant sur la mer et en descendirent au moyen de la corde qui y était attachée; ils s'emparèrent d'une barque et s'éloignèrent du rivage.

« Mohamed Serradj me confirma la nouvelle que l'on m'avait déjà donnée que la ville était prise, mais que Sidi Ali ben Aïssa, au nom de son maître, promettait quartier à tout le monde ; il me dit cependant que nombre de gens s'étaient déjà retirés dans une des mosquées de Bône à Sidi Mérouan (1), regardée comme un asile.

« D'après cela je m'assurai que les habitants ne se fiaient pas plus à ces promesses que je n'avais envie de le faire moi-même. Cependant, n'entendant rien dans la ville qu'elle fut prise d'assaut, je n'ajoutai point encore foi à ce que l'on me disait et refusai tou-

---

(1) Aujourd'hui hôpital militaire.

jours de me retirer comme tout le monde m'engageait à le faire. Enfin, vers les quatre heures et demie, j'entendis de mes propres oreilles le crieur de Sidi Ali annoncer la miséricorde de Dieu et du prophète Aman Allah, Aman Reçoul Allah, que El Hadj Ahmed Pacha promettait asile à tous les habitants de Bône, quelque fût leur religion.

« Dès lors je n'eus plus de doute, et la ville étant prise je pensai à faire retraite, ne jugeant pas prudent de me fier à des paroles qu'on pouvait désavouer ou interpréter comme on voudrait. Dans ce moment on vint me prévenir que l'on voyait beaucoup de gens armés sur les terrasses voisines de la mienne ; il n'y avait donc plus un instant à perdre ; nous descendîmes sur le rivage, abandonnant nos effets et nous nous éloignâmes à force de rames.

« Le jour commençait à poindre ; nous fûmes aperçus et salués de quelques coups de fusil qui, heureusement, n'atteignirent personne. J'arrivai à bord où je trouvai que le *raïs,* prévenu par les fuyards qui nous avaient précédés, avait tout préparé pour mettre à la voile. Je fis lever l'ancre et vins louvoyer dans la baie des Caroubiers.

« D'après ce que j'ai appris des divers côtés, ajoutait le capitaine d'Armandy, dans un autre rapport daté du 10 mars, c'est-à-dire cinq jours après l'événement, il paraît que le cheik El Islam a traité de la reddition de Bône, qu'il a indiqué aux soldats de Sidi Ali ben Aïssa la route qu'ils devaient prendre pour s'y introduire sans être vus.

« C'est du côté du nord, sur le front opposé à celui de la porte de Constantine, qu'ils sont entrés par une veille brèche qu'on n'avait pas réparée (1).

« Les promesses que Ben Aïssa a sans doute faites pour se faire livrer la ville n'ont pas l'air de rassurer les habitants ; depuis le cheik lui-même jusqu'au dernier, chacun tremble pour l'avenir, tout le monde cependant semble espérer que ma présence produira un bon effet et évitera bien des malheurs, je le désire, sans y croire : je ne quitterai la rade que s'il est nécessaire que je monte à la Casbah pour nous la conserver et ce sera dans l'un ou l'autre endroit que j'attendrai vos nouveaux ordres. »

La trahison, prévue par Yussuf, s'était produite ; l'arrivée du capitaine d'Armandy avait fait comprendre à Ahmed ben Cheickh que le gouvernement se décidait à agir.

Il n'y avait pas de temps à perdre si on voulait sauver la ville d'une occupation française. Ahmed ben Cheickh était entré en pourparlers avec ben Aïssa, qui s'était empressé d'accueillir ses propositions.

Le 4 mars, toutes les troupes de Ben Aïssa sortent silencieusement du camp et, à la faveur des ténèbres de la nuit, se dirigent vers la porte de Bab-el-Mekaber. Arrivées à une certaine distance, elles se massent et attendent. Pendant ce temps, une troupe d'une tren-

---

(1) Cette brèche s'ouvrait exactement au-dessous de l'hôpital militaire actuel dans la muraille qui, partant du fort Cigogne, remonte le long de la ruelle qui débouche entre le bureau de la place et de l'hôpital.

taine d'hommes, armés de haches, se glisse dans la nuit, pénètre dans le jardin dont les arbres forment un épais rideau, contourne la ville, et, dirigée par un émissaire de Si Ahmed, arrive sur le bord de la mer.

Ces hommes, résolus, entrent dans l'eau, continuent leur marche et arrivent enfin à une brèche du rempart dont nous venons de parler. Ils pénètrent dans la ville et se précipitent du côté de Bab-el-Mekaber, qu'ils se mettent à enfoncer.

Les habitants, de garde sur les remparts, accourent et la lutte s'engage. Pendant que cette partie de la troupe fait face aux Bônois, l'autre continue à battre la porte de coups redoublés; enfin, elle tombe et l'armée de Ben Aïssa s'engouffre dans la ville, en poussant des cris de joie.

Le capitaine d'Armandy s'était réfugié à bord d'une felouque qui était dans la rade et, de là, il écrivait au général en chef :

« Rade de Bône, 10 mars 1832.

« La ville de Bône prise, ou plutôt vendue aux troupes d'Ahmed bey, commandées par Ben Aïssa, m'a forcé de me retirer en toute hâte à bord de la petite felouque chargée des vivres que nous avons amenés d'Alger. Je la fis éloigner tout de suite hors de portée des canons de la ville et me mis à croiser dans la baie, ne pouvant abandonner Ibrahim bey, qui se maintient toujours dans la Casbah où je serais allé le rejoindre, toutes les avenues n'étant pas assez bien gardées pour que je ne pusse le faire, si la connaissance que j'ai du caractère turc ne m'eût fait craindre que ses soldats ne m'y eussent vu entrer avec peine, et si je n'eusse cru qu'avec de pareilles gens, l'espérance d'être secourus, ou de pouvoir se sauver à mon bord au besoin, n'eût produit un meilleur effet que ma présence parmi eux.

« Ibrahim a trouvé le moyen de me faire parvenir une lettre. Il me demande de prompts secours en vivres et en soldats. Je lui ai répondu que l'un et l'autre m'étaient impossibles pour le moment, mais que j'allais vous expédier la *Béarnaise,* à laquelle j'ai envoyé un express pour me la faire revenir tout de suite et que sans doute vous prendriez les mesures nécessaires pour le secourir de toutes manières. Je lui conseille, en attendant, de se défendre, mais en l'engageant à ménager la ville, lui promettant de ne pas m'éloigner, quel temps qu'il fasse, et d'être toujours à portée de le recevoir à mon bord s'il était forcé de se retirer avant l'arrivée de votre réponse; auquel cas, je lui recommande d'enclouer toutes les pièces et de disposer une mèche pour faire sauter le magasin aux poudres, pour que les troupes de Constantine ne puissent, en se logeant dans la Casbah, nous empêcher de rentrer dans Bône, si ce qu'il me reste à vous apprendre ne change rien aux projets que vous avez formés sur cette ville.

« Dans l'après-midi du 5, jour même de la prise de Bône, une chaloupe partie de terre vint m'apporter une lettre du général Ben Aïssa, de Constantine, qui m'engageait à aller le voir. Le porteur de cette missive, Hadj Mohamed El Markanti, ou capitaine du port, l'un des notables de la ville, me dit en me la remettant, que je pouvais en accédant à la proposition de Sidi Ali ben Aïssa éviter de grands malheurs à sa patrie ; dès lors je ne balançai pas à répondre à Ben Aïssa que je me rendrais le lendemain, près de lui, s'il m'envoyait quelques-uns de ses chefs de son armée pour me faire traverser une ville remplie d'une soldatesque qui, n'ayant peut-être jamais vu un seul Européen, pouvait m'insulter même contre ses ordres les plus précis.

« Le 6 au matin, un bateau amenait à bord le secrétaire de Ben Aïssa et trois des principaux habitants de Bône. Je descendis à l'instant avec eux, je trouvai le rivage couvert d'une foule de soldats avides de me voir, et que je ne pus traverser qu'avec peine, sans cependant entendre aucune injure. L'on m'amena un cheval, je le montai et me rendis au camp de Ben Aïssa, qui se trouvait à une demi-lieue de la ville.

« Ce général, naguère négociant, ayant eu l'occasion de voir des Européens, soit à Tunis, soit ailleurs, me reçut avec politesse. Il me témoigna le regret qu'il avait éprouvé en apprenant que ma maison avait été pillée, malgré les ordres contraires qu'il avait donnés. Il m'assura qu'il ferait faire des recherches et que tout ce que l'on trouverait à moi me serait rendu. Je le remerciai et le priai en même temps d'étendre sa bienveillance aux habitants de la ville qui étaient dans des inquiétudes mortelles ; il me le promit en me disant que son maître El Hadj Ahmed Pacha n'avait désiré s'emparer de Bône que pour se rapprocher de la mer, avoir de ce côté un point de communication avec nous et parvenir à faire la paix avec les Français qu'il aimait beaucoup. Je lui répondis que si telles étaient en effet les intentions de son chef, je m'estimerais heureux de pouvoir être l'intermédiaire des propositions qu'il aurait à vous faire et l'engager, en conséquence, à lui écrire tout de suite pour que je puisse vous transmettre sa réponse, par le navire que j'attends de Tunis à chaque instant.

« Il me demanda si je savais sur quelle base le bey de Constantine pourrait espérer de traiter avec la France ; ma réponse fut que n'ayant pas été envoyé pour faire un traité de paix, je n'avais aucune instruction à cet égard, mais que je pensais que S. M. le roi des Français s'étant emparé d'Alger par la force de ses armes et la grâce du Tout-Puissant, il voudrait que tous les anciens vassaux du dey de cette Régence se reconnussent pour ses sujets et lui payassent les tributs auxquels ils étaient soumis par le passé. Cette proposition lui parut inadmissible. Je n'oserais, me dit-il, la faire connaître à mon maître dont j'encourrais sûrement l'indignation si je le faisais, et lui-même serait mis à mort ou tout au moins repoussé par ses sujets s'il voulait l'accepter et s'y soumettre. Je me bornai donc à lui répondre que je me chargerais de vous faire savoir quelles étaient les intentions d'Ahmed Pacha dès que je les connaîtrais moi-même.

« Voici quelle était la réponse, car il paraît jouir de toute la confiance de celui qui l'a élevé :

« El Hadj Ahmed Pacha, descendant d'une longue suite d'aïeux beys d'Alger ou de Constantine, allié par sa mère et sa femme aux chefs des plus puissantes tribus arabes du Sahara, ne peut se connaître vassal d'un prince chrétien. Sa loi, sa religion et les préjugés de ses sujets, encore plus que les siens propres, l'en empêchent; mais il désire vivement être en paix avec lui et devenir son ami. Pour cela, il accordera aux Français les privilèges les plus étendus et les plus grandes facilités pour commercer avec son pays. Le port de Bône et tous ceux qui se trouveront dans ses Etats leur seront toujours ouverts; des consuls pourront y être établis et y jouiront des prérogatives, mais la souveraineté de la terre restera à Ahmed Pacha.

« A ce compte, lui dis-je, la conquête d'Alger ne nous aurait procuré aucun avantage, car nous jouissons déjà de tout ce que vous nous offrez aujourd'hui?

« Croyez-vous donc que nous ne puissions pas nous emparer de Bône et de tous les autres points de la côte, comme nous l'avons fait de la Régence ? Croyez-vous donc que nous ne puissions pas aller à Constantine et au delà, si notre roi le commande ?

« Tout est aux mains de Dieu, me répondit-il, les Français sont braves et nous savons qu'ils peuvent tout ce qu'ils veulent; mais quels avantages retireront-ils d'une course dans notre pays ou en s'emparant de nos côtes ? Nous cesserons à l'instant tout commerce et toutes relations, avec eux, nous les tiendrons bloqués dans les villes, nous les harcélerons dans leurs marches, nous ruinerons le pays devant eux, tellement qu'après beaucoup de dépenses et de sang répandu de part et d'autre, ils seront obligés de se retirer ou de nous exterminer tous jusqu'au dernier, avant de pouvoir espérer jouir paisiblement de leurs conquêtes ; tandis que la paix peut nous rendre tous heureux et tranquilles.

« Je communiquerai, lui dis-je, votre réponse au général en chef de l'armée d'Afrique ; lui seul peut décider ce qu'il y a à faire.

« Avant de me laisser partir, Sidi Ali me pressa de revenir prendre possession de ma maison ; mais je lui répondis qu'ayant été accrédité par vous auprès d'Ibrahim bey, je ne pouvais, sans de nouveaux ordres de votre part, rester dans une ville dont il n'était plus maître ; et, profitant de cette ouverture, je lui dis qu'Ibrahim étant notre ami, je regarderais comme une preuve du désir que son maître avait de faire la paix avec nous, s'il lui accordait une suspension d'armes jusqu'après la réception de votre lettre. A cela, il me répondit qu'il ne croyait pas la chose possible, qu'il en écrivait à Ahmed, mais qu'il pouvait me promettre que si jamais Ibrahim se réfugiait sous votre pavillon il serait, dès lors, hors d'atteinte et sous une sauvegarde inviolable. Notre conférence se termina là, et je retournai à bord où l'on commençait à être inquiet sur mon compte ; cette entrevue avait duré plus de sept heures.

« Je crois qu'Ahmed bey a véritablement envie de faire la paix avec nous, et je pense qu'il me sera facile de l'amener à accepter vos propositions. Les Arabes, ses sujets, quoi qu'en ait dit Ben Aïssa, le désirent autant que lui ; la politesse de tous les chefs et même des soldats lorsque je descends à terre, me le persuade. Je suis allé deux fois chez Ben Aïssa, pour plaire aux habitants de la ville, qui sont venus m'en prier ; j'ai dîné une fois chez lui avec les chefs de son armée, qui tous faisaient des vœux pour la paix. Ben Aïssa a fait rechercher mes effets, presque tout a été retrouvé, les seules choses aisées à cacher sont perdues.

« Nous sommes au 12 mars ; j'attends la *Béarnaise* à chaque instant, malgré le mauvais temps qui se prépare. Ibrahim, qui le sait, me presse de l'enlever de la Casbah. Tantôt il m'écrit qu'il n'a plus de vivres, tandis que je sais qu'il en a encore pour un mois ; tantôt que ses soldats veulent le quitter, ce que je crois assez si je voulais le recevoir à bord ; je cherche à lui donner du courage, en l'assurant que je ne l'abandonnerai pas, et que, d'ailleurs, Ben Aïssa le laisse tranquille.

« Voilà ce que j'ai cru devoir faire pour que la Casbah ne tombe pas aux mains d'Ahmed. Je vous renouvelle vos promesses d'y aller moi-même dès que la *Béarnaise* sera partie pour Alger ; mais tout cela ne pourra nous la conserver qu'autant qu'un bateau à vapeur m'apportera promptement vos ordres. Si vous désirez que nous la gardions, 300 hommes d'infanterie, 20 canonniers, 40 obusiers de montagne approvisionnés, quelques ouvriers en fer et en bois, du fer, du bois et des vivres seraient nécessaires pour la mettre à l'abri de toute atteinte, mais alors je plaindrais le sort de la ville, qui pourrait bien être pillée, brûlée et abandonnée par les troupes de Constantine.

« Ibrahim m'avait écrit hier que, redoutant les suites du siège de la Casbah pour sa femme, son beau-père et quelques autres personnes au nombre de huit, il me priait de les recevoir à bord la felouque ; je lui répondis que j'irais les chercher moi-même en lui indiquant le lieu où j'irais les prendre. Je m'y rendis bien en effet, malgré le mauvais temps, et fus étonné de n'y recevoir qu'une lettre où le bey me disait que ses soldats s'opposaient à leur départ et qu'ils l'avaient menacé de s'enfuir ou même de faire pis, si quelqu'un sortait de la citadelle. Il me priait en conséquence de leur écrire pour les rassurer, en leur promettant que je ne les abandonnerais pas plus que leur chef, s'ils étaient forcés d'évacuer la Casbah. Considérant les funestes conséquences qu'une révolte pourrait entraîner après elle, j'écrivis la lettre suivante :

« *A Ibrahim bey et aux soldats qui sont sous ses ordres de la part du consul français* (c'est le titre que l'on me donne ici.)

« *Salut,*

« J'apprends que vous désirez vous sauver à bord la felouque que je monte ; mais elle est trop petite pour vous recevoir tous, et comme je vous regarde tous comme des Français, je ne veux prendre personne si je ne vous prends tous. La goélette que j'attends de Tunis est bien petite aussi et le capitaine n'en est point sous mes ordres. Cependant, à son arrivée, je verrai si elle peut vous prendre ; dans le cas contraire, je l'expédie de suite à Alger, en écrivant à M. le général en chef pour le prier de m'envoyer un bâtiment à vapeur pour vous prendre. Ainsi, ne craignez rien, restez tranquille dans la Casbah ; elle est forte, vous y avez des vivres pour plus de quinze jours. Attendez donc et je vous promets de ne pas quitter la rade que vous ne soyez sauvés. Les Français sont braves, ils ne forcent point les femmes, les enfants et les vieillards à partager des dangers qui ne sont pas faits pour eux ; si vous voulez donc que je vous considère comme des Français laissez partir les enfants, les vieillards et les femmes qu'Ibrahim veut m'envoyer. Ce seront autant de bouches de moins à nourrir et partant plus de vivres qui vous resteront.

« De toutes manières, le navire à vapeur que je demande à Alger vous sauvera, soit en vous prenant à bord, soit en faisant la paix avec Sidi Ali ben Aïssa qui m'a promis, dans ce cas, de vous laisser tous sortir avec vos bagages. Attendez donc et ayez bon courage. »

« Cette lettre paraît avoir produit l'effet que j'en attendais, car Ibrahim m'a fait le signal dont nous sommes convenus, pour m'apprendre que ses soldats sont plus traitables. Je recevrai donc probablement sa femme et les personnes qui l'accompagnent dès que la mer sera moins mauvaise. »

Nous avons dit que la *Béarnaise*, après avoir débarqué d'Armandy à Bône, avait continué sa route sur Tunis. Dans la situation critique où il se trouvait, l'absence d'un auxiliaire aussi précieux que Yussuf se faisait sentir. Mais, depuis quelques jours, un temps affreux régnait sur les côtes, et le retour du navire si ardemment désiré était retardé. Comme il y avait nécessité absolue de faire connaître au général en chef la situation, d'Armandy prit le parti d'aller avec sa felouque à la recherche d'un bateau corailleur qui voulut bien, moyennant salaire, transporter ses dépêches à Alger. Il lui fallut pour cela arriver à Tabarca, où il ne put se procurer que très difficilement un bateau.

Brûlant d'impatience, il revint à Bône, le 25, sur le bateau corailleur qu'il avait loué pour transporter ses dépêches à Alger. Il espérait y retrouver Yussuf, mais celui-ci n'arriva avec la *Béarnaise* que le 26. Aussitôt d'Armandy, qui redoutait par-dessus tout de voir tomber la citadelle au pouvoir des Constantinois, fit demander une entrevue à Ben Aïssa, auquel il avait déjà réussi à arracher la promesse d'une suspension d'armes jusqu'au 20. Celui-ci était inquiet de l'absence de cet officier, et déjà ses cavaliers s'étaient répandus entre la ville et la Casbah. L'entrevue eut lieu dans l'après-midi.

« Je le rassurai, écrivait d'Armandy, en lui promettant de ne rien tenter de contraire aux intérêts de son maître, avant d'avoir reçu la réponse aux dépêches que j'avais adressées par le bateau corailleur, si, de son côté, il voulait me donner sa parole que, pendant le même temps, il n'entreprendrait rien contre Ibrahim bey. Ben Aïssa me refusa, disant qu'il avait perdu à ma considération plus de 20 jours devant la Casbah, dont il aurait pu s'emparer le lendemain de la prise de Bône ; qu'Ahmed bey lui reprochait son inaction, et, qu'en conséquence, il comptait commencer les hostilités le même soir ou au plus tard le lendemain matin si, dans le courant de la nuit, je ne pouvais décider Ibrahim à se retirer à mon bord et, ses soldats dans ma maison de ville, où il me promettait de les respecter comme sous la protection du pavillon français.

« Je répondis à Ben Aïssa que je ne pouvais plus ajouter beaucoup de foi à ses assurances, depuis qu'il avait manqué à ce qu'il m'avait promis relativement aux habitants de Bône, que l'enlèvement d'un nommé Si Hassan, mon protégé, me faisait craindre que si les soldats d'Ibrahim, une fois hors de la Casbah et sous ma seule protection, il pourrait leur en mésarriver à ma honte éternelle. Ben Aïssa crut me tranquilliser en me remettant ses promesses par écrit, mais elles ne me rassuraient pas plus que ses paroles.

« D'ailleurs, lui dis-je, j'ai été envoyé auprès d'Ibrahim bey, par le général en chef ; mon devoir, depuis la prise de Bône, était peut-être de rester auprès de lui ; si je ne l'ai pas fait, c'est que j'avais cru que vous désiriez sincèrement la paix ; mais votre refus aujourd'hui me fait douter de vos sentiments ; d'ailleurs, je n'ai ni le droit ni le pouvoir d'ordonner au bey d'évacuer sa forteresse, je ne puis que lui offrir un refuge à mon bord, où il m'est impossible de prendre ses soldats. Je crois, d'après ce qu'il m'a écrit, que je n'obtiendrai pas ce que vous désirez de lui, et je vous préviens que si, dans ce cas, vous commencez les hostilités, je serai obligé de m'éloigner du port de Bône, pour ne pas y être témoin de la mort d'un homme auprès duquel j'ai été envoyé en mission amicale.

« Faites ce que vous voudrez, me répondit Ben Aïssa, mais il me faut la Casbah dans deux jours par la force, si vous ne me la faites remettre demain par capitulation. »

La situation était critique. Ibrahim, découragé, n'avait plus avec lui que 120 hommes, dont la fidélité chancelait au souffle du malheur, et il ne songeait qu'à sauver sa tête. Ben Aïssa, qui, par ses espions, connaissait la situation des assiégés, se préparait à lancer à l'assaut de la citadelle ses 2,200 hommes. Il ne doutait pas du succès, mais il avait compté sans le courage de nos deux braves officiers, décidés à sacrifier leur vie plutôt que de lui abandonner une forteresse dont dépendait notre occupation future.

C'est alors que commence cet épisode héroïque, digne des plus belles pages de notre histoire d'Afrique, et dont le maréchal Soult disait avec raison à la Chambre des députés :

« C'est le plus beau fait d'armes du siècle ! »

Mais laissons la parole à M. de Cornulier Lucinière, d'Armandy ayant achevé de nous raconter les émouvants détails et les péripéties des faits survenus et des dangers qu'il avait courus pendant notre absence. « Les trois capitaines (d'Armandy, Yussuf et Fréart), entrèrent dans la chambre et là, en présence des officiers de la goélette, le capitaine d'Armandy exprima le regret de n'avoir point à sa disposition une compagnie d'infanterie pour défendre la Casbah. Nous nous écriâmes, que nous ne demandions qu'à tenter nous-mêmes l'ouverture avec nos onze fusils. Fréart, avec un grand courage, puisque son devoir l'obligeait à rester sur sa goélette, consentit à nous mettre sous les ordres du capitaine d'Armandy.

« Pendant que nous préparions tout pour la descente, M. d'Armandy retournait au camp de Ben Aïssa qui le reçut avec emportement : « Le bey est mécontent, lui dit-il, de toute cette lenteur. Demain à dix heures du matin j'entre dans la Casbah, de gré ou de force. » M. d'Armandy prit alors congé du chef de l'armée beylicale en lui disant qu'il allait retourner à Alger.

« A bord nous étions dans un grand embarras, tout le monde demandait à faire partie du détachement; 25 hommes, sous le commandement de M. du Couédic, lieutenant de frégate, et de Cornulier Lucinière avaient été désignés et armés qui de fusils, qui de mousquetons. En voyant cet enthousiasme, Yussuf ne se sentait plus de joie.

« A huit heures du soir, MM. d'Armandy et Yussuf débarquèrent pour aller préparer les Turcs à nous recevoir. Ibrahim, qui avait perdu la tête, s'emparait du bras de M. d'Armandy et lui disait : « As-tu pu croire, chrétien, que je serais assez lâche pour me li-livrer aux infidèles et me placer sous tes ordres ? Je te l'avais promis, il est vrai, mais je ne puis me déshonorer. Je soutiendrai l'attaque des Arabes et après je me ferai sauter. »

« Les Turcs de la garnison, qui ne se souciaient pas d'en arriver à cette extrémité, se mutinèrent et ils allaient massacrer leur bey, lorsque MM. d'Armandy et Yussuf s'interposèrent pour le sauver. Le tumulte devint épouvantable ; chacun criait son avis à la fois. Nos deux capitaines, avec un admirable sang-froid, cherchaient à dominer le bruit et à reconnaître ceux qui inclinaient vers eux. Mais toutes les têtes étaient on ne peut plus montées. Pressés vivement par leurs adhérents de faire arriver promptement les secours promis, MM. d'Armandy et Yussuf, profitant du tumulte pour gagner la porte de la citadelle, quittaient la Casbah à minuit et retournaient à bord de leur navire, non sans courir, à chaque pas, le danger d'être découverts par les postes de Ben Aïssa, qui, certes, ne les eussent pas épargnés.

« Le 27, à trois heures du matin, un Turc vint à la nage à bord de la balancelle, qui était mouillée près de terre, dans l'anse des Kazarins. Ce Turc, qui appartenait à la garnison de la Casbah, nous faisait connaître que les différents partis avaient été plusieurs fois sur le point d'en venir aux mains, qu'Ibrahim avait été emprisonné, mais que ses malheurs avaient touché quelques Turcs des plus influents; il avait été décidé qu'on le laisserait s'enfuir à ses risques et périls vers la montagne. Cet envoyé ajoutait que les adhérents des Français leur recommandaient de se hâter avec le secours promis, car la garnison, réduite aux dernières extrémités, était bien décidée à se rendre aux ordres des deux capitaines.

« Le capitaine d'Armandy et Yussuf le renvoyèrent à la Casbah en lui promettant qu'ils y seraient eux-mêmes au point du jour ; puis ils se rendirent à bord de la *Béarnaise,* où les dispositions furent prises pour que l'on pût rentrer dans la citadelle à l'aurore.

« Au petit jour, 27 mars, nous étions sur la plage ; M. d'Armandy, qui nous avait précédés à la Casbah avec Yussuf, accourut au-devant de nous, nous disant que ce dernier était resté au fort où l'on manquait de nous-mêmes pour la journée.

« On le fit savoir à Fréart, mais on ne s'en mit pas moins en route le plus vite possible. Nous parvînmes au pied du rempart de la Casbah, sans avoir été aperçus par les gens de Ben Aïssa ; Yussuf était au haut de la muraille avec le Turc de notre parti. On nous tendit des cordes, au moyen desquelles nous escaladâmes successivement le mur de la citadelle. Une fois tous montés, nous nous mîmes en rang devant la garnison qui nous regardait avec plus de curiosité que de sympathie ; un certain nombre de Turcs qui la composaient ne dissimulait pas la haine qu'ils nous portaient.

« M. d'Armandy avait fait faire silence ; Yussuf prit la parole ; il annonça aux Turcs que, désormais, la Casbah était française, que nous allions y arborer notre pavillon et que la garnison passait, à compter de ce jour, à la solde de la France.

« Nous nous rendîmes au balcon du pavillon, au-dessus de la porte unique de la Casbah ; le drapeau rouge qui y flotte fut amené, remplacé par le drapeau de la France et salué d'un coup de canon à boulet.

« Ce fut un véritable coup de théâtre : la cavalerie de Ben Aïssa se répand dans la plaine et enlève les troupeaux; tout est en mouvement. Un parlementaire se présente, monté sur un cheval superbe pour demander l'explication de ce qu'il voit. Il menace d'Armandy et nous tous de la colère de Ben Aïssa; il essaie de l'intimidation. On lui répond que la Casbah s'est donnée à la France et que nous venons la défendre. Pendant ce temps, un détachement de Turcs est employé à barricader solidement la porte. Un autre est envoyé sans armes à la plage, pour en rapporter les sacs de farine, du blé et du vin que la balancelle y débarquait.

« Les Arabes s'en aperçoivent et veulent intercepter leur retour : une nombreuse colonne, précédée d'un peloton de cavalerie, se porte rapidement dans la direction de la corvée. M. d'Armandy commande de pointer des pièces sur la tête de cette colonne. Le maréchal des logis, Coulomb, envoie un boulet, si heureux que le cavalier commandant la colonne est coupé en deux. Cette troupe, fort intimidée, se retire en désordre, sous le feu des autres pièces et du canon de la goélette, et ne reparaît plus. Grâce à ce moyen, les vivres nous arrivèrent, et, le soir, nous en avions pour 15 jours.

« Le commandant Fréart profitait de ce petit succès pour envoyer quelques matelots enclouer les pièces qui armaient le fortin de la côte.

« Dans l'après-midi, nous réglâmes le service ; on

s'occupa à confectionner des gargousses, à placer des boulets près des canons, des repaires pour le pointage de nuit, et l'on fit reconnaître les pièces. La porte fut murée pour faciliter sa défense ; les Turcs reçurent ordre, une fois pour toutes, de ne jamais quitter leur poste sur le rempart, où ils devaient coucher. Deux corps de garde français furent établis, et ils durent fournir quelques factionnaires le long du rempart. Les Turcs suspects étaient placés de façon à pouvoir être facilement surveillés. Nous nous étions réservés un bastion dominant le fort, et dans lequel nous aurions pu nous défendre avec avantage, en cas de révolte de nos auxiliaires.

« Nous habitions le logement du bey, où nous prenions nos repas. La table de l'état-major ou plutôt la gamelle — car nous mangions dans la gamelle — se composait de MM. d'Armandy et Yussuf, du Couédic et moi ; Hoçaïn, caïd Omar, Ibrahim, agha, et Kelil furent admis à notre table. Yussuf leur avait déclaré, dès le premier jour, que leurs têtes répondraient de la fidélité de la garnison turque.

« Le 27 mai, à la tombée de la nuit, chacun prit son poste de combat, et des mesures furent décidées, pour se défaire, au besoin, de ceux qu'on soupçonnait de trahison.

« La balancelle la *Casauba*, déchargée de ses vins, le 28 au matin, partit pour Alger, emportant ce noble billet de M. d'Armandy au duc de Rovigo :

« Général,

« Nous sommes entrés, le capitaine Yussuf et moi,

« dans la citadelle de Bône à la tête de 30 marins de la
« *Béarnaise*. Nous avons pour auxiliaires 130 Turcs,
« dont un grand nombre nous exècrent, et pour ennemis
« les 5.000 hommes de Ben Aïssa, mais nous n'en sau-
« rons pas moins conserver la citadelle à la France ou
« y mourir. »

« Ben Aïssa avait compris que Bône était à jamais perdue pour lui, et il se décida à rentrer à Constantine; mais il allait laisser à la ville rebelle de terribles témoignages de sa vengeance. Il commença par donner l'ordre à tous les habitants, sans exception d'âge ou de sexe, de se rendre dans son camp et déclara que quiconque serait pris en ville serait puni de mort; et, quand cet ordre eut été exécuté, il fit mettre le feu aux différents quartiers, dont il avait d'abord fait démolir les principales maisons.

« Les indigènes m'ont raconté que, malgré le fatalisme de leur race, quelques vieillards, désespérés par la pensée de quitter pour toujours la ville où ils étaient nés et où ils espéraient mourir, se jetèrent dans les puits, préférant la mort à l'horrible destinée qui les attendait à Constantine.

« Le lendemain, 29 mars, au coucher du soleil, des tourbillons de fumée s'élevèrent de la ville enflammée; des cris douloureux se firent entendre au milieu d'une confusion immense; toute la malheureuse population de Bône était amenée en esclavage. Beaucoup de Turcs de la Casbah, qui avaient là leurs familles, pleuraient de rage à la vue de la brutalité des Arabes.

« Des chevaux, des ânes, chargés de butin, étaient mêlés à cette foule.

« Le 30 au matin, la ville était vide de sa population, et l'on n'apercevait plus dans le lointain que des groupes de soldats conduisant une longue file de bêtes de somme, maigres, chargées du butin des infortunés Bônois.

« Au bout de peu de temps, tout était désert autour de nous. Ben Aïssa était parti, mais nous pensions tous que c'était une feinte, et nous nous attendions à une subite attaque de nuit. Cependant les jours se passaient sans rien voir venir ; le clairvoyant Yussuf était très occupé : « Maintenant, nous disait-il, que les Arabes sont partis, les Turcs sentent qu'ils n'ont plus besoin de notre aide, et ils vont certainement chercher à se débarrasser de nous. Or, ils sont 130 et nous sommes 30; ils agiront par surprise et à leur heure. »

« En effet, le 31, quelques cavaliers des tribus Beni-Oh-Man et Senhadja passèrent rapidement sous les murs de la citadelle, et, s'adressant aux zouaves indigènes, leur confirmèrent la retraite définitive de Ben Aïssa, ils demandaient en même temps ce qui se passait dans la Casbah. « Des Juifs, répondit un de ces
« zouaves, ont livré la Casbah aux infidèles ; mais il
« reste encore de bons musulmans qui ont résolu de
« les faire sauter par dessus les murs. »

« Arrêté immédiatement par le caïd Omar et quelques Turcs, ce zouave fut amené à la porte de la maison du bey. Nous y étions alors réunis, deux témoins confirmèrent le rapport du caïd Omar. Prompt comme la foudre : « Tiens ! s'écrie Yussuf en s'élançant, prends « ce que le Juif t'envoie. » Et, lui fendant la tête d'un coup de sabre, il l'étend mort à ses pieds, le crâne béant. Plusieurs Turcs lui déchargent ensuite à bout portant leur fusil dans la tête soit pour protester contre sa trahison et faire preuve ainsi de fidélité, soit peut-être pour se venger de cette épithète de juif dont il s'était servi en parlant d'eux.

« De suite les Arabes de la tribu de ce zouave sont arrêtés et amenés devant Yussuf. Toute la garnison est accourue en armes, ne sachant la cause de tout ce bruit. Nous entourions nos chefs, mais nous n'étions que sept ou huit Français réunis ; une lutte paraissait imminente; il fallait à force de vigueur imposer à cette soldatesque dont l'esprit flottait entre la révolte et la soumission.

« Parmi ces zouaves, il en est signalé deux qui se sont rendus plus particulièrement suspects par leurs intrigues et leurs propos. Yussuf fond sur le groupe qui les entourait et, les arrachant de ses propres mains du milieu de leurs camarades, il les jette au bach chaouch Hoçaïn, avec l'ordre de les décapiter : ce qui est exécuté sur-le-champ pour l'un d'eux ; l'autre s'était précipité vers M. d'Armandy, auquel il demandait grâce en tremblant de tous ses membres ; mais, sur un geste du capitaine, Hoçaïn s'en empare, l'agenouille, et lui fait tomber la tête d'un coup de yatagan.

« La nuit était venue ; le temps était sombre, les physionomies étaient terribles. Nous formions un petit groupe, entouré de ces Turcs dont les armes étincelaient. Le moment était solennel et nous ne pensions qu'à vendre chèrement notre vie. Dans ce moment, du Couédic, commandant en second la *Béarnaise*, me donna l'ordre de faire rapidemeut le tour de la Casbah, pour recommander à nos factionnaires d'être sur leurs gardes, et, au premier signe, de quitter leurs postes pour se réunir au corps de garde. Il revint promptement pour prendre part à la suite de cette affaire.

« Un quatrième zouave est amené ; c'est un homme superbe ; il paraissait insensible à la crainte ; on voudrait le sauver ; l'ordre est donné de le conduire à la *Béarnaise*. Mais, risquer une escorte pendant la nuit et se priver de quelques amis au moment où, peut-être, nous allions être attaqués, eût été plus qu'imprudent. « Allons, brûle-lui la cervelle, » ordonne Yussuf à un Turc, nommé Mohamed qui était près de lui. Celui-ci met le canon de son fusil sur la poitrine et fait feu ; le coup rate, Mohamed passe l'ongle sur la pièce de silex et renouvelle l'amorce. Le condamné le regarde faire sans sourciller ; le chien s'abat une seconde fois, et l'impassible zouave tombe raide mort en achevant la formule de l'Islam. « A présent, commande « M. d'Armandy, que chacun retourne à son poste. »

« L'effet était produit, Yussuf reçut de tous les Turcs les preuves de la plus réelle admiration ; ils n'éprouvaient aucune difficulté de la lui témoigner, à lui qui était musulman. »

Dans son journal de l'expédition de Bône, M. de Couédic ajoute :

« Tout était fini ; ceux qui restaient furent gardés à vue, et on les prévint qu'ils seraient fusillés à la moindre tentative de mouvement. Mais quelle nuit nous passâmes !

« Nous étions assis en cercle dans l'ancien appartement du bey ; nous prêtions une oreille attentive, et, au moindre bruit, nous nous jetions sur nos armes. Il y avait deux nuits que nous n'avions fermé l'œil. Chacun sortait à son tour, faisait une ronde, et rentrait pour annoncer que tout était tranquille. On n'entendait dans le silence de la nuit que le cri du chacal qui ressemble à celui d'un homme qui se plaint et le « Sentinelle prenez garde à vous ! » de nos factionnaires. La nuit nous parut affreusement longue. Le jour reparut et, avec lui, notre inquiétude cessa. Mais nos jambes fléchissaient par suite de la fatigue, et il eût été dangereux que cette situation se prolongeât longtemps. Nos matelots eux-mêmes, qui n'avaient pu sentir comme nous le danger de la situation où nous nous trouvions, et qui, pendant toute la nuit, n'avaient cessé de plaisanter sur ce qui s'était passé et sur ce qui pouvait arriver, se traînaient néanmoins sur leurs membres fatigués. »

Reprenons le récit de M. Cornulier Lucinière :

« La nuit fut parfaitement calme. Au retour de nos rondes nous pouvions dire : « Rien de nouveau » à nos compagnons, toujours sur leurs gardes. Un seul de nos convives était malade, oui, bien malade d'inquiétude, c'était l'Arabe Kelil, qui était véhémentement soupçonné d'être du complot. Et les Turcs avaient demandé sa mort à M. d'Armandy, qui s'était bien gardé d'y consentir : il fallait diviser pour régner. Nos matelots se sentirent grandir en voyant leur petit nombre et se montraient intrépides et confiants dans le succès. Deux jours après cette terrible journée, une tribu des environs, les Senhadja, se montra et envoya des parlementaires pour demander à piller la ville abandonnée. On le lui refusa ; elle se moqua de notre défense et pénétra quand même dans la ville. Pour la punir, M. d'Armandy ordonna une sortie : une cinquantaine de Turcs vont s'embusquer près de la porte de Constantine, et quand l'embuscade fut établie, nous faisions tomber sur la ville une grêle de boulets et de bombes de la Casbah.

« Les Bédouins, effrayés, se sauvent vers les portes en grand désordre ; quelques-uns sont tués par les Turcs, d'autres par le feu de la citadelle et par celui de la chaloupe la *Béarnaise*. Les Turcs ramenèrent deux chevaux et rapportèrent quelques têtes, bon nombre de burnous, de vêtements, d'armes et d'autres objets ; deux des leurs furent blessés. Tout ce butin vendu aux enchères, nous distribuâmes aux combattants, pour acompte sur leur solde future, tout l'argent de poche qui se trouva sur la goélette.

« Cette victoire avait gonflé le cœur des Turcs et leur faisait désirer vivement de courir les aventures. Hoçaïn vint avec loyauté exposer que les Turcs se cachaient de lui et que certainement il se tramait quelque chose.

« Chez les Turcs, les impressions sont vives et

passagères, et ils ont un penchant irrésistible pour le pillage et la guerre au butin.

« Yussuf, toujours dévoué et intrépide, demanda au capitaine d'Armandy d'aller avec eux occuper la ville : « L'amour du pillage, lui dit-il, leur fera accepter sans hésiter ma proposition, et, une fois dehors, vous serez débarrassés. »

« Le commandant de l'expédition rejeta cette offre, qu'il jugeait trop dangereuse pour son second, mais celui-ci lui fit cette belle réponse : « Ne craignez point de « m'exposer ; ce qu'il faut, avant tout, c'est sauver la « Casbah, et le seul moyen d'y arriver, il n'y a pas à « balancer, c'est d'en faire sortir les Turcs. »

« M. d'Armandy se rendit à ses raisons, tout en admirant le dévouement sublime du capitaine Yussuf.

« Les Turcs, comme Yussuf l'avait prévu, accueillirent avec enthousiasme sa proposition : leur léger bagage fut bientôt paqueté et ils s'empressèrent de descendre les uns après les autres, au moyen d'une corde, par le même endroit où nous étions montés.

« Quand ils furent tous en bas, ils s'inquiétèrent vivement et reconnurent qu'ils avaient été bien imprudents. Des menaces éclatèrent, puis des cris de fureur : « Tu nous a trompés, Yussuf, tu as abusé de notre « confiance, infâme que tu es ! »

« Yussuf parut dans l'embrasure : les cris redoublèrent de part et d'autre ; on arma des fusils. J'avoue que, tout en nous apprêtant à fusiller les Turcs, nous fîmes tous nos efforts pour empêcher Yussuf de descendre, mais ce fut en vain : « Mon honneur vaut

« mieux que ma vie ! » s'écrie-t-il. Puis, s'adressant aux Turcs : « Vous me soupçonnez parce que vous ne me « connaissez pas ! » et il descend au milieu d'eux.

« Un frémissement d'admiration succède au tumulte ; tous veulent lui baiser les mains. Le meilleur des deux chevaux qui avaient été pris lui est amené ; Yussuf le monte, puis il commande la marche aux Turcs, nous saluant du sabre, et entre dans la ville à la tête de sa troupe. Nous le trouvâmes bien grand dans cette circonstance !

« Yussuf avait donc, avec ces 130 hommes, à occuper la ville tout entière ; et ces hommes il fallait les obliger à rester aux postes qu'il leur avait assignés et les empêcher de se répandre dans les maisons pour les piller, conditions qui étaient de la plus haute importance pour les maintenir dans la discipline et le devoir.

« Arrivé à la porte de la ville, dit M. du Couédic, dans sa relation, Yussuf fait faire halte à ses Turcs, et leur déclare que le premier d'entre eux qui se permettra de détourner la moindre chose des effets abandonnés sera mis à mort à l'instant même. Puis il fait planter le drapeau tricolore sur le rempart et commande une salve générale en son honneur. Yussuf s'aperçoit qu'un des Turcs ne lâche pas son coup : « Pourquoi n'as-tu pas obéi au commandement ? » lui demande-t-il sévèrement. « Mon fusil n'a pas voulu partir », répond le Turc, avec humeur. « En vérité, dit Yussuf, en s'approchant de lui, montre-moi à quoi cela peut tenir. » Puis, prenant le fusil des mains du soldat, il lui pose le canon sur la poitrine et, avec le plus grand sang-froid du monde, il l'abat à ses pieds avec sa propre balle.

« Il fut encore deux ou trois fois obligé de faire des exécutions semblables. Ainsi, un de ses Turcs avait pillé une maison et, pris sur le fait, il soutint qu'il n'avait fait que puiser de l'eau dans la citerne : « Eh bien ! puisque tu as si soif, réplique Yussuf, tu boiras tant que tu voudras. » Et il le fit jeter dans la citerne.

« Un autre avait quitté son poste ; Yussuf l'y fit ramener et ordonna qu'on le pendît à l'endroit même qu'il avait abandonné, pour être bien certain que cela ne lui arriverait plus, et pour servir d'exemple à ceux de ses camarades qui seraient tentés de l'imiter.

« Bien que deux fois livrée au pillage, continue M. de Lucinière, la ville de Bône contenait encore bien des objets susceptibles d'exciter la convoitise des Turcs ; la situation était donc tendue et devenait de jour en jour plus difficile ; aussi fallait-il, de temps en temps, de rigoureux exemples pour contenir cette troupe médiocrement disciplinée.

« La balancelle la *Casauba,* qui avait été expédiée à Alger pour y demander du secours, était revenue au mouillage, ramenée par les vents contraires qui étaient trop forts. On l'y avait réexpédiée dès que le beau temps avait reparu. Fréart avait, en outre, fait filer deux bateaux corailleurs italiens pour la même destination, après leur avoir acheté leur provision de biscuits ; mais eux aussi étaient revenus en relâche et étaient repartis au beau temps.

« Un jour, une très petite goélette fut aperçue dans la

baie des Caroubiers, cherchant à débarquer quelqu'un à terre. Yussuf et moi fûmes envoyés avec quelques hommes dissimulés à la faveur des halliers, pour saisir ceux qu'ils débarqueraient, tandis que la chaloupe de la *Béarnaise,* avec sa caronade, courait sur la goélette. Nous arrêtâmes ceux qui débarquaient; les autres furent pris par les chaloupes. C'était Ismaïl, fils d'Ibrahim bey, qui amenait à son père un renfort de 40 Turcs. Ismaïl et les deux principaux de la troupe furent retenus prisonniers dans la Casbah, et les Turcs furent incorporés dans le contingent de Yussuf. Sans doute, le renfort était utile, mais il tendait à diminuer la durée de nos vivres. On avait déjà réduit les rations et nous n'avions plus d'argent, et cela était d'autant plus désagréable que les tribus venaient nous offrir des moutons.

« Enfin nos inquiétudes cessèrent; le 8 avril, nous aperçûmes le brick la *Surprise* venant au mouillage. Avec une longue-vue nous vîmes que son pont était chargé de soldats. Nos canons annoncèrent au loin la joie que nous causait ce secours. Les Turcs, Yussuf en tête, vinrent tirailler sur le rivage en signe de joie; mais le calme empêcha la *Surprise* de mouiller avant la nuit. Le lendemain, marins et Turcs recevaient, sous les armes, à la porte de la Casbah, la superbe compagnie de grenadiers (commandant Davois) du 4e de ligne. Notre petite expédition avait réussi. — « Qui vive? ». — « France! ». — « Quand il vous plaira! »

« Les jours suivants, c'est-à-dire du 9 au 12 avril, tout le bataillon arriva avec quelques artilleurs et soldats du génie. Nous réunîmes alors à l'armée de terre, avec la citadelle et la ville, cent deux pièces de canon montées et largement approvisionnées. Les grenadiers regardaient avec admiration le capitaine des Turcs, l'héroïque Yussuf.

« Quelques jours après, la *Béarnaise* était rappelée à Alger, où elle arrivait le 23 avril et où elle trouvait l'ordre du jour suivant :

« Le général en chef s'est empressé de porter à la
« connaissance de l'armée la brillante conduite des offi-
« ciers de l'équipage de la goélette de guerre la *Béarnaise*
« et des capitaines d'Armandy et Yussuf. Cette goélette
« devant arriver prochainement, le général en chef
« ordonne ce qui suit : Quand la *Béarnaise* entrera dans
« la rade d'Alger, elle sera saluée par les batteries de
« quinze coups de canon et une députation, composée
« du chef de l'état-major général, d'un officier supérieur
« et de deux officiers par régiment, se rendra à bord
« pour présenter au capitaine, ainsi qu'à son officier et
« son équipage, l'expression de la satisfaction de
« l'armée. »

Le capitaine d'Armandy, promu chef d'escadron, conservait le commandement de la place dont il s'occupa immédiatement de relever les ruines. Le zèle et le dévouement de la garnison en cette circonstance furent dignes du chef qui la dirigeait, puisque sous le fusil des ennemis qui les guettent, nos soldats ne cessent de remuer la terre, de manier la pelle et la pioche.

A l'appel de Raimbert, homme également dévoué, qui consacra son existence à cette terre qu'il aimait tant, les corailleurs quittèrent Tabarka et vinrent établir leurs magasins et leur matériel à Bône, réalisant ainsi, au profit du Trésor français, une économie de près d'un million, que la France payait au bey.

Un arrêté, promulgué le 31 mars, vint réglementer la pêche dans les eaux françaises, et une nouvelle population s'installa à Bône. Pendant ce temps, d'autres troupes étaient arrivées et portaient la garnison à l'effectif de 650 hommes, force suffisante pour enlever aux indigènes l'espoir de nous reprendre notre conquête.

M. de Cornulier continue :

« Peu de jours après l'arrivée du bataillon du 4e de ligne, le 7 mai, une partie du troupeau de l'administration fut enlevée par des cavaliers arabes, dont l'un, resté blessé sur le terrain, fit connaître qu'il appartenait aux Karézas, tribu voisine de la place; or, on savait que les campements des Karézas n'étaient qu'à trois heures de Bône. A minuit, la lune était levée, la porte de la ville s'ouvrait sans bruit; Yussuf, à cheval, suivi de ses Turcs, de quelques volontaires français n'appartenant pas à l'armée, et des Bônois nouvellement rentrés, à qui on avait donné des fusils, se mettait en route dans la direction des tentes de la tribu à laquelle appartenaient les maraudeurs. La petite colonne, qui marchait en silence, faisait un grand détour pour éviter les vedettes arabes.

« Enfin, avant le jour, on cernait le principal douar des Karézas. Une vieille femme arabe est la première à s'en apercevoir : « Ah ! je vous l'avais bien dit, « s'écria-t-elle en s'adressant aux gens du douar, que

« ces bestiaux nous porteraient malheur ! » — « Non, « bonne mère, rassurez-vous, faisait observer Yussuf, « je vous les avais prêtés et je viens les rechercher « aujourd'hui avec leurs petits. »

« La fusillade commence sous les tentes ; le sang coule, les habitants des Karézas, pour fuir, sont obligés de passer au milieu des Turcs, qui les reçoivent comme ils le méritent. La razzia est complète ; des têtes, vingt chevaux et mulets, trois bœufs et un grand nombre de moutons sont les trophées que la petite troupe de Yussuf rapporte de cette expédition.

« Cette razzia fut la première exécutée à Bône, sous la direction et le commandement du capitaine Yussuf; elle fut suivie de plusieurs autres qui le rendirent la terreur des Arabes ; aussi, les Turcs étaient-ils très fiers d'être commandés par un si vaillant capitaine.

« Quelques jours après, un guet-apens nous faisait perdre un de nos alliés les plus dévoués, le caïd Omar. Voici dans quelles circonstances : Une députation d'Arabes de la plaine vint trouver le commandant d'Armandy et le pria de se rendre à une conférence que les notables des tribus environnantes désiraient avoir avec lui pour y traiter de la cessation des hostilités nuisibles à l'intérêt de tous. Sous prétexte qu'ils n'osaient approcher de la ville, ils indiquaient comme lieu de réunion un point situé à une certaine distance.

« D'Armandy, ne pouvant sans imprudence quitter le poste de la Casbah qui lui était confié, envoya à sa place Yussuf avec ses instructions.

« Arrivé près du rendez-vous, Yussuf se trouva

tout à coup en présence d'une troupe de cavaliers armés, bien plus considérable que celle qui avait été annoncée par les émissaires ; il s'arrête et, par précaution, dispose en bataille le détachement de Turcs qui sert d'escorte. Les envoyés des tribus le pressent d'avancer davantage ; il refuse de le faire et envoie le caïd Omar, un de ses plus fidèles Turcs, pour sonder le terrain et porter la parole de paix que l'on était convenu de donner aux Arabes.

« A peine le malheureux janissaire est-il arrivé au milieu d'eux, qu'il tombe traîtreusement frappé de deux coups de feu, et cette masse de monde, qui ne comptait pas moins de cinq cents cavaliers, s'ébranle au galop pour envelopper le petit peloton de Yussuf, qui avait heureusement appuyé sa droite contre un marais.

« Les Turcs le reçoivent à coups de fusil et la balancelle le *Bédouin*, embossée par le travers de la route de Constantine, les appuya à coups de canon. La Casbah, d'où d'Armandy observait avec soin tous les mouvements, tonna aussitôt de son artillerie contre les auteurs de cet infâme guet-apens, préparé évidemment pour massacrer les officiers français. » (1)

L'auteur de ce guet-apens était Bel Kassem ben Yacoub, que le bey avait nommé intendant des fermes de l'Etat, et, à ce moment, chef de la tribu des Dreïds. C'étaient les cavaliers de cette tribu que Yussuf avait eus devant lui. Quelques jours après, Yussuf prenait sa

---

(1) (Féraud). Notes pour servir à l'histoire de Bône.

revanche en mettant à feu et à sang un douar de Dreïds, qu'il surprit dans la nuit.

Sur ces entrefaites, Ibrahim reparut dans les environs avec quelques cavaliers, deux Turcs même désertaient pour suivre sa fortune.

En même temps, d'Armandy découvrait une assez grosse quantité de proclamations d'Hussein dey. Ces faits alarmèrent le gouvernement, qui donna l'ordre de transporter en Asie Mineure les Turcs de Bône.

Voici ce qu'écrivit d'Armandy à ce sujet au général en chef :

« Depuis le jour où nous perdions, par une indigne trahison, un des meilleurs Turcs qui soient à notre service, nous n'avons plus aperçu un seul groupe d'Arabes qui pût nous donner le moindre soupçon ou la moindre inquiétude. Ceux qui viennent à nous sont de paisibles habitants qui nous amènent ce dont nous avons besoin comme bestiaux, beurre, volailles, etc. ; peu chasseurs ordinairement, les Bédouins le sont même devenus pour nous apporter du gibier qui se vend à grand marché comme tout le reste. Enfin nous sommes plus heureux qu'il nous était permis d'espérer l'être.

« Les Turcs, en cela, nous sont fort utiles, car c'est à eux, en partie du moins, que nous devons le bien-être et l'abondance dont nous jouissons.

« Vous savez, en effet, que pour couper les communications et entraver tout le commerce d'un pays, il suffit de quelques misérables qui arrêtent et détroussent les habitants paisibles qui désirent le faire.

« Deux fois déjà nous nous sommes trouvés dans

cette position, mais les Turcs commandés par Yussuf sont allés surprendre les voleurs, ont coupé quelques têtes, et, dès le lendemain, nos marchés ont été approvisionnés comme auparavant. Il y a donc du sang entre les Turcs et les Arabes, qui peuvent être nos ennemis, et vous savez que parmi ces barbares le sang demande du sang et que ces haines finissent difficilement.

« D'un autre côté, ces Turcs, presque tous fixés dans la province de Constantine depuis un grand nombre d'années, quelques-uns y ayant fait une grande fortune, ont été chassés de leurs maisons, séparés de leurs femmes et de leurs enfants, dépouillés de leur fortune, poursuivis, traqués comme des bêtes fauves par Ahmed bey, contre lequel ils sont exaspérés et contre lequel ils désirent marcher à la tête de l'armée française, car la vengeance est douce aux peuples à demi-civilisés.

« De ce côté-là nous n'avons pas à redouter de trahison et, peut-être, devrions-nous les craindre davantage si nous traitions avec le bey de Constantine.

« Quant aux projets d'Hussein pacha, ils pourront nécessiter le renvoi de nos auxiliaires, si jamais ce souverain, détrôné, mettait le pied sur le sol algérien, où il commande. Cependant, si je dois ajouter foi à tout ce que j'entends, à ce que j'ai entendu jadis de la bouche de Ben Aïssa, Hussein dey a perdu toute son influence et toute sa considération ; s'il était transporté, me dit le général de Constantine, au milieu de notre pays, on ne ferait pas plus attention à lui qu'à tout autre individu, à moins que, comme Turc, il fût massacré, car nous sommes bien décidés à ne plus courber nos têtes sous le joug d'une nation dégénérée, et que nous ne connaissons que par le mal qu'elle nous a fait. Voilà ce que me disait Ben Aïssa.

« Cependant, il serait possible à Hussein, avec beaucoup d'argent, de se former un parti ; mais nous en serons toujours instruits avant qu'il puisse devenir redoutable et, alors, nous serions encore à temps de nous débarrasser de nos Turcs. Jusque-là, ne soyons point ingrats envers des gens qui nous ont rendu de bons et de loyaux services, surtout si l'on a toujours le projet d'aller à Constantine.

« Voilà, mon général, quelles sont les raisons qui me font retarder l'exécution de la mesure que vous commandiez.

« Nos soldats sont toujours placés dans la ville et la citadelle. J'ai fait défense expresse de s'éloigner de l'une ou de l'autre, et je tiens la main à ce que personne ne s'écarte de cette consigne. Ce n'est pas que je crois qu'il y ait rien à craindre, mais la prudence est le premier devoir dans un pays comme celui-ci. Quand nous sommes renfermés dans l'enceinte de nos murailles, nous pouvons braver les attaques de tous les Arabes de la Barbarie ; ils ne nous en chasseront pas, ils ne viendront pas même nous attaquer parce qu'ils n'ont point d'artillerie et d'autres moyens de siège. Ils pourraient peut-être tenter de nous surprendre s'ils avaient des intelligences en ville, mais il y a trop peu d'habitants rentrés pour que la surveillance qu'exerce

M. de Brivazac, secondé par des hommes sûrs que j'ai mis à sa disposition, ne nous avertisse pas de tout danger qu'il pourrait y avoir ; de ce côté nous sommes donc parfaitement tranquilles, quoique nous veillons comme s'il y avait quelque chose à craindre. Vous pouvez donc être assuré que Bône ne sortira plus de nos mains, il ne s'agit plus de profiter des avantages de l'occupation.

« Une superbe plaine fermée par des collines peu élevées s'étend à environ deux lieues autour de la ville ; des mamelons, disposés à souhait pour la défense, permettraient de cultiver tout ce terrain, sans craindre les courses des Arabes. Trois mille hommes de troupe suffiraient pour couvrir six à huit mille colons qui trouveraient aisément à vivre pour eux, à faire vivre leurs défenseurs et même à exporter du superflu sur cette terre fertile, qui est inhabitée dans ce moment et qui ne paraît pas avoir jamais été cultivée comme elle mérite de l'être.

« Dès que les troupes que nous attendons de France seront arrivées, nous pourrons pousser des avant-postes sur les hauteurs qui commandent cette plaine, les Turcs rendront alors de bons services en éclairant les routes comme des sentinelles perdues, et si l'on veut aller à Constantine, placés à l'avant-garde, ils nous guideront par des chemins que leur habitude du pays doit leur faire parfaitement connaître.

« Beaucoup de tribus sont bien disposées en notre faveur. La conduite d'Ahmed bey, ou celle de son général, les a presque toutes portées à se rapprocher de nous.

Les seuls Sanhadja et Beni Yacoub nous sont encore contraires ; il y a du sang entre nous et la première ; et le chef de la seconde est en faveur d'Ahmed, dont tous les troupeaux sont sous son intendance, place considérable chez un peuple pasteur. Mais, si ces deux tribus nous sont ennemies, les Merdès, les Ouled Akahl, les Beni-Urgine, Beni-Salah, ne demandent que la paix et la tranquillité qu'ils ne peuvent attendre d'un prince aussi avide et ambitieux que paraît l'être le bey de Constantine. Ces tribus, d'où nous tirons des provisions tous les jours, nous assurent qu'elles se réuniront ouvertement à nous dès qu'elles verront dans ce pays une force assez considérable pour ne pas leur faire craindre que nous le quittions une troisième fois, abandonnant nos amis ou les forçant de s'expatrier à notre suite. A tous ces motifs qui devaient engager à presser l'expédition de Constantine se joint celui de la saison favorable, les céréales vont mûrir bientôt et les récoltes commencer, c'est alors le moment d'attaquer les Arabes qui, par la force des armes ou la crainte de perdre le fruit de leurs peines, se soumettront et seront forcés de nous donner des garanties de leur bonne foi ; d'ailleurs, dans cette saison, il devient bien plus aisé de fournir à tous les besoins d'une armée. »

CHAPITRE VII

Arrivée du corps d'occupation à Bône. — Le général Mouk d'Uzer. — Description de Bône en 1832. — Mauvaises conditions d'installation des troupes. — Les maladies se déclarent. — Lutte contre les tribus. — Travaux de défense exécutés par le général d'Uzer. — Révolte des Merdès. — Combat singulier du capitaine Morris. — Organisation de l'administration à Bône. — Efforts du général d'Uzer pour la colonisation. — Attaques injustes dont il est l'objet. — Sa rentrée en France (3 mars 1836).

Le corps expéditionnaire, destiné à l'occupation de Bône, fut formé à Toulon. Le général Mouk d'Uzer, qui avait commandé avec distinction, en 1830, une brigade de l'armée du maréchal de Bourmont, désigné pour en prendre la direction, ne voulut pas attendre que la concentration des troupes fut terminée ; il prit les devants avec un bataillon du 55e de ligne. Le 16 mai 1832, il débarquait à Bône et lançait la proclamation suivante :

« Mes chers camarades,

« La plage où nous débarquons était, il y a quelques jours, inhospitalière. Aujourd'hui, nous sommes reçus en amis, grâce à une poignée de braves, qui, par un fait d'armes des plus brillants, se sont emparés de la Casbah.

« Honneur ! honneur aux braves capitaines d'Armandy, Yussuf, Fréart, au lieutenant de frégate du Couédic, à l'élève de première classe de Cornulier Lucinière et à leurs intrépides compagnons de la *Béarnaise*.

« Que le drapeau français s'incline devant ces braves, par reconnaissance pour le fleuron de gloire qu'ils viennent d'y ajouter. »

Six cents hommes environ se trouvaient déjà réunis à Bône, et bien que, dès leur arrivée, le capitaine d'Armandy se fût activement occupé des travaux d'amélioration les plus urgents, la ville n'était encore qu'un monceau de ruines, absolument dénué de ressources et où tout était à créer.

Quelques jours après, deux bataillons, dont un de la légion étrangère, une batterie de campagne et une batterie de montagne, une compagnie du génie et un détachement des services de l'intendance, débarquaient à leur tour.

La présence du général d'Uzer, qui s'empresse d'approuver toutes les mesures prises par d'Armandy, vint imprimer aux travaux une nouvelle activité.

Sur le bord occidental du large golfe qui porte son nom, Bône s'élève en amphithéâtre le long des pentes fortement inclinées d'une colline, dont les revers sont battus par les flots de la Méditerranée.

A l'époque où nos troupes en prenaient possession, Bône était bien déchue de son ancienne prospérité. Ses ruelles, étroites et tortueuses, ne renfermaient aucun monument digne d'être cité, à l'exception de trois mosquées, dont l'une, celle de Sidi-bou-Mérouan, fut, dès les premiers jours de l'occupation, transformée en hôpital militaire. Il n'en reste aujourd'hui que le minaret, grosse tour carrée de 20 mètres de haut, dominant d'un côté la mer et le port, de l'autre, la ville et la plaine, et une petite nef, qui sert de chapelle à l'hôpital militaire.

Au centre de la ville se trouvait un carrefour, seul espace un peu vaste, dont nous avons fait la place d'Armes, en démolissant les anciennes masures et en donnant aux nouvelles constructions un alignement régulier. Le côté oriental de cette petite place, aujourd'hui si fraîche et si gracieuse, était occupé par une mosquée, œuvre de Salah, bey de Constantine, qui la fit construire vers la fin du siècle dernier (1), ainsi que le démontre une inscription, gravée sur une plaque de marbre placée au-dessus de la porte qui donne sur la ruelle du Cadi, et dont voici la traduction :

« J'en jure par votre vie, ceci est la maison de Dieu, ses colonnes répandent une lumière plus éclatante que celle des astres. C'est par elle que Bône s'élève à la félicité. Elle est l'œuvre de la générosité du diadème de la religion, le glorieux Salah, du prince de la terre, qui sans cesse gravit les degrés de la gloire ; que ses succès et ses victoires s'accroissent encore, elle est l'œuvre du protecteur de la vraie religion et adepte de la loi divine. C'est à la gloire de l'Islamisme qu'il a

---

(1) Salah fut bey de Constantine de 1775 à 1795, époque à laquelle il mourut étranglé par ordre d'Hassan, dey d'Alger.

jeté les bases de cet édifice, dont la construction marque une ère de bonheur et de félicité pour tous. »

Dans la rue Damrémont qui n'était, à cette époque, qu'un boyau tortueux et étroit, se trouvait une troisième mosquée, dite des Romanets (Grenadier), simple mesedjed (oratoire), qui, tombée dans le domaine privé, servit d'abord de brasserie.

Achetée par la ville, cette construction fut démolie, et, sur l'emplacement qu'elle occupait jadis, s'élève aujourd'hui un bâtiment renfermant la justice de paix et la bibliothèque de la ville. Citons encore la synagogue, célèbre non par son architecture, mais par la curieuse légende qui s'y rattache :

« Il y a de longues années, un naturel de Bône se rendit en pèlerinage à la Mecque. Ce pieux devoir accompli, il s'embarqua à bord d'un navire en partance pour Alexandrie en compagnie d'un Juif, également né à Bône, qui revenait de Jérusalem porteur d'une Bible sacrée que lui avait confiée le rabbin suprême pour sa ville natale. Le précieux dépôt était enfermé dans un coffre de cuivre merveilleusement ciselé. Au cours du voyage, une horrible tempête engloutit le navire et les passagers à l'exception toutefois du Bônois musulman qui, revenu dans son pays, put raconter le désastre dont il avait été le témoin.

« A quelque temps de là, le Turc, de garde au port, remarqua dans le lointain et comme se jouant au milieu des vagues, un objet brillant qui se rapprochait rapidement. Il ne tarda pas à reconnaître un coffre et courut informer le caïd de cette étrange apparition.

Aussitôt des chaouchs se jetèrent dans une embarcation et firent force de rames vers l'épave qui, devinant probablement leur intention, vira de bord et reprit le chemin de la haute mer. En vain l'épreuve fut-elle renouvelée, chaque fois le mystérieux sendouq (caisse) échappait aux mains de ceux qui s'acharnaient à sa poursuite. L'embarras était extrême lorsque, soudain, l'histoire du Maure échappé au naufrage revint à l'esprit de tous. On alla chercher le rabbin qui, accompagné de quelques coreligionnaires, s'embarqua à son tour, mais il n'eut pas à aller loin. Le coffre mystérieux vint s'offrir à lui, on l'ouvrit et on y trouva le document intact. Frappé d'un si prodigieux événement, le Maure, compagnon du Juif, victime du naufrage, fit élever un édifice où fut déposé le parchemin sacré. »

C'est ainsi, dit la légende, que fut fondée la synagogue de Bône.

A l'exception des trois mosquées qu'entretenaient les soins pieux des habitants, les rues de Bône n'offraient aux regards des nouveaux venus qu'un spectacle lamentable :

« La ville, dit un contemporain, est fort sale ; il est difficile de ne pas rencontrer dans chaque rue de la viande corrompue, des quantités de rats morts, des immondices de toute espèce ; beaucoup d'égouts sont obstrués ; le défaut de latrines communes oblige les militaires à déposer leurs excréments autour des maisons et il y a ainsi dans la ville cinq ou six foyers d'infection qui n'existaient même pas quand les barbares étaient maîtres du pays. »

Si la ville n'était qu'un amas de décombres et de maisons en ruines, la vieille enceinte délabrée, que nous léguaient les Turcs, était, elle-même, en piteux état. Elle enfermait Bône dans un quadrilatère irrégulier de 1.650 mètres de développement, dont deux côtés faisaient face à la mer. Le premier, bâti sur la plage même, s'étendait de l'extrémité de la rue du Quatre-Septembre au Fort-Cigogne. Cette face existe encore ; elle est en partie cachée par les bureaux de la Compagnie Transatlantique, de la douane et des Touaches, et sert de limite à l'arsenal, à la manutention et à l'hôtel de la subdivision.

Durant les effroyables tempêtes qui ont dévasté si souvent le golfe de Bône, les vagues venaient déferler jusque sur les remparts qu'elles couvraient d'écume. La plage sur laquelle était construite cette face s'étendait depuis le Fort-Cigogne jusqu'à l'embouchure de la Boudjima, et la mer venait expirer à l'endroit même où se voit aujourd'hui la rue Prosper Dubourg.

Le deuxième côté se détachant du Fort-Cigogne remontait la pente de la rue d'Uzer, puis, tournant brusquement au nord-ouest, couronnait une ligne de rochers escarpés d'un accès difficile, dont la mer venait baigner la base. Au pied de la falaise que dominent maintenant l'hôpital militaire, la rue d'Armandy et l'hôtel des ponts et chaussées, se trouvait le mouillage des Cazarins (1) que défendait un fort situé à l'endroit même où on a créé depuis la batterie de la porte des Caroubiers. Le Fort-Cigogne, sous lequel on a ou-

---

(1) En arabe, Ksarin : les deux forts.

vert un tunnel en 1869, formait l'extrémité sud de ce dangereux mouillage que les navires abandonnaient en hiver pour aller se réfugier au Fort-Génois. Au pied de cette même falaise se déroule aujourd'hui une magnifique route en corniche qui, après avoir suivi les sinuosités de la côte, aboutit au cap de Garde.

La troisième face, partant du bastion où a été ouvert depuis l'escalier qui descend sur la route de la Grenouillère, suivait le boulevard Victor Hugo et aboutissait à l'extrémité nord de la rue du Quatre-Septembre. Elle longeait donc parallèlement la mer, les hauteurs de la Casbah. A partir de ce point, le rempart suivait une ligne droite représentée aujourd'hui par le côté ouest de la rue du Quatre-Septembre et venait rejoindre la première face à la hauteur du palais Calvin.

Cette enceinte était percée de quatre portes. La première, dite porte de la Marine, s'ouvrait sur la plage ; elle fut bouchée plus tard (1838) et reportée à l'endroit où elle se trouve aujourd'hui. La seconde, dite porte de la Casbah, était située au point le plus élevé de la ligne des remparts, sur la place actuelle de la Casbah, à l'extrémité de la rue d'Armandy. La troisième était ouverte dans la partie des remparts qui courait au pied de la colline. On lui donna le nom de porte Damrémont au lieu de Bab-el-Mekaber, qu'elle portait auparavant. Enfin, la quatrième donnait accès sur la plaine marécageuse dans laquelle serpentait la route de Constantine. Elle était située à l'extrémité de la rue de l'Arsenal, à l'endroit où se trouve aujourd'hui une petite construction d'utilité publique. En avant de cette dernière porte et de l'autre côté d'un canal, qui s'étendait de la mer à l'extrémité nord du cours National, se trouvait un vieux caravansérail que Ben Aïssa avait livré aux flammes avant de lever le siège et dont, faute de mieux, on allait utiliser les ruines pour abriter des troupes. Au delà du canal dont il vient d'être question, c'est-à-dire au sud de la ville, s'étendait une plaine marécageuse dont les eaux croupissantes, véritable foyer pestilentiel, étaient entretenues par les flots de la mer et les eaux de la Boudjima et du Ruisseau-d'Or.

Au sommet d'un des derniers contreforts de l'Edough, dominant la ville d'une centaine de mètres environ, s'élevait la Casbah, forteresse construite par les rois de Tunis. Ses murs, solidement restaurés par les Turcs, après le départ des Espagnols en 1541, avaient résisté d'eux-mêmes aux injures du temps, mais ils ne renfermaient plus que les débris des constructions que les janissaires, dans leur indifférence orientale, avaient laissé tomber en ruines. Les terrasses effondrées n'amenaient plus l'eau aux citernes, que nous trouvâmes à notre arrivée complètement vides. La Casbah, comme la ville, ne pouvait même pas offrir d'abri à nos troupes. De cet amoncellement de ruines, de ces cloaques malsains, il fallait faire surgir une ville nouvelle. Cette tâche n'effraya pas le dévouement à toute épreuve de notre modeste et courageuse armée. On se mit bravement à l'œuvre. Il importait en premier lieu de mettre la ville à l'abri d'une attaque que l'on était en droit de prévoir à bref délai, et pour cela de réparer les nombreuses brèches de l'enceinte. Il fallut enlever les décombres qui l'obstruaient en maints endroits et démolir les maisons voisines pour créer une voie de circulation longeant l'intérieur du rempart. Mais ce n'est pas seulement à la restauration des murs extérieurs que nos officiers du génie eurent à appliquer le zèle et le dévouement dont ils firent preuve si souvent, alors que tous les moyens faisaient défaut. A l'intérieur de la ville tout était à créer, hôpital pour les malades dont le nombre, déjà considérable, croissait chaque jour, et pour les blessés que ramènera chacune de nos colonnes de sortie.

On affecta à cet usage la grande mosquée de Sidi bou Mérouan; mais, comme on n'y pouvait loger que 106 hommes, sept maisons voisines furent aménagées le plus confortablement possible. L'absence de médicaments et de literie pour les malades vint encore compliquer les défectuosités d'une pareille installation. D'autre part, il n'existait dans Bône aucun bâtiment ayant servi de caserne ou qui fut propre à en servir. On choisit, à proximité des remparts, les maisons les moins ruinées ; on les divisa par îlots formant chacun une sorte de caserne, renfermant quelques chambres où furent parquées les troupes. « Des chambres au rez-de-chaussée, a dit le docteur Hutin, alors médecin à l'hôpital militaire de Bône, sombres, étroites, humides, sans un seul plancher, beaucoup même sans toiture, incapables de mettre à l'abri de la pluie, où vivent des milliers de rats, de lézards et d'autres animaux qui, par leur bruit, empêchent le soldat de se livrer au sommeil : tel est l'état du casernement. Dans chaque maison il y a un puits ou une citerne, mais ils sont généralement malpropres et par conséquent l'eau en est peu salubre. »

Il est évident qu'un tel état de choses ne pouvait avoir qu'une influence désastreuse sur la santé des troupes déjà si compromise. Le manque d'eau propre fut d'abord une des principales causes de l'intensité des maladies. Avant que les sièges de Ben Zagoute et de Ben Aïssa eussent ruiné cette malheureuse ville, sept fontaines soigneusement entretenues alimentaient la ville et suffisaient largement à ses besoins. A l'arrivée du général d'Uzer il n'en restait plus qu'une. La conduite qui amenait à Bône les eaux de l'Edough avait été, dès le début de l'attaque, démolie par les troupes de Ben Zagoute, et les malheureux habitants durent, pendant longtemps encore, aller chercher l'eau aux sources qui se trouvaient à une distance assez considérable de la place.

Aux difficultés matérielles d'installation venait encore se joindre la pénurie des vivres. Les approvisionnement destinés au corps expéditionnaire avaient été calculés sur une courte durée, dans l'assurance qu'on était d'utiliser les ressources du pays. On était convaincu que les Arabes du dehors ne tarderaient pas à apporter leurs produits sur nos marchés; mais, sauf les habitants, qui, échappés de Constantine, revenaient à Bône dans un tel état de dénuement et de misère qu'il fallait encore les nourrir, personne ne s'approcha de la place. Les indigènes des tribus de la plaine, menacés par les troupes du bey Ahmed qui se tenait dans les environs, s'éloignèrent encore davantage de nos remparts.

C'était une situation à laquelle il importait de remédier le plus tôt possible. Aussi, dès qu'il eut paré aux premières nécessités du moment, le général d'Uzer ne songea plus qu'à élargir la zone de sécurité autour de Bône, car, si nous étions les maîtres de la ville, notre autorité ne s'étendait pas au delà de la portée de nos fusils. Il fallut tout d'abord ramener dans les environs les tribus qui, de gré ou de force, s'étaient enfoncées dans l'intérieur à la suite de Ben Aïssa, en leur faisant comprendre que, dans le cas où elles se rallieraient franchement à notre cause, notre protection saurait les préserver de tout retour offensif de leur terrible maître.

Le général eut bientôt, en quelques circonstances, l'occasion de faire connaître, aux rares indigènes qui s'étaient aventurés sur nos marchés, son esprit de justice et de modération. Ceux-ci répétaient le soir, dans leurs douars, ce qu'ils avaient entendu, et, peu à peu, la confiance pénétra dans le cœur de cette population farouche et si peu accessible aux sentiments de douceur et d'humanité.

Les Beni-Urgine, campés entre la Mafrag et la Seybouse, vinrent les premiers faire acte de soumission, et, depuis ce moment, ne cessèrent d'approvisionner notre marché de bestiaux et de vivres frais.

Ben Yacoub ne pouvait laisser impunie une pareille félonie. Un matin, à la pointe du jour, il se jeta à l'improviste sur les douars alliés. 3.000 bœufs, 10.000

moutons, 200 tentes devinrent la proie du vainqueur. Quelques heures après, des cavaliers des Beni-Urgine arrivaient à Bône à bride abattue et prévenaient le général d'Uzer. Il eut été impolitique de ne pas tenter de venger le désastre de nos nouveaux alliés.

Toute la cavalerie, sous les ordres du général Perrégaux, 1.200 hommes d'infanterie et 4 obusiers sortirent en toute hâte de Bône et se lancèrent à la poursuite de Ben Yacoub. Peine inutile, celui-ci, son coup de main exécuté, s'était hâté de se replier au loin, hors de toute atteinte. Aux yeux des Arabes, toute faute restée sans châtiment constitue une victoire. Nous nous en aperçûmes bientôt.

Pendant que nos troupes, déjà affaiblies par les maladies, prenaient un peu de repos, Ben Yacoub, qui avait employé tout ce temps à exciter les tribus contre nous, reparut dans les environs de Bône avec les contingents des Sanhendja, des Radjettas et des Dridas, au nombre d'environ 1500. Yussuf, avec 400 cavaliers que soutenaient en deuxième ligne 300 chasseurs, sous les ordres du colonel Perrégaux, se lança à sa poursuite et l'atteignit dans la plaine de Duzerville. Après un combat acharné, l'ennemi fut culbuté et vigoureusement pourchassé pendant plusieurs lieues. Cette fois du moins nous avions pu saisir un ennemi qui se dérobait sans cesse et lui infliger une première leçon.

Elle eut pour résultat de faire cesser les attaques d'ensemble; mais des nuées de maraudeurs entourèrent la ville et dévalisèrent chaque nuit nos établissements: chevaux, armes, matériel tout était de bonne prise. Une tribu des plus dévouées à la cause de Ben Yacoub, les Ouled-Attia, était l'entrepôt où les maraudeurs venaient déposer le produit de leur brigandage.

Le général d'Uzer, à la tête de 500 cavaliers et 1.000 fantassins, sortit de Bône à minuit. Au point du jour, la cavalerie, que son ardeur avait entraînée, attaquait les Ouled-Attia que vint bientôt soutenir la tribu de Ben-Yacoub, accourue au bruit de la fusillade.

Le colonel de Chabannes et l'intrépide Yussuf exécutèrent plusieurs charges, dont la dernière mit en déroute l'ennemi. 131 Arabes étaient étendus dans la plaine, la majeure partie des troupeaux était tombée entre nos mains ; une moitié fut versée au troupeau de la garnison, le reste distribué aux Beni-Urgines, afin de les indemniser de la dernière razzia dont ils avaient été victimes.

L'effet produit par ce sévère châtiment fut immédiat. Ben Yacoub, ne se sentant plus en sécurité, s'enfonça dans le sud, et quelques tribus de la vallée des Kharézas et des environs du lac Fezzara firent demander la paix ; mais on devinait leur hésitation, car, tout en faisant acte de soumission, elles ne se hâtaient pas de se rapprocher de nos murs.

Les maladies, engendrées par les miasmes pestilentiels qu'exhalaient les marécages, semaient alors de nombreux vides dans nos rangs, et une véritable démoralisation commençait à gagner nos troupes.

El-Hadj Ahmed n'ignorait pas cette situation et, le 14 août, il lançait Ben Aïssa et 500 cavaliers contre le blockaus de l'aqueduc qu'occupaient les Turcs de

Yussuf. Vigoureusement repoussés par la petite garnison de ce poste, ils allaient revenir à l'attaque, lorsque le général d'Uzer accourut et l'ennemi s'enfuit en mettant le feu aux herbes sèches pour l'empêcher de le poursuivre.

Ben Yacoub, après cette attaque, s'était rapproché de Bône et s'était installé à l'endroit où s'élève aujourd'hui le hameau d'El-Hadjar, à quatre kilomètres nord-ouest de Duzerville, sur l'ancienne route de Constantine. De là, il régnait, par la terreur, sur les Arabes qui auraient pu entrer en relations avec nous.

Le général, comprenant qu'il fallait frapper un grand coup sur l'imagination des populations et leur démontrer que notre douceur et notre générosité n'étaient pas de la faiblesse, résolut d'aller chercher Ben Yacoub, malgré le peu d'hommes qui pouvaient prendre part à cette expédition.

Le 27 août, toute la cavalerie disponible, quatre compagnies d'élite et deux obusiers sortirent de Bône à huit heures du soir, sous les ordres de Yussuf et du capitaine de Villiers, officier d'ordonnance du général. Malheureusement, les espions dont nous étions entourés étaient allés plus vite que nous et lorsqu'à quatre heures du matin Yussuf tomba sur les douars, les Drides étaient sur leurs gardes. Néanmoins, on prit beaucoup de bétail, de femmes et d'enfants, qui n'avaient pas eu le temps de se mettre à l'abri. Mais, par ordre du général, on relâcha le tout. Cette générosité souleva des murmures, et il fallut l'intervention même du général pour imposer silence aux mécontents, auxquels les événements vinrent immédiatement donner raison. Peu touchés de ce procédé chevaleresque, les Drides, suivant l'usage, se lancèrent à la poursuite de la petite colonne en retraite. Mais, alors apparurent le 55ᵉ régiment de ligne suivi d'une compagnie de sapeurs et de quatre obusiers que le général avait laissés en arrière pour rejoindre la cavalerie. On reprit l'offensive, et, quelques instants après, les douars étaient de nouveau en notre pouvoir. On les épargna encore ; les indigènes, cette fois, parurent comprendre ; mais, fidèles à la fortune d'Ahmed, ils préférèrent se retirer dans le sud que de se soumettre.

Grâce à cet acte de rigueur, la tranquillité ne fut pas troublée jusqu'en septembre. Dans les premiers jours de ce mois, Ibrahim, qui, après avoir rôdé autour de Bône, s'était retiré dans le massif de Philippeville, revint, et, pour obtenir une influence plus efficace, simula une réconciliation avec Ahmed. Il eut bientôt avec lui un certain nombre de partisans.

Le 8 septembre, au matin, il se présenta brusquement devant la place, suivi d'environ 1.500 cavaliers et fantassins, ces derniers composés en grande partie de montagnards de l'Edough. La journée s'annonçait comme devant être d'une chaleur accablante.

Le général d'Uzer, qu'une longue expérience de dix guerres d'Afrique rendait prudent, ne voulut pas exposer ses troupes à combattre sous un soleil de plomb. Il laissa l'ennemi s'installer tranquillement dans la plaine et sur les pentes boisées de la Casbah qui paraissait être l'objectif d'Ibrahim. Trompés par cette apparente indifférence, les Arabes ne se tinrent pas sur leurs gardes ; ils en furent cruellement punis. A quatre heures du soir, au moment où ils s'y attendaient le moins, les portes de Constantine et Damrémont s'ouvrent subitement, pour laisser passer deux bataillons du 55e, forts de 600 hommes, qui s'engagent dans la plaine au pas de course, appuyés par la cavalerie de Yussuf. Bien que surpris, les Arabes n'essayent pas moins de faire bonne contenance, mais, après un court combat, toute la horde s'enfuit, abandonnant armes, tentes, bagages, etc.

Ibrahim, lui-même, ne dut son salut qu'à la vitesse de son cheval. Il comprit qu'il venait de jouer sa dernière partie et il alla se réfugier à Médéa. (1)

Le soir, une rangée de têtes, fraîchement coupées par les cavaliers de Yussuf, était placée au-dessus de la porte de Constantine. (2)

Ahmed, en apprenant la défaite de son ancien rival, s'en réjouit intérieurement ; mais, sous prétexte de venger son échec, il fit appel aux guerriers des tribus des environs de Bône, en leur donnant rendez-vous sur les bords du lac Fezzara. Mais l'effet produit par le désastre d'Ibrahim était tel, qu'il dut remettre à plus tard l'exécution de son projet.

Bientôt, ces mêmes tribus, qui jusque là s'étaient

---

(1) Il y mourut en 1834, assassiné par les émissaires d'Ahmed.

(2) Treize têtes ont été apportées par les Turcs. Il est très difficile de les empêcher de couper des têtes. (Rapport du général d'Uzer).

tenues éloignées de Bône, s'en rapprochèrent. Entre le désir de reconnaître une domination dont ils commençaient à comprendre les avantages et la crainte d'Ahmed, ils avaient longtemps hésité ; mais, du jour où ils reconnurent que nous étions en état de les défendre, elles vinrent franchement à nous.

On vit donc se présenter successivement à Bône les notables des Beni-Urgines, des Kharézas et même des Merdès, qui venaient demander notre protection et nous jurer fidélité.

L'accueil bienveillant du général d'Uzer, la modération des conditions de paix, imposées aux nouveaux sujets, ne firent que fortifier les bonnes intentions des Arabes des environs. Les Beni-Urgines, pour se soustraire complètement aux attaques d'Ahmed, vinrent même camper à l'embouchure de la Seybouse.

Pour mieux cimenter la nouvelle alliance, chacune des tribus, récemment soumises, fournit au général un certain nombre de cavaliers qui, sous le nom d'otages, firent partie de toutes les sorties et combattirent bravement à nos côtés.

Sur ces entrefaites, un escadron de cavalerie était débarqué à Bône vers le milieu d'octobre ; il devait servir de noyau au 3ᵉ régiment de chasseurs d'Afrique.

Yussuf, promu chef d'escadron à l'occasion du combat contre Ibrahim sous les murs de Bône, en reçut le commandement. D'autres troupes étaient annoncées, mais la présence des maladies qui sévirent si cruellement sur la garnison au mois de novembre, obligea le général d'Uzer à demander la suspension de l'envoi de nouvelles troupes.

Cependant, avec sa garnison considérablement affaiblie, il sut maintenir la tranquillité du pays au milieu des tribus qui, bien qu'animées de bons sentiments à notre égard, n'auraient pas hésité un seul instant à nous trahir, si elles avaient reconnu le moindre signe de faiblesse.

L'année 1833 s'ouvrait sous d'heureux auspices. L'état sanitaire s'était amélioré, grâce aux travaux d'assainissement qui avaient été exécutés en quelques mois.

Les fêtes du Ramadan furent particulièrement brillantes et elles réunirent, ce qui ne s'était jamais vu, 3.000 Arabes dans la plaine de Bône, qui, sous les yeux de la garnison, de la population et des notables indigènes, exécutèrent leurs bruyantes fantasias.

Les tribus qui, rentrées sous notre autorité, étaient venues camper aux environs de Bône, formaient donc cette première ligne de défense à laquelle le général d'Uzer avait si souvent pensé. Il songea alors à renforcer la deuxième ligne de travaux fortifiés qu'il avait fait commencer et que les maladies et les attaques incessantes l'avaient empêché de continuer. Ces travaux étaient destinés à garder les défilés qui débouchent dans la plaine de Bône et les hauteurs qui la dominent.

Il voulait ainsi permettre à la garnison et aux habitants de circuler librement et sans danger autour de la ville, de cultiver quelques parties de la plaine et de jouir de ses productions. Il décida donc la création de postes ou blockaus sur certains points qu'il avait remarqués et qui devaient compléter la ligne de défense.

Le premier poste avait été construit à trois kilomètres environ de la place, au pied de l'Edough et au fond du vallon où se trouve aujourd'hui l'hospice Coll. Il avait pour but de protéger l'aqueduc qui existe encore aujourd'hui. Ce poste, composé de deux baraques en planches et d'un blockaus (1), était établi sur un mamelon situé à gauche de la route ombragée qui conduit à l'hospice.

A l'extrémité de la plaine de Bône, sur un mamelon placé à l'embranchement du Ruisseau-d'Or et des Lauriers, à environ deux kilomètres et demi de la place, s'élevait une deuxième redoute qui consistait en un petit mur d'enceinte formant une cour au milieu de laquelle s'élevait un blockaus auquel on avait donné le nom de Blockaus du Palmier. Sa position s'opposait à une irruption des montagnards dans la plaine.

Un troisième poste avait été établi sur un des deux mamelons d'Hippone, au pied duquel coule la Seybouse. Sous la protection de ses feux se trouvaient placés, d'abord le bac que le général d'Uzer avait fait construire à environ 650 mètres de l'embouchure, puis le défilé compris entre le cours de la rivière et le mame-

---

(1) Ces blockaus étaient envoyés tout faits de France. Ils étaient construits en planches et avaient la forme d'un carré de 6 mètres de côté et 36 créneaux au rez-de-chaussée, et 8 mètres de côté et 44 créneaux à l'étage au-dessus.

lon fortifié et enfin le défilé serpentant entre les deux mamelons d'Hippone.

Le Fort-Génois, situé à environ sept kilomètres au nord-ouest de la place, devait être occupé un des premiers, mais il n'existait pas de route. Le général résolut d'en ouvrir une et, tant pour protéger les travailleurs que pour défendre le lazaret, il fit placer un blockaus entre la Casbah et la mer. Ce lazaret, destiné à recevoir les passagers des navires suspects, avait été construit au-dessus de la route actuelle de la Grenouillère, sur la hauteur qui fait face aux constructions élevées par l'entreprise du port.

L'une des deux redoutes créées par le général Damrémont fut également restaurée et ses travaux de défense complétés. C'était la redoute qui, dans la nuit du 12 octobre 1830, avait eu à repousser le furieux assaut des Arabes.

Tel était, en 1834, l'ensemble du système de défense.

En résumé, l'administration bienveillante en même temps que ferme du général d'Uzer avait attiré à l'autorité française la majeure partie des tribus. Nous bénéficions ainsi de l'horreur inspirée par le despotisme cruel du bey de Constantine.

Malheureusement, si la situation politique s'était améliorée, on n'en pouvait dire autant de l'état sanitaire des troupes. A peine arrivé, c'est-à-dire vers la fin de 1832, le corps expéditionnaire avait été déjà fortement éprouvé par une épidémie cruelle revêtant les symptômes du *vomito negro*. Les froids de l'hiver en avaient diminué l'intensité, mais le mal éclata au milieu de l'été de 1833 avec une nouvelle violence. La garnison de Bône, forte à ce moment de 5.500 hommes, avait plus d'un tiers de son effectif à l'hôpital. Au mois de juillet, le 55ᵉ de ligne pouvait à peine mettre 500 hommes en ligne sur les 2.430 qu'il comptait.

Les conditions déplorables du casernement, la malpropreté des rues de la ville, l'insuffisance d'eau salubre (1) et de vivres frais n'étaient pas les seules causes de la recrudescence des maladies et des décès. Les nombreuses sorties de nos troupes, à la poursuite d'un ennemi souvent insaisissable, à travers de longues plaines brûlées par un soleil ardent, avaient fini par épuiser le soldat. Rentré à Bône, au lieu de goûter un repos si justement mérité, il lui fallait reprendre la pioche et la pelle pour travailler la plupart du temps dans des endroits marécageux.

Pour reconquérir une force factice, il buvait alors des alcools sans nom, qui, dans un corps affaibli par les privations et les fatigues, achevaient rapidement l'œuvre de destruction entamée par les fièvres.

La nostalgie venait encore aggraver la situation de ces malheureux. L'espoir souvent déçu d'une prompte rentrée en France, l'aspect des nombreux vides qui dépeuplaient les rangs autour d'eux, les livraient à une sorte de découragement qui ne leur permettait plus de lutter contre les progrès du mal. Enfin, dernière et principale cause, les marécages qui s'étendaient autour

---

(1) Le service des eaux n'est pas encore régularisé. Surabondantes en hiver, elles manquent totalement en été. *(Rapport.)*

de la ville jusqu'au pied des remparts, remplissaient l'air de leurs miasmes pestilentiels.

Quelles tristes réflexions ne dut pas faire la commission d'enquête, lorsqu'elle débarqua à Bône, le 15 septembre, à l'aspect de ces misérables baraques qui, sous le nom de caserne ou d'hôpital, abritaient si mal des centaines de malheureux. Elle put, du moins, constater *de visu* l'insuffisance des moyens et signaler, à sa rentrée en France, les améliorations urgentes qui s'imposaient (1).

Du 1er juin au 30 septembre, 4.097 hommes, dont 36 officiers, étaient entrés à l'hôpital ; 830 y étaient morts. L'hiver vint heureusement diminuer de nouveau l'intensité de l'épidémie ; en outre, le 55e fut relevé par deux bataillons du 59e de ligne.

Fort heureusement, pendant toute cette période, les Arabes avaient cessé leurs attaques et, sauf une folle tentative d'Ahmed, vigoureusement repoussée, et une nouvelle sortie contre les Ouled-Attia, qui avaient, à plusieurs reprises, pillé nos alliés, rien n'était venu troubler la tranquillité.

Cependant, après les fortes chaleurs, les émissaires du bey s'étaient remis en campagne et cherchaient à réveiller chez les indigènes le fanatisme endormi.

---

(1) Cette commission, chargée de faire une enquête sur l'état des choses en Algérie, était composée du lieutenant-général Bonnet et du comte d'Haubresart, pair de France. Quatre membres de la Chambre des députés : MM. Laurence, Piscatory, de la Pinsonnière et Regnard, le maréchal de camp Montiford, inspecteur du génie, et le capitaine Duval d'Ailly.

Notre inaction de quelques mois, les pertes sensibles causées par les épidémies et connues des Arabes, donnaient à leur parole une certaine autorité. Des symptômes précurseurs de révolte apparaissaient. La puissante tribu des Merdès, qui avait, quelque temps auparavant, simulé une soumission, donna le signal des hostilités en dévalisant et tuant les gens de la plaine qui nous apportaient des provisions.

Le général d'Uzer, dont les forces étaient considérablement diminuées, voulut d'abord essayer de la conciliation. Il leur envoya dix otages de leur tribu, porteurs de paroles de pardon et de paix. La manière hautaine dont ils reçurent ses envoyés démontra au général la nécessité de les châtier.

Le 12 septembre, au point du jour, 400 cavaliers et 4 pièces d'artillerie sortaient de Bône et, après avoir traversé le gué de la Seybouse, se divisaient en deux colonnes.

Nous allons laisser la parole à un acteur du combat qui eut lieu le jour même. Ce récit, aussi modeste dans la forme qu'émouvant dans le fond, est dû au jeune capitaine Morris, qui écrivait à sa mère quelques jours après l'affaire, à laquelle il avait pris une part si glorieuse :

« Bône, le 16 septembre 1833.

« Enfin ! nous avons eu une petite affaire, un petit combat d'avant-garde ; car il est difficile d'en avoir d'un autre genre avec ces dignes Bédouins. Depuis longtemps, MM. les Merdès (le nom même n'est pas très galant) faisaient une opposition malséante aux intentions du trop bon général d'Uzer; je pourrais, avec leur nom, présenter d'un seul mot une image complète de leur conduite envers nous, mais je suis trop bien élevé pour cela.

« Forts de leur position et de leur courage, les Merdès n'avaient jamais subi la loi du bey de Constantine ni celle du bey de Tunis, et s'imaginaient qu'il en serait de même avec les Français; non seulement ils n'avaient jamais voulu entrer en relations avec nous, mais encore ils pillaient, rançonnaient et tuaient les Arabes qui passaient près de leurs tribus, se dirigeant sur notre marché. Le général leur faisait cependant bien des avances. Enfin, il se lassa, et, un beau matin, le 12 septembre, à trois heures, nous montâmes à cheval et partîmes avec quatre pièces d'artillerie; avec les Turcs, les otages et les artilleurs, nous étions à peu près 400 hommes. On fit deux colonnes; le général d'Uzer avec la première qui se composait de la *turcaille*, des otages et de ses amis les spahis, les trois premiers escadrons; cette colonne passa la Seybouse au gué de l'Oasis (la Pissotière).

« La seconde colonne, trois escadrons et l'artillerie, commandée par notre excellent colonel Perrégaux, qui fait les fonctions de maréchal de camp, passa au gué du Marabout, une lieue plus loin, longeant les côtes et se dirigeant sur Sidi-ben-Bou-Aziz, dans le voisinage des douars des Merdès.

« Pendant la route, on détacha dans les montagnes le 3e escadron pour donner la chasse à une vingtaine de Bédouins qui se faisaient voir sur les premières collines. Ne commandant pas l'escadron, je partis avec lui et nous nous enfonçâmes dans les gorges; il fallait voir les Arabes détaler! pas moyen de les atteindre. Etant monté sur une des crêtes les plus élevées, je vis dans la plaine les deux colonnes qui se dirigeaient parallèlement sur une partie des côtes qui se trouvait devant nous; j'engageai le capitaine B..., du 3e escadron, à suivre les crêtes pour nous trouver en face des colonnes et, par conséquent, prendre les Arabes à dos; mais M. B... n'a jamais servi que dans les gardes du corps et ne sait rien de son métier. Il voulut redescendre à toute force, et la suite prouva que, sans son obstination, nous aurions fait un coup superbe. Je lâchai mon anti-troupier et me voilà parti au galop avec un officier d'artillerie, amateur comme moi, pour rejoindre la colonne qui était déjà à une petite lieue en avant.

« Au moment où nous arrivâmes, les Turcs étaient engagés dans la gorge et tiraillaient avec l'ennemi; les escadrons se réunirent et l'artillerie se mit en batterie sur le mamelon du marabout de Sidi-bou-Aziz, qui se trouve isolé et placé juste en face de la grande gorge où coule la Mafrag, petite rivière qui a sa source dans l'Atlas. Deux chefs se présentèrent au général et lui proposèrent des conditions de paix; alors, on fit revenir les Turcs; le régiment débrida et déjeuna. Je laisse à penser si le coup de fourchette fut soigné! Il était midi, et depuis trois heures du matin nous marchions.

« Les Arabes ignoraient que deux des leurs étaient en pourparlers avec le général; aussi, grand fut leur étonnement de voir les Français assis tranquillement par terre, les chevaux débridés et mangeant à leur barbe, malgré leurs coups de fusil. Ils pensèrent que nous n'osions pas les attaquer et se réunirent en grand nombre devant nous. Ils pouvaient être sept ou huit cents ; l'insolence des députés augmentait en proportion de nos dispositions pacifiques ; enfin, ils attaquèrent et tuèrent un cheval de Turc dont le maître fut aussi blessé. Nous déjeunions toujours et ne faisions pas grande attention à ce qui se passait, quand un coup de canon nous mit lestement sur nos jambes.

« Au même instant nous voilà à cheval et piquant une charge à fond ; le 1er et le 2e escadrons s'élancent en avant. J'avais demandé au colonel à faire partie de son état-major ; je venais de porter un ordre au 6e escadron et je restais un peu en arrière des deux qui chargeaient ; les Arabes traversaient la plaine devant nous pour passer le gué de la Mafrag et s'y poster ; c'est là qu'ils avaient toujours repoussé leurs ennemis.

« Les bords du fleuve sont couverts de grands roseaux et d'oliviers ; il est très encaissé et profond ; les talus de chaque côté sont à pic et à peu près d'une trentaine de pieds. Au moment où j'arrivai, il y avait un peu d'hésitation parmi les nôtres ; on faisait de l'autre côté un feu très vif ; le colonel venait d'arriver et faisait rallier le 1er escadron pour le pousser en force dans le gué.

« Le commandant Magué, de la légion étrangère, qui était là en amateur, venait d'être renversé de son cheval que les Arabes emmenaient.

« Je me couchai en avant, dans le chemin du gué, pour examiner le passage ; en arrivant sur le bord, je me trouve face à face avec une demi-douzaine de Bédouins à cheval qui, du fond de la rivière, attendaient les premiers venus ; les voilà me canardant comme un vrai sanglier, mais mon apparition avait été si soudaine qu'ils se pressèrent trop et me manquèrent. « Ma foi, me dis-je, puisque me voilà en si beau « chemin, faut descendre », et je pique, je pique et je finis par jeter mon cheval dans la rivière ; il savait nager et moi aussi. Un brigadier, Bariller, me suit et nous nous avançons gravement dans l'eau malgré le feu des Arabes, fort étonnés de nous voir passer leur fameux gué, malgré eux.

« Enfin, j'attrape l'autre bord et je vous les charge en poussant des : « Ah! b...! » sur tous les tons.

« Pendant ce temps, les chasseurs tiraillaient tant et plus avec ceux qui garnissaient la colline du bord opposé au leur ; personne ne m'avait vu passer. Il y avait devant moi une douzaine d'hommes à cheval et à peu près cinquante tirailleurs à pied qui tenaient bon ; je pique sur celui qui tenait encore le cheval du commandant Magué et je lui casse agréablement les reins d'un coup de pistolet ; j'en tire un second, je le manque. Alors je me rabats sur le cheval pris et j'allongeais la main pour saisir la bride, quand on me tire un léger coup de fusil de derrière un arbre à douze pas de moi ; il faut croire que mon mouvement me sauva la vie : je lâchai le cheval et courus sur mon gueux, le sabre à la main ; il voulait parer mes coups de pointe avec son canon de fusil ; voyant que cela ne lui réussissait pas, vu qu'il en avait trois pouces dans le ventre, le gredin saisit ma lame à deux mains et me tira si fortement à lui que ma selle tourna et qu'il me jeta sous ses pieds, en bas de mon cheval ; je le voyais rire en tirant son yatagan pour me décoller ; il m'avait saisi à la gorge et me tenait de la manière la plus solide.

« Mais le gaillard ne savait pas qu'il avait à faire à un rusé Normand et comptait sans son hôte ; je lui empoignai les jambes et, d'une vigoureuse secousse, je le jette sur le dos ; nous nous relevons aussi vite l'un que l'autre et nous commençons une bûchade qui sera longtemps fameuse dans les annales du régiment. Un chasseur m'aperçoit de l'autre rive et s'écrie : « Mon colonel, un officier est passé, c'est le capitaine « Morris. »

« Alors, ce digne colonel s'élance dans le gué, suivi d'une vingtaine de chasseurs et accourt à toute bride pour me tirer d'affaire. Nous nous battions de trop près pour faire bon usage de nos armes ; enfin, je profite d'une espèce de retraite de corps que faisait le Bédouin, je le pousse fortement, il fait quelques pas en arrière, une pierre se trouve sous son pied, il tombe... et alors je me jette sur lui comme un tigre, je le tiens sous moi et je réponds que le diable ne me l'aurait pas fait lâcher. Je cherchais à tirer mon poignard, lui son pistolet, quand le colonel arrive et, sans descendre de cheval, lui allonge un furieux coup de pointe dans la poitrine ; enfin, un maréchal des logis me passe son pistolet et je brûle la cervelle à mon homme ; comme j'avais sa tête sous mon bras gauche, en lâchant mon coup, je me suis brûlé horriblement l'œil gauche.

« Ce jour-là, 12 septembre, les Merdès reçurent une pile complète ; on leur prit deux mille moutons et quinze cents bœufs ; mais le général les leur fit rendre à peu près tout et même les têtes qu'on avait coupées. Je ne voulus pas laisser couper la tête de mon Arabe ; il s'était trop bien battu. C'était un des premiers guerriers des Merdès, Ahmed ben Hassein ; quand il fut tué, chacun s'extasiait sur la force de ses membres.

« Le lendemain, les Merdès vinrent en foule à la ville demander grâce, et le général fut beaucoup trop bon de la leur accorder, car on prétend qu'ils sont maintenant ligués avec ben Yacoub et le bey de Constantine, et qu'ils ne veulent plus laisser arriver personne à notre marché. Nous serons encore obligés d'aller les frotter comme il faut.

« Pour moi, c'est le plus beau jour de ma vie ; tout le monde me faisait compliment ; les troupiers surtout se pressaient autour de moi et c'est ce qui m'a fait le plus de plaisir.

« Ils me disaient : « Ah ! mon brave capitaine ! mon digne petit capitaine ! si vous saviez comme nous avons couru quand nous vous avons vu sous les pieds du Bédouin ! »

« Le colonel m'embrassait et me secouait tant qu'il pouvait, et le général m'a promis que j'aurais la croix.

Donc, voilà Mons Louis-Michel Morris le plus heureux scélérat de l'armée d'Afrique !

« Extraits du rapport du général d'Uzer et de l'ordre du jour du 14 septembre 1833 :

« ..... Deux autres escadrons et le corps auxiliaire eurent l'ordre de passer la Mafrag, au gué de cette rivière large et rapide ; mais l'ennemi s'était réuni pour défendre ce gué à la faveur des positions qu'il occupait.

« L'intrépidité du capitaine Morris, du 3e chasseurs, força le passage et fit enlever les positions de l'ennemi.

..... « Le capitaine Morris a eu à soutenir corps à corps une lutte terrible avec un Arabe qu'il a renversé d'un coup de pistolet, après un combat long et opiniâtre ; ce brave officier avait déjà tué un autre Arabe. »

« Les Arabes, écrivait à son tour le général d'Uzer au gouverneur, ont laissé 25 morts sur le champ de bataille et ont eu un grand nombre de blessés. Sept prisonniers avaient été faits ; je leur ai rendu la liberté. J'ai rendu aux Merdès 3.000 têtes de bétail qui étaient en notre pouvoir, n'en gardant que 100 pour indemniser les otages de la tribu qui servent avec nous et qu'on avait dépouillés par vengeance, et pour dédommager les spahis et les otages dont les chevaux ont été tués dans le combat. Nous n'avons eu qu'un chasseur tué et dix blessés.

« La tribu des Merdès avait arrêté des hommes, qui venaient à notre marché, et se rendait tous les jours plus hostile. J'avais voulu, il y a quelque temps, l'intimider par une grande démonstration de forces, et, à cet effet, j'étais allé passer la Seybouse à Sidi-Denden.

« Là, par quelques coups de canon que je fis tirer, je voulus lui faire savoir qu'il dépendait désormais de moi de l'attaquer chez elle quand je le voudrais. Malheureusement il n'y a rien de stable dans la décision des Arabes. Un marabout, qui avait une grande influence sur ceux-ci, les décida à refuser notre amitié. Ce malheureux a payé de sa tête son funeste conseil : un des premiers à nous attaquer, il a été tué un des premiers.

« Maîtres des douars de l'ennemi, de ses femmes, de ses enfants, nos soldats ont tout respecté, ne faisant la guerre qu'aux hommes armés. Si nous avions voulu garder les 3.000 bœufs que nous avions pris et nous emparer de ceux qui restaient encore, nous en étions les maîtres, et cette tribu était ruinée à jamais. Mais puisque les Arabes doivent alimenter Bône, il est de notre intérêt de les leur conserver. Soumettons-les ; mais, ce résultat obtenu, que notre humanité et notre désintéressement retentissent dans toute la province, de même que notre supériorité en force. »

Dès lors, une tranquillité parfaite régna dans les environs, et le général d'Uzer put s'occuper sérieusement de la colonisation et des besoins de la population civile qui allait croissant chaque jour.

A cette époque, Bône comptait un millier de Juifs, autant de Maures et environ 800 Européens, Maltais et Mahonais pour la plupart.

Au dehors, l'influence française gagnait du terrain ;

les douars protégés couvraient les deux rives de la Seybouse, jusqu'à sept ou huit lieues de distance; deux spahis pouvaient sans crainte porter aux tribus les ordres du général. Les Européens commençaient à faire des acquisitions de terrain. (1)

Le général organisa tout d'abord une garde de police rurale ; il y fit entrer les otages des tribus, les Turcs de Yussuf et, jour et nuit, les patrouilles de ces hardis cavaliers parcoururent la plaine y ramenant ainsi la sécurité.

Nous ne nous sommes occupé, jusqu'à présent, que de retracer aussi fidèlement que possible les événements politiques et militaires qui se sont succédés à Bône depuis notre arrivée en Algérie.

Pendant que nos soldats, le fusil d'une main et la pioche de l'autre, préparaient la voie à la civilisation, des arrêtés et des décrets venaient organiser la nouvelle conquête.

Bien que prématurées et transitoires pour la plupart, les mesures d'organisation s'imposaient, en raison de l'effet moral à produire sur les indigènes. Il était de la dernière importance de leur démontrer que notre occupation était sans esprit d'abandon et la substitution de nos lois et de notre administration aux leurs, était le seul moyen de la convaincre.

Nous avons dit, dans le chapitre précédent, que le rétablissement de la pêche du corail avait été demandé à grands cris et notamment par un ancien agent de la Compagnie d'Afrique, M. Raimbert.

---

(1) Camille Rousset.

Les événements de juillet 1830, qui avaient motivé la retraite de Damrémont, suivie bientôt de la catastrophe du commandant Huder, avaient fait momentanément renoncer à ce projet.

Mais lorsque les Bônois, affolés par la crainte de tomber aux mains d'Ahmed, eurent réclamé notre intervention armée, on comprit que le moment était propice. Le 31 mars 1834, c'est-à-dire quatre jours après l'entrée de nos troupes dans la Casbah, un arrêté de l'intendant d'Alger réglementait la pêche du corail sur les côtes de l'Algérie, conformément aux usages de l'ancienne Compagnie d'Afrique.

Si d'Armandy eût échoué dans son entreprise, cet arrêté, comme celui qui prononça en 1830 la déchéance d'Ahmed, fût resté à l'état de lettre morte.

Les pêcheurs de corail, que le traité de 1830 avaient rendu libres de s'établir à Tabarca, y avaient entassé leur matériel. Raimbert, aux sollicitations duquel était due la résurrection des pêcheries dans nos eaux, se rendit aussitôt à Tabarca et obtint des pêcheurs qui s'y trouvaient de transporter leurs magasins et leurs ustensiles à Bône. Enchantés d'échapper à l'obligation onéreuse que leur imposait l'article 1er du traité du 24 octobre 1832 (1), ils suivirent Raimbert. Toute une population industrieuse et paisible vint s'installer dans

---

(1) Article 1er. — Les Français paieront pour la forme de la pêche du corail 13.500 piastres de Tunis, selon l'usage et conformément aux anciens traités, et ils ne seront d'ailleurs soumis à aucuns droits et impositions quelconques.

la ville nouvelle. La France bénéficiait ainsi de la redevance énorme qu'exigeait la cour de Tunis.

Lorsque la nouvelle de la prise de la Casbah fut parvenue à Alger, on s'occupa immédiatement d'organiser dans la nouvelle conquête les différentes branches de l'administration, afin d'affirmer notre prise de possession. Les services civils, judiciaires et financiers furent placés sous la direction d'un sous-intendant civil. Un commissaire de police, chargé sous ses ordres de la police générale, fut en outre investi des fonctions municipales et de celles d'officier de police judiciaire. Un magistrat, avec le titre de juge royal, devait régler les contestations entre chrétiens et musulmans. Un bureau de douane était également créé (1).

N'oublions pas que les formes données aux nouveaux services administratifs étaient soumises aux changements qui se produisaient dans la haute administration à Alger, où les pouvoirs n'étaient pas encore bien définis.

Afin de déterminer les biens qui tombaient dans le domaine public, autant que pour éviter le retour des scandaleuses spéculations entreprises par des gens sans scrupules au début de notre conquête, un arrêté du 7 mai 1832 interdit toute transmission de biens immobiliers de musulmans à chrétiens. Ce qui n'empêcha pas, du reste, ceux-ci de spéculer dans l'ombre, en abusant de la crédulité naïve des indigènes, depuis si longtemps accoutumés à se soumettre sans murmurer aux exigences, même injustes du vainqueur. C'est

---

(1) Arrêtés du 20 avril 1832.

ainsi que des maisons furent livrées par leurs propriétaires pour des sommes dérisoires.

Le général d'Uzer, dont nous venons de constater les efforts en vue de développer la colonisation, crut voir dans cet arrêté, dont les termes s'étendaient aux propriétés extérieures de Bône, une entrave à l'essor de la colonie et, après bien des demandes, il obtint du général en chef que les transactions concernant les propriétés immobilières à l'extérieur de Bône soient autorisées (1). Il fut le premier à en profiter, et, hâtons-nous de le dire, avec les meilleures intentions. Certes, il ne pensait pas qu'il s'exposait à des critiques bien amères, à des soupçons injurieux, en donnant lui-même l'exemple de la confiance dans la prospérité future d'une contrée qu'il ne devait plus quitter.

« Je mets en pratique, écrivait-il au général en chef, le plan de colonisation que j'ai proposé en demandant l'établissement de maisons crénelées pour recevoir des soldats qui seraient mis à la disposition des colons. J'ai en ce moment un poste au marabout d'Hippone, composé d'un officier et de 25 hommes. Ces derniers sont employés dans une ferme que je fais établir (2). Les soldats préfèrent ce travail à l'oisiveté ou au désœuvrement du corps de garde. C'est par goût qu'ils facilitent la culture des terres en s'y dévouant et en restant même plus tard dans la province où ils se plaisent, s'ils y trouvaient à s'occuper, pourvu que la colonisation soit protégée.

---

(1) Arrêté du 8 mai 1833.
(2) C'est la propriété d'Uzer, située à gauche de la route de Philippeville.

« J'ai la certitude, en obtenant de bons résultats, d'en avoir hâté le développement de deux ou trois années. Je prêche l'exemple. 25 ou 30 soldats des postes travaillent pour moi. La nuit, ils gardent le blockaus. Au printemps prochain, j'en occuperai le double.

« J'ai acquis environ 2.000 arpents de terres labourables et prairies pour la somme de 30.000 fr. et 1.200 francs de rentes. Je vends chez moi une propriété de 50.000 fr. pour faire ces achats et mettre ces terres en valeur. Le succès que j'obtiens, la confiance que m'accorde le gouvernement, celle que me témoignent la garnison et les Arabes m'encouragent, me déterminent à sacrifier à ce pays qui me plaît quelques années de ma vie. En cessant de servir je deviendrai colon. »

Dès cette époque, une sourde animosité se fit sentir à Bône contre le général d'Uzer. Ses actes de clémence, à l'égard des indigènes, peut-être trop souvent renouvelés et surtout mal interprétés, qui ne pouvaient ou ne voulaient pas comprendre l'idée généreuse et élevée qui les dictait, lui firent le plus grand tort. Cette hostilité trouvait un aliment dans la colère impatiente de Yussuf, dont l'éducation à la turque s'accommodait mal de ce système de douceur.

La calomnie ne tarda pas à remplacer la critique, et essaya de ternir, mais en vain, l'honorabilité du général. (1) Que d'Uzer se soit rendu compte des sentiments de malveillance qui existaient autour de lui, cela est hors de doute. Il n'en continua pas moins son œuvre

---

(1) Voir au chapitre la mort du général d'Uzer.

et nous lui devons cette justice de dire que, s'il a pu se tromper dans l'application des moyens à employer, du moins sa bonne foi et sa conscience d'honnête homme ne peuvent pas être soupçonnées. Il fut le premier à deviner l'avenir de la plus belle partie de l'Algérie, et il a démontré la sincérité de sa conviction, en lui sacrifiant l'intelligence et la vigueur de ses dernières années. Nous reviendrons plus tard sur ce sujet.

La fin de 1833 vit donc de nombreux progrès dans la situation de la jeune colonie, sous la protection de nos postes avancés et des patrouilles qui sillonnaient les environs de Bône, les Arabes et les premiers colons, aidés des soldats de la garnison, cultivaient la petite plaine. La variété des vivres s'en ressentait. Les rues, soumises à une police sévère, étaient devenues propres ; les égouts avaient été réparés, et l'écoulement du canal dans lequel ils aboutissaient avait été aménagé par de sérieux travaux.

La population des pêcheurs accourue de Tabarca s'accroissait chaque jour des soldats libérés qui ne craignaient pas d'affronter les privations et le danger d'un climat, alors meurtrier.

Comme pour l'année 1833, les débuts de 1834 furent paisibles. Les Arabes s'accoutumaient de plus en plus à nos usages et venaient en plus grand nombre. La comparaison entre notre système d'administration bienveillante et juste et l'ancien régime turc était tout à notre avantage. En outre, l'éloignement d'Ahmed, occupé en ce moment à guerroyer devant Médéa où s'était réfugié Ibrahim, les rassurait. Malheureusement,

Ahmed, battu par ce dernier et ses alliés, fut obligé de revenir en toute hâte.

Nous connûmes son retour par la sourde agitation qui se manifesta dans les tribus du voisinage. Les unes, les Beni-Urgines et les Kharézas, terrifiées à l'idée des dangers qu'elles couraient si elles étaient surprises par Ahmed, vinrent se réfugier sous le canon de la place ; les autres, plus éloignées, étaient indécises. La soumission du nouveau chef de La Calle vint consolider leur fidélité chancelante. Ce dernier, qui succédait à son frère, avait reçu d'Ahmed de pressants messages pour aller recevoir l'investiture à Constantine. Non seulement il refusa, mais, le 3 mars 1834, il arrivait en grande pompe à Bône et recevait des mains du général d'Uzer les insignes du commandement.

Cette manifestation eut un grand retentissement dans les tribus qui reprirent confiance. Elles ne craignirent pas de reprendre leurs anciens campements.

Les Ouïchaoua, les Kharézas et les Kermiches s'installèrent sur les hauteurs qui dominent le défilé des Kharézas. Les Beni-Urgines s'établirent le long de la rive gauche de la Seybouse ; pour les protéger contre les dangers d'une incursion subite des cavaliers d'Ahmed, le commandant Yussuf s'installa avec un escadron de spahis, les Turcs et les otages au camp de l'Oasis. De là, il poussait des pointes audacieuses dans le pays, déconcertant ceux dont les dispositions à notre égard pouvaient être hostiles par la rapidité de ses courses.

Le 1er mai eut lieu, à Bône, à l'occasion de la fête

du roi, une imposante revue. De toutes parts étaient accourus les Arabes qui se trouvaient pour la première fois en présence d'un déploiement de troupes aussi considérable. Des jeux nautiques furent organisés par la marine sur la Seybouse et, le lendemain, le général d'Uzer disait dans son ordre du jour : « La journée d'hier a prouvé que les Français et les indigènes ne font plus qu'une même famille. L'harmonie qui règne entre la population et la garnison mérite les plus grands éloges aux troupes françaises. C'est à leur bon esprit, à leur sagesse, à leur modération et à leurs bons rapports avec les Arabes, qu'il faut attribuer les heureux résultats de la domination française et notre influence sur les tribus qui nous entourent. »

L'été de 1834 vit de nouveau les maladies décimer la population et l'armée; 1.450 hommes sur 3.200 étaient aux ambulances. Les locaux pour abriter les malades devinrent insuffisants. Les troupes durent céder leur casernement déjà si pauvre pour aller vivre sous la tente. C'est ainsi que le 55e abandonna ses baraques de la rue d'Armandy pour y installer un hôpital. Quelques jours après, le 10 juillet, les cinq compagnies de la légion étrangère, qui étaient casernées à la Casbah, durent également l'évacuer pour faire place à 300 malades. Les troupes allèrent camper près de la batterie du Lion.

L'année fut, du reste, particulièrement mauvaise. Malgré les précautions prises par le général d'Uzer, la récolte de foin, sur laquelle on avait compté pour l'entretien de la cavalerie, fit absolument défaut, et, non seulement il fallut en faire demander en France, mais il fallut encore faire venir des approvisionnements de grains pour les Arabes, dont les récoltes étaient absolument perdues, et qui étaient menacés d'une effroyable misère.

Ahmed qui, depuis son retour d'Alger, n'attendait qu'une occasion favorable pour venir nous inquiéter, prévenu par ses espions que la garnison de Bône se trouvait considérablement réduite par les maladies, vint camper à El-Hadjar (1) chez Ben Yacoub avec 300 cavaliers.

La terreur s'empara des tribus, qui se replièrent sur Bône en toute hâte, sauf les Merdès, qui allèrent faire leur soumission, et les Oulad-Dhan qui, ayant voulu résister, furent écrasés.

La situation était difficile pour le général d'Uzer, qui ne pouvait être qu'un spectateur impuissant des malheurs de nos alliés ; la faiblesse de la garnison ne lui permettait pas de trop s'éloigner de Bône, qu'il laissait ainsi exposée à une surprise.

Fort heureusement pour notre prestige, Ahmed disparut subitement; nous apprîmes, quelques jours après, qu'une révolte des Hanenchas l'avait appelé dans l'Est de la province.

Quelques mois de repos nécessaires à la garnison vinrent améliorer l'état des choses. Des renforts arrivèrent de France. Les travaux furent poussés avec une nouvelle activité. Avec la disparition d'Ahmed, la con-

---

(1) El-Hadjar est actuellement un hameau situé à 14 kilomètres de Bône, sur l'ancienne route de Constantine.

fiance était revenue et, au mois de novembre, la tribu des Eulma, campée sur les bords du lac Fezzara, témoigna le désir de faire sa soumission. Son cheik, Abd el Harch, reçut du général d'Uzer le burnous d'investiture.

Aussitôt prévenu de ce fait, Ahmed envoya son fidèle Aïssa châtier les coupables. Celui-ci, après une marche rapide et à la faveur de la nuit, tomba à l'improviste sur les campements des Eulma, qui ne purent opposer de résistance. Vingt de leurs meilleurs cavaliers furent tués. Son butin fut immense; 10.000 têtes de bétail devinrent la proie du vainqueur. Après quoi, il s'installa dans la tribu et se mit en devoir de la ruiner complètement.

Cependant, quelques cavaliers avaient réussi à s'échapper, et leur premier soin fut de se rendre à Bône. Là, forts de la soumission qu'ils avaient faite quelques jours auparavant, ils supplièrent le général d'Uzer de venir à leur secours. Celui-ci, aussi désireux de frapper un grand coup que de soutenir ses nouveaux alliés, ne perdit pas de temps et, le 19 novembre, 320 chasseurs, 200 cavaliers turcs et spahis, et 6 pièces d'artillerie montée quittaient Bône à onze heures du soir, par une nuit splendide. A trois heures du matin, 900 fantassins et 4 obusiers de montagne, sous les ordres du colonel Petit d'Hauterive, s'engageaient, à leur tour, dans la direction du lac Fezzara.

Au point du jour, quelques chefs des Eulma, qui avaient réussi à s'évader sans provoquer l'attention des soldats de Ben Aïssa, rejoignirent la colonne qui, guidée par eux, arriva vers sept heures du matin en vue du camp des Constantinois ; trois lieues séparaient encore nos troupes de l'ennemi.

Notre colonne se trouvait à ce moment à la sortie d'un défilé débouchant sur la plaine où elle allait être certainement aperçue. Il fallait lutter de vitesse. Le général d'Uzer prend ses dispositions. Yussuf et toute la cavalerie irrégulière, formant un premier échelon, accélèrent l'allure et, en une heure, franchissent la distance qui les sépare du campement de Ben-Aïssa. A ce moment, un obstacle imprévu et qui pouvait tout compromettre se présente aux assaillants : un profond ravin, formant une défense naturelle, en avant de la position occupée par le corps de Ben-Aïssa qu'on peut évaluer à 900 hommes et une foule d'Arabes accourus comme volontaires. Sous un feu très vif, nos cavaliers enlèvent l'obstacle et abordent résolument l'ennemi. Le colonel de Chabannes et ses chasseurs suivent de près la cavalerie de Yussuf et, dans une magnifique charge, balayent devant ses escadrons toute cette foule épouvantée. 450 cadavres restaient sur le terrain, les 10.000 têtes de bétail étaient rendues aux Eulma, enthousiasmés de la bravoure de leurs défenseurs.

Cette défaite fut le dernier coup porté au prestige et à l'autorité d'Ahmed. Son plus fidèle compagnon, Ben Yacoub lui-même, comprit que l'heure de la soumission avait sonné et il fit faire des offres au général d'Uzer. Les autres tribus renouvelèrent la leur.

Les chefs arabes, heureux enfin de pouvoir secouer le joug d'Ahmed, l'engagèrent à marcher sur Constantine. Cette idée lui souriait. Encore sous le prestige du succès qu'il venait de remporter, il croyait que l'occupation de la capitale d'Ahmed se ferait sans coup férir et que nos soldats seraient accueillis en libérateurs par les habitants.

« Nous pouvons aisément, écrivait-il, aller reconnaître Stora; la route qui y mène traverse une plaine de toute beauté. Après avoir établi mon infanterie au Fendek (Jemmapes), je me porterais le lendemain avec la cavalerie à Stora, où des habitants viendraient nous apporter des vivres. Les tribus amies nous fourniraient pour cette expédition cinq à six cents cavaliers. Un mois suffirait, au printemps, pour faire la conquête de Constantine, où toute la population désire la domination française.

« En établissant des relations avec les chefs de la ville et en y laissant une garnison d'indigènes on pourrait se dispenser d'occuper Constantine avec des troupes françaises. » Dans deux ans, ce projet conçu avec les mêmes illusions, entraînera le désastre de la première expédition.

Deux sinistres vinrent, à quelques jours d'intervalle, jeter la désolation dans la rade de Bône vers les premiers jours de l'année 1835. Dans la nuit du 25 au 26 janvier, 12 navires furent jetés à la côte et, parmi eux, le navire de guerre le *Rusé*. Un bâtiment génois, emporté par les vagues furieuses, venait de talonner et faisait eau de toutes parts ; les mâts, auxquels se cramponnaient quatre malheureux, émergeaient seuls des flots écumants, lorsque le lieutenant Sainte-Marie

Fricot et le caporal Lapierre, sur une frêle embarcation, avec un courage surhumain, bravent la fureur d'une mer épouvantable, et, grâce à leur héroïque dévouement, arrachent ces quatre hommes à une mort certaine. Pendant ce temps le *Rusé* allait échouer près de l'embouchure de la Seybouse. Aux signaux de détresse, le lieutenant de vaisseau Douignac, directeur du service maritime, et Gelin, capitaine du port, se mettent en mer avec toutes les embarcations disponibles et parviennent, au prix de mille dangers, à sauver l'équipage et le commandant Brindejoue, dont le sang-froid, dans cette longue agonie de cinq heures, ne s'était pas démenti.

Ce désastre eut cependant son côté utile. La membrure du *Rusé*, échouée à l'embouchure de la Seybouse, eut pour effet de rétrécir la largeur du courant de la rivière ; les eaux s'écoulant avec plus de violence nettoyèrent la barre des débris et des sables qui s'y étaient amoncelés et, quelque temps après, des navires d'un assez gros tonnage purent venir chercher un refuge assez sûr dans l'estuaire de la rivière.

Le 12 éclata une nouvelle tempête ; sept navires furent encore perdus. Le brick autrichien *Il Rio*, mis en pièces, perdit la moitié de son équipage. De nouveaux actes de dévouement vinrent montrer que civils ou militaires étaient animés du même sentiment en face du danger.

Fait digne de remarque, aux grondements de la tempête, la tribu des Beni-Urgines entière était accourue sur la plage de l'autre côté de la Seybouse ; mais, cette fois, ce n'était pas la perspective d'un pillage facile qui l'attirait. Elle se hâta de recueillir avec le plus vif empressement les malheureux que la mer rejetait, agonisants ou morts, et leur prodiguait tous les secours dont elle pouvait disposer.

« Elle a fait voir, disait le général d'Uzer dans son rapport, en cette circonstance, que les Arabes savent profiter des exemples d'humanité qu'ils ont reçu de nous et que désormais ils sont gagnés à notre cause. »

Si cette opinion était vraie pour les tribus des environs, elle était absolument fausse pour les autres. Les Dreïds allaient nous le démontrer. Ben Yacoub, leur chef, après la sanglante défaite de Ben Aïssa, comprenant que la cause d'Ahmed était à jamais perdue, avait, nous le savons, fait des offres de soumission personnelle ; il s'était même, pour affirmer la bonne foi de ses intentions, rapproché de Bône et était venu camper à Sidi-Denden, sur la Seybouse, mais avec sa famille seulement. Les Dreïds avaient refusé de le suivre et, non contents de cela, ils s'étaient mis en devoir d'inquiéter nos alliés, les Beni-Urgine.

Le général d'Uzer alla, le 31 mars, chercher le douar le plus turbulent, les Beni-Foural. Parti de Bône à sept heures du soir avec 700 cavaliers, 500 hommes d'infanterie et 6 pièces d'artillerie, commandés par le chef d'escadron d'Armandy, il surprenait les dissidents au point du jour et leur infligeait une sévère leçon.

Bien que la sécurité régnât d'une manière générale dans les environs, la présence des maraudeurs et des coupeurs de route rendait nécessaires les mesures de prudence prises par le général. Des ordres sévères avaient été donnés pour que civils ou militaires ne puissent errer isolément à une certaine distance de la place. Ne tenant aucun compte de ces recommandations, un officier et un médecin du navire de guerre la *Comète*, en station à Bône, périrent ainsi, victimes de leur imprudence, à Tacouch, où ils étaient débarqués pour chasser. A peine l'embarcation qui les avait conduits à terre avait-elle rallié le bord que les deux infortunés étaient massacrés sous les yeux de leurs camarades désespérés.

Nous avons dit plus haut que le général d'Uzer avait donné l'exemple de la confiance et encourageait les rares colons qui osaient s'aventurer en Afrique. Il mettait tout en œuvre pour leur faciliter des débuts toujours pénibles.

M. Lavie, issu d'une famille de Saint-Domingue, ruinée par la Révolution, était venu un des premiers s'établir à Bône. Il trouva un appui dans la bienveillance du général qui écrivait, le 2 août 1835, la lettre suivante au général en chef :

« Un colon industriel des environs de Belfort (Alsace), M. Lavie, est venu se fixer à Bône avec une nombreuse famille et un matériel considérable en charrues, charrettes, instruments aratoires, moulins à huile et à farine. Le ministre de la guerre ayant apprécié les avantages que l'on peut et on doit retirer de l'industrie de ce colon, l'a vivement protégé et lui a fait transporter ce matériel et sa famille sur plusieurs bâtiments de l'Etat; il l'a, en plus, recommandé au préfet maritime de Toulon, afin qu'il trouvât aide et protection pour arriver à sa destination.

« Arrivé à Bône avec cette protection et plusieurs lettres du ministre, j'ai pensé qu'il était dans une obligation stricte de seconder et favoriser M. Lavie. Ce qui est le plus difficile à Bône pour les colons, c'est leur établissement dans la première année où ils doivent tout créer, avant d'obtenir le plus léger résultat.

« Ne pouvant établir extérieurement ses moulins, je lui ai fait céder provisoirement un terrain de casernement qui n'est pour le moment d'aucune utilité au génie militaire.

« Le conseil provincial a si bien apprécié les avantages que la colonie doit retirer de M. Lavie, qu'il l'a spécialement recommandé au sous-intendant civil pour la concession d'un marais qu'il s'engage à mettre en culture dans deux ans.

« La famille Lavie se compose de neuf enfants; il en a maintenant quatre avec lui, tous en âge de travailler, plus deux ouvriers charrons et deux menuisiers qu'il a amenés de France, et qu'il a loués pour deux ans. Il a laissé en Alsace sa femme et cinq enfants, qu'il fera venir lorsqu'il sera établi de manière à pouvoir les recevoir. Quatre colons comme M. Lavie assureraient le succès de la colonie; on ne peut trop l'encourager. Dès l'instant où on apprendra en Alsace qu'il aura réussi dans son établissement, ses compatriotes arriveront ici. Un grand nombre apporterait et des capitaux et un matériel d'agriculture.

« J'ai si bien apprécié les avantages de son arrivée dans

la colonie, que je l'ai recueilli avec toute sa famille chez moi depuis trois semaines. Ils ont mis dans une petite maison attenante à la mienne leurs charrues et leurs outils. Je leur fais distribuer des rations de vivres. S'ils avaient été forcés d'aller vivre dans une auberge, ils auraient dépensé énormément et cela leur eût enlevé le moyen de donner cours à leur industrie. Cela a donné à M. Lavie le temps de se reconnaître et de trouver les moyens de s'établir avec le moins de frais possible. Il est d'une bonne politique d'encourager et de protéger de pareils colons. Je demande que la concession de marais qu'il sollicite lui soit faite le plus promptement possible, afin qu'il puisse mettre la main à l'œuvre; il assainira une partie de la plaine qui est la plus près de la ville, et ce sera une économie pour le gouvernement qui aurait dû s'occuper à grands frais de cet assainissement. »

Confiant en l'avenir, le général ne se contentait pas d'encourager les autres; il ne craignait pas à cette époque de vendre des propriétés qu'il possédait et dont le revenu était assuré pour acquérir des terrains sans valeur présente.

De ce qu'on aurait dû considérer comme une preuve d'affection pour la jeune colonie, la calomnie fit un crime au général, en dénaturant les faits. Il existait à Bône, au moment de notre premier débarquement en 1830, un indigène appelé Mustapha ben Kérim, homme intelligent qui, dès le début, se rallia franchement à notre cause. Cette sorte d'apostasie souleva chez ses coreligionnaires une telle haine qu'il dut quitter Bône et suivre le général Damrémont dans sa retraite.

Revenu à Bône en 1832, il eut occasion de voir le général d'Uzer qui comprit aussitôt tout le parti que l'on pouvait tirer d'un homme de cette valeur. Mais bientôt, haï de ses coreligionnaires, objet de la jalousie des personnes qui formaient l'entourage du général, il fut accusé d'abuser de l'autorité que lui donnaient ses relations avec ce dernier pour exploiter la crédulité des Arabes. A cette même époque, des plaintes s'élevèrent contre le cadi, que l'on accusait d'avoir fait faire des cessions de propriétés immobilières en faveur de Mustapha pour des prix dérisoires. Or, Mustapha étant le chargé d'affaires du général, on en conclut que les acquisitions de ce dernier n'avaient pas été faites avec toute la bonne foi désirable. Or nous venons de voir la preuve du contraire.

Tant que les récriminations et les critiques n'attaquèrent que son mode d'administration, le général, fort de sa conscience, ne s'était pas détourné de la voie qu'il s'était tracée, mais lorsque la calomnie, désarmée devant l'homme public, osa s'en prendre à l'honneur de l'homme privé, le découragement se glissa dans son âme.

Deux derniers faits vinrent le décider à demander sa rentrée en France.

Le chef d'escadron Yussuf, dont l'attitude hautaine et souvent inhumaine à l'égard des indigènes avait été justement réprouvée par le général d'Uzer, dut quitter Bône au mois de mars 1835 pour se rendre dans la province d'Oran où le nouveau gouverneur, le maréchal Clauzel, opérait contre Tlemcen. Yussuf l'accompagna dans son expédition ; le courage dont il donna de nouvelles preuves, l'attrait que faisaient éprouver à tous ceux qui l'approchaient sa parole imagée et son visage martial et beau, lui eurent bientôt gagné la sympathie du maréchal. Il profita de ces bonnes dispositions pour le convaincre que les populations de la province de Constantine, lassées du gouvernement d'Ahmed, non seulement n'opposeraient pas d'obstacles à la marche de nos troupes sur Constantine, mais encore prêteraient leur concours. Le maréchal Clauzel accueillit ce projet qui flattait ses idées personnelles et, convaincu que Yussuf seul pouvait préparer les indigènes à notre domination, le nomma bey de Constantine. Mais pour que ce nouveau bey *in partibus* pût exercer librement ses fonctions, il fallait éloigner le général d'Uzer. On s'appuya sur les bruits infamants semés par ceux-là mêmes que l'intégrité, la droiture et l'honnêteté du général gênaient dans leurs intérêts souvent inavouables.

Le maréchal osa demander sa révocation (1), elle fut signée et envoyée à Alger. Le général ne donna pas à ses ennemis le temps de consommer leur infamie.

En même temps qu'il apprenait la nomination de Yussuf, le général d'Uzer fut prévenu qu'un procureur

---

(1) Que dut penser le maréchal Clauzel, lorsqu'à la fin de l'année suivante, après son échec de Constantine, il fut lui-même en butte aux attaques calomnieuses de ses ennemis ?

général et un juge d'instruction du tribunal supérieur d'Alger étaient envoyés à Bône pour faire une enquête, en apparence dirigée contre Mustapha ben Kérim et le cadi, mais en réalité contre le général, sur les faits dont la calomnie l'accusait. C'était déjà une sorte de sanction. Hâtons-nous de dire que l'enquête dirigée par M. Réalier Dumas, procureur général, et M. Giacobi, juge d'instruction, avec l'impartialité qui distingue la magistrature française, ne releva rien que d'honorable pour le général dont tous les actes étaient empreints de la plus entière bonne foi (1), on pourrait même dire du plus complet désintéressement. Néanmoins, cette dernière et douloureuse épreuve était trop lourde et le général rentra en France le 2 mars 1836, laissant le commandement provisoire au colonel Correard du 3ᵉ chasseurs d'Afrique. Il ne devait pas tarder à revenir à Bône comme simple particulier.

---

(1) L'agitation produite par l'enquête mit en lumière des faits honorables pour le général d'Uzer. On sut que malgré l'augmentation de valeur des immeubles, il avait cédé au prix d'achat, à un vieil officier, un terrain qu'il avait amélioré. On sut aussi qu'après avoir légalement acheté à un Maure un autre terrain que le vendeur n'avait cru propre qu'au pacage, il tripla de son propre mouvement et sans y avoir été provoqué de nulle manière le prix convenu, parce qu'il reconnut, après avoir bien étudié sa nouvelle acquisition, qu'elle avait une valeur supérieure à l'estimation faite par l'ancien propriétaire.

CHAPITRE VIII

Situation de Bône en 1836. — Yussuf, bey de Constantine. — Création du camp de Dréan. — Occupation de La Calle. — Tentatives d'Ahmed Bey. — Le général Trézel nommé au commandement de la subdivision de Bône. — Préparatifs de la première expédition de Constantine. — Premier échec. — Deuxième expédition. — Prise de Constantine. — Départ du général Trézel.

Dans les premiers mois de l'année 1836, la province de Bône jouissait d'une profonde tranquillité et affirmait ainsi les progrès réels accomplis par notre domination. Les Arabes se montraient plus nombreux sur le marché; nos relations avec les tribus devenaient de jour en jour d'autant plus amicales qu'El-Hadj-Ahmed, battu et refoulé par nos colonnes, abandonné de ses plus chauds partisans, avait fini par comprendre l'inutilité de ses efforts et ne sortait plus de Constantine, où il n'ignorait pas que nous irions bientôt le chercher.

En se prolongeant, cette situation nous eût permis de faire pénétrer notre influence plus avant dans la région et il eût été plus sage de pacifier les provinces d'Oran et d'Alger qu'Abd-El-Kader soulevait contre nous, avant de tourner les yeux vers Constantine. Mais le maréchal Clauzel qui, déjà, en 1830, avait signé la déchéance d'El-Hadj-Ahmed et le traité avec la

Tunisie, pour la cession de Constantine, était de retour en Algérie et décidé cette fois à soumettre la province de l'Est à l'autorité directe de la France.

La paix dont jouissait la région de Bône, les affirmations de Yussuf qui garantissait le concours dévoué des tribus, les dispositions amicales dont celles-ci nous donnaient chaque jour des preuves, n'avaient fait qu'encourager la résolution du maréchal. Son premier acte fut de décréter, au mois d'avril, la création d'un camp retranché sur la route de Constantine, comme une première marche du pénible escalier qu'il allait gravir pour atteindre la capitale du beylik.

Situé à 22 kilomètres au sud de Bône, au delà du village actuel de Duzerville, le camp de Clauzel ou de Dréan fut établi sur un petit plateau, à pentes douces, qui dominait et découvrait la plaine à gauche jusqu'à la Seybouse, à droite jusqu'au lac Fezzara. Il avait la forme d'un rectangle de 375 mètres de côté sur 72 mètres de large, entouré d'un fossé profond de deux mètres dont les déblais avaient servi à élever des parapets. Aux quatre angles, un petit bastion armé d'une pièce surveillait la plaine.

L'occupation de ce point décida de la soumission de quelques tribus hésitantes jusqu'alors, car elles s'étonnaient que la France laissât Ahmed exercer un pouvoir qu'elle aurait dû lui retirer en déposant le dey d'Alger. Les circonstances paraissaient donc on ne peut plus favorables au maréchal. Le bruit de la mort d'Ahmed ayant même couru, la joie manifestée par les Arabes fut une preuve de la haine qu'ils lui portaient, et le maréchal, en rendant compte de ce fait, en profitait pour insister sur l'opportunité de l'expédition. « Ici, disait-il dans une note du 19 juillet 1836 où était exposé son système d'occupation, il ne faut pas reculer lorsqu'on s'est avancé, cela équivaut à une défaite dans l'esprit des Arabes. » M. Thiers, président du conseil des ministres, et le maréchal Maison, ministre de la guerre, étaient favorables au projet d'extension du maréchal, et, l'un comme l'autre, ils accordèrent les moyens demandés pour atteindre le but. Ils lui promirent les 33,000 hommes qu'il demandait. Le maréchal crut donc le moment venu de donner un successeur au bey dont la déchéance était prononcée depuis six ans. Yussuf se trouvait tout naturellement désigné pour le remplacer et il reçut des mains du maréchal à Tlemcen, le 21 janvier 1836, son brevet de bey de la province de Constantine (1). La lettre ci-jointe va nous apprendre le rôle auquel il était destiné.

ARMÉE D'AFRIQUE
ÉTAT-MAJOR GÉNÉRAL

« Alger, le 13 mars 1836.

« Commandant,

« Vous vous rendrez immédiatement à Bône pour y reprendre le commandement des spahis réguliers.

---

(1) Ce ne fut que le 15 août 1836 que cette nomination fut ratifiée et encore le fut-elle en termes peu agréables contre Yussuf « malgré les plaintes graves, disait la réponse officielle, que les excès commis à Tlemcen ont soulevées, le gouvernement consentira à laisser Yussuf investi du titre de bey qui lui a été conféré par vous; mais un officier général capable de lui en imposer et de le diriger sera placé dans la province. »

Vous y joindrez le commandement supérieur des spahis auxiliaires.

« ..... Je donne des ordres pour qu'en votre qualité de bey de Constantine on vous salue, à Bône, de trois coups de canon.

« Les Arabes de l'extérieur seront ainsi prévenus de la présence de celui qui est appelé à les commander. Comme il importe que votre autorité soit reconnue le plus promptement possible dans la province de Constantine, je vous autorise à agir pour votre propre compte, toutes les fois que vous le jugerez avantageux aux intérêts de la France et à l'influence que vous devez vous efforcer d'acquérir dans le pays. Je fais donner l'ordre au commandant supérieur de Bône de vous aider de tous les moyens qui sont à sa disposition.

« Deux pièces d'artillerie de montagne seront mises à votre disposition avec leurs accessoires, et des munitions à raison de 50 coups par pièce ; elles seront servies par des artilleurs de bonne volonté, en attendant que ces derniers puissent être remplacés par des canonniers turcs dont vous hâterez l'instruction.....

« Je ne doute pas que vous ne remplissiez d'une manière satisfaisante la haute et importante mission qui vous est confiée. Votre dévouement et vos brillants services m'en donnent l'assurance, et j'ai la confiance que vous acquerrez de nouveaux droits à la bienveillance du gouvernement français. Je vous autorise à continuer l'enrôlement des indigènes, jusqu'à concurrence de mille hommes.

« *Le gouverneur général*, Clauzel. »

Au reçu de cette lettre, Yussuf se hâta de quitter la province d'Oran et d'accourir à Bône, où il fit une entrée triomphale. Il se dirigea aussitôt vers Dréan et s'y installa en souverain arabe.

M. le baron Baude, conseiller d'Etat, en mission en Algérie, nous a laissé la description de la réception dont il fut l'objet à son arrivée à Dréan :

« Yussuf, dit-il, nous reçut sous une vaste tente ouverte, en avant de laquelle ses drapeaux étaient plantés près de quatre obusiers de montagne, placés en batterie ; il vint à notre rencontre entre deux rangs, l'un de Turcs et l'autre d'Arabes qui se tenaient dans une attitude respectueuse à droite et à gauche de son divan.

« Les Turcs étaient de ceux qu'il avait conquis par son adresse et son courage en 1832 dans la Casbah de Bône. Les Arabes étaient des jeunes gens appartenant aux principales familles des tribus ; leur présence en ce lieu était un gage d'assentiment et de soumission (1). Nous eûmes pendant la journée notre part des honneurs du beylik ; on nous fit entendre la musique aiguë et monotone qui accompagne partout les beys.

« Des Turcs et des spahis noirs nous donnèrent tout nus, sur les tapis dont la tente était garnie, le specta-

---

(1) Bel Kassem ben Younès avait adressé à Yussuf une lettre dans laquelle il lui disait : « Je t'envoie mon fils, c'est ce que j'ai de plus cher au monde. Garde-le jusqu'à ce que tu marches sur Constantine et si, au premier bruit de tes pas, je ne te rejoins pas avec 8.000 cavaliers pour me ranger sous tes bannières, fais tomber la tête de mon enfant chéri.

cle de luttes qui rappelaient les jeux athlétiques de l'antiquité. »

Depuis longtemps le cheik de La Calle, dédaignant les offres presque suppliantes d'El-Hadj-Ahmed, avait fait sa soumission au général d'Uzer. Les tribus des environs, qui n'avaient encore pu oublier les bénéfices qu'elles retiraient de leurs relations avec nos anciens comptoirs, nous pressaient de revenir parmi elles.

Enfin, toute la population de corailleurs qui, sur les instances de M. Raimbert, était venue de Tabarka à Bône, demandait à grands cris l'occupation d'un point qui devait constituer pour ses embarcations, par les gros temps, un refuge plus rapproché que Bône du champ d'exploitation de leur industrie.

Le maréchal Clauzel ordonna à Yussuf de faire, à la tête de toutes ses troupes, une première reconnaissance sur La Calle; elle eut lieu au mois de mai. Yussuf traversa toute la région qui s'étend de Dréan à La Calle sans brûler une cartouche; il adressa à son retour un rapport concluant à l'occupation immédiate.

Le 15 juillet, le capitaine Berthier de Sauvigny, parti la veille du camp de Dréan, avec 40 cavaliers indigènes, arrivait à La Calle sans avoir été inquiété et écrivait au commandant de la subdivision de Bône (1) :

« Le détachement n'a rencontré aucune résistance ; un groupe d'Arabes sans armes, assis paisiblement sur les ruines de cette ville française, attendait l'arrivée de ses anciens maîtres, dont ils reconnaissaient

---

(1) Colonel d'état-major Duverger.

les droits. Nous avons trouvé La Calle dans l'état où l'incendie du 27 juin 1827 l'avait laissée..... »

Le même jour, le brick le *Cygne* arriva de Bône amenant le capitaine du génie Carrette et 30 ouvriers de ce corps, qui se mirent aussitôt en devoir de relever la petite ville de ses décombres. Les corailleurs qui pêchaient au large, à la vue du pavillon français flottant sur les ruines du Bastion, arrivèrent en toute hâte, et telle était leur joie qu'ils mirent spontanément leurs équipages à la disposition de nos officiers pour aider les ouvriers. Pendant que cette nouvelle prise de possession s'effectuait pacifiquement les plaines de Dréan étaient le théâtre de rencontres entre les troupes du nouveau bey et les contingents qu'Ahmed affolé lançait sur nous.

La nomination de Yussuf aux yeux d'El-Hadj-Ahmed était une menace beaucoup plus redoutable que celle de 1830.

A cette époque, son compétiteur était réduit à ses propres forces ; aujourd'hui, il avait l'appui de nos armes. Ahmed comprit donc que l'heure suprême était arrivée où il allait être forcé jusque dans les murs de sa capitale. Il se mit en campagne exploitant notre inaction momentanée et le mécontentement qui commençait à se faire jour parmi les tribus qu'exaspéraient certaines exactions, sinon commises par Yussuf, au moins tolérées par lui à des personnages de son entourage.

Si Yussuf avait d'éminentes qualités, ses habitudes se ressentaient de l'éducation de ses jeunes années.

Pour faire face aux exigences de sa nouvelle situation, autant que pour satisfaire ses goûts de prodigalité et, disons-le, de folle générosité, Yussuf avait dû emprunter 10,000 boudjous à Lasry de Tlemcen. Ce dernier, avec la finesse de sa race, devina dans ce nouveau client une mine d'or à exploiter et obtint de l'accompagner dans la province de Constantine. Lasry avait stipulé que la somme prêtée et ses intérêts (2 1/2 pour 100 par mois) seraient restitués en bœufs, à raison de 18 francs par tête.

Il est facile de prévoir ce qui arriva. Des troupeaux entiers, produits de razzias dont la raison échappe, livrés ainsi pour des sommes dérisoires, venaient s'embarquer à Bône d'où ils étaient expédiés sur la France ou Alger et vendus le triple ou le quadruple du prix d'achat.

Des plaintes ne tardèrent pas à s'élever. On ne voulut d'abord pas les entendre, mais il fallut bien se rendre à l'évidence. M. Melcion d'Arc, intendant militaire de l'armée d'Afrique, qui, depuis longtemps, s'était élevé contre les embarquements de bestiaux opérés par Lasry, en objectant la difficulté qui en résultait d'approvisionner les troupes en viande fraîche, obtint qu'un arrêté, en date du 20 juillet 1836, prohibât l'exportation des bestiaux de la province de Constantine.

La mesure était bonne, mais tardive. Pressurées, mises à contribution avec une dureté presque aussi rigoureuse que sous le régime turc, les tribus, qui n'étaient venues à nous que pour échapper aux exactions d'Ahmed, s'éloignèrent les unes après les autres et, quand on s'en aperçut, le vide était fait autour de nous. Ce fut une première déception (1).

Cependant, les émissaires d'El-Hadj-Ahmed parcouraient les tribus prêchant la guerre sainte pendant que ce dernier allait s'installer de sa personne avec 3 ou 400 cavaliers un peu au nord de Guelma et, de là, rayonna sur le pays environnant. Il importait de détruire l'effet produit par cette sorte de mouvement offensif d'Ahmed.

Le général d'Uzer avait été remplacé dans son commandement par le colonel d'état-major Duverger.

Encouragé par Yussuf, qu'animait le désir très légitime de démontrer l'exactitude de ses renseignements au sujet de la neutralité de certaines tribus et du con-

---

(1) A l'appui de ce que nous venons de dire, nous avons tenu à citer un passage de l'ouvrage de M. le Baron Baude, intitulé : *l'Algérie*. « Pour acquitter ces dettes usuraires, dit-il, attirer à soi par de riches cadeaux les chefs des tribus, subvenir à une représentation dispendieuse, suivre enfin l'impulsion souvent irréfléchie de sa générosité naturelle, on mettait à la discrétion de Yussuf sans règle, sans frein, sans contrôle, les tribus qui nous étaient soumises. Ce n'était pas le moyen de se les attacher, et c'est ainsi qu'elles s'éloignèrent de nous à petit bruit, aimant mieux, disaient-elles, être foulées par Ahmed, dont la fortune était faite, que par un homme qui avait à faire la sienne et celle de ses amis. Yussuf a dépensé dans son beylik autant et plus qu'il n'en a tiré; il en est sorti avec des dettes. Un bien est pourtant résulté de ces avanies, beaucoup d'Arabes, en voyant combien leur condition a été différente sous le général d'Uzer à Bône, le colonel Duvivier à Guelma, M. de Berthier à La Calle, ont trouvé, tout considéré, la domination immédiate des Français préférable à celle des leurs.

cours des autres, le colonel Duverger sortit du camp de Dréan dans la soirée du 23 juin à la tête d'une petite colonne formée de 650 cavaliers français, 1.200 cavaliers indigènes, 525 fantassins et 4 pièces d'artillerie et se dirigea sur Guelma, par la vallée de Hammam-Berda.

En apprenant l'approche des nôtres, Ahmed se hâta d'aller s'établir à quatre lieues plus loin. Cette reconnaissance, poussée jusqu'à un point que n'avaient encore jamais atteint nos colonnes, les promesses de Yussuf et la vue de nos 1.200 cavaliers indigènes avaient frappé l'imagination, si facile à exalter, des indigènes, et quelques tribus vinrent au camp, établi sur les ruines de Guelma, faire acte de soumission.

Le colonel Duverger, étonné lui-même de la facilité avec laquelle s'était faite son expédition, en rendait compte au maréchal et ne lui demandait, pour aller jusqu'à Constantine, que deux bataillons.

Cette assurance ne faisait que confirmer l'opinion du maréchal qui écrivait, à son tour, au ministre :

« Dans la province de Constantine, 1.200 hommes, dont la moitié seulement de troupes françaises et l'autre formée par des troupes indigènes irrégulières, viennent de s'avancer jusqu'à 18 lieues de Constantine et, non seulement elles n'ont pas tiré un coup de fusil, soit en allant, soit en revenant, mais le commandant supérieur de Bône a reçu, chemin faisant, la soumission de plusieurs tribus des plus nombreuses et des plus guerrières (19 juillet 1836). »

Depuis quelque temps, les habitants des environs

de Bône, et même ceux de la ville, vivaient sous le coup de la terreur que leur inspirait un audacieux bandit du nom de Bel Arbi.

Cet indigène, qui était porteur d'eau à Bône, se trouvait un jour, d'après le récit des indigènes, sur la place d'Armes, alors centre de la ville, devant un café que fréquentaient les sous-officiers de la garnison. Ceux-ci, au sortir de table, se moquèrent de Bel Arbi, et l'un d'eux lui jeta même son cigare à la figure. Bel Arbi, doué d'une force peu commune, se rua sur le sous-officier qu'il jeta à terre. Ses camarades intervinrent et Bel Arbi fut blessé de plusieurs coups de sabre. Fou de colère, il quitta la ville en jurant de se venger des chrétiens et des mauvais musulmans qui pactisaient avec eux.

Depuis ce jour, en effet, semblable à un fauve, il ne cessa de rôder autour de la ville et des blockaus, ne signalant sa présence que par l'assassinat des factionnaires isolés et des malheureux Européens que les travaux de jardinage appelaient hors des murs. Ces assassinats étaient accompagnés de tortures horribles, lorsqu'il ne craignait pas d'être surpris dans sa sinistre besogne. Dans le cas contraire, il se contentait d'emporter la tête de sa victime que le bey Ahmed lui payait généreusement, car ces hideux trophées étaient destinés à tenir en éveil le fanatisme des tribus.

Yussuf s'était mis en campagne, et il payait généreusement de sa personne, mais le bandit aussi habile que féroce déjouait tous les projets. Les pentes de l'Edough lui offraient un abri sûr et lorsque le besoin de refaire ses provisions se faisait sentir, il se ruait avec quelques partisans que lui avait attirés sa haine du nom chrétien sur les tentes isolées qu'il mettait au pillage, quand il n'en massacrait pas les propriétaires.

Le nom de Bel Arbi était devenu légendaire, et une véritable terreur régnait sur les populations, car l'audace du bandit s'augmentait chaque jour de l'impunité dont il jouissait.

Mais tout a une fin. Le 10 août, le cheik Kermiche envoya un cavalier à Yussuf pour le prévenir que Bel Arbi venait de lui blesser mortellement deux hommes, mais que le bandit et deux de ses complices étaient cernés. Il demandait du renfort pour s'en emparer.

Un escadron de chasseurs sortit immédiatement de Bône avec quelques hommes d'infanterie et se dirigea en toute hâte vers le point indiqué. Bel Arbi, tant qu'il n'avait eu devant lui comme adversaires que des coreligionnaires, s'était bravement comporté, mais à la vue de nos uniformes, il voulut forcer le cercle qui l'entourait et s'enfuir. Il tomba atteint de trois blessures. Sa tête fut tranchée avant sa mort et envoyée à Bône où tout le monde put la voir exposée pendant huit jours, sur la porte de Constantine. Ainsi périt le redoutable bandit.

Ahmed, à la nouvelle de la nomination de Yussuf, avait d'abord cru que nous allions immédiatement marcher sur Constantine. Encouragé par les lenteurs de nos préparatifs, il comprit que sa présence à proximité de nos troupes était le seul moyen de maintenir les Arabes hésitants et d'éviter ainsi des défections. Il vint donc camper sur les hauteurs du Ras-El-Akba, où il se retrancha. Il se hâta d'y appeler toutes ses forces pour être prêt à exécuter l'attaque qu'il projetait depuis l'établissement du camp de Dréan. Mais pour cela il fallait que notre attention fût attirée sur un autre point par une attaque simulée. Il chargea de cette opération les montagnards de l'Edough qui, dans la journée du 9 octobre, au nombre d'une centaine environ, se ruèrent dans la plaine, massacrant les ouvriers ou colons isolés. Vingt-cinq chasseurs sont immédiatement envoyés au devant de cette bande qui se retira dans les bois, où il était impossible de les poursuivre. On réussit à leur tuer quelques hommes et à leur reprendre deux malheureux ouvriers qu'ils entraînaient.

Pendant ce temps, à neuf heures du matin, les contingents d'Ahmed envahissaient la plaine de Dréan et se rapprochaient de ce poste qu'ils faisaient mine d'attaquer.

Aussitôt, Yussuf avec la cavalerie indigène, formant une masse de 500 cavaliers que suivaient à courte distance 36 chasseurs, ayant à leur tête le capitaine Marion, se ruent sur les troupes du bey. C'est ce que celui-ci voulait. Pendant qu'une partie de sa cavalerie tiraille en fuyant devant les nôtres qu'elle attire, une colonne, à la faveur de ce mouvement, longeant la Seybouse, se répand dans la plaine de Bône. Tout un douar, bien que campé sous la protection d'un blockaus, voit ses troupeaux enlevés. Un voiturier est massacré.

Mais, quatre compagnies du 17ᵉ, prévenues, se mettent à la poursuite de l'ennemi, lui reprennent le bétail volé et lui tuent une vingtaine d'hommes.

A la veille d'une expédition dont le succès était déjà si gravement compromis par l'insuffisance des moyens de transport et des troupes mis à la disposition du gouverneur général, et par l'éloignement des tribus dont Yussuf nous avait promis le concours, il importait, si nous ne voulions à jamais ruiner notre prestige dans la province, d'aller chercher notre ennemi assez loin pour que l'audacieuse attaque du 9 ne se renouvelât pas.

Le général Trézel qui avait été nommé au commandement de la subdivision de Bône, où il débarquait le 3 octobre, avait remplacé le colonel Duverger, désigné lui-même pour remplir les fonctions de chef d'état-major général de l'armée expéditionnaire en formation.

Informé par Yussuf de l'audacieuse entreprise d'Ahmed, il quitta Bône le 10 au matin et se dirigea en toute hâte sur Dréan, emmenant avec lui 600 hommes du 59ᵉ et 50 sapeurs, 320 chasseurs et 2 pièces d'artillerie.

Le lendemain, 11 octobre, à quatre heures du matin, il repartait dans la direction d'Ascours et, après avoir traversé le Bou-Infra, petit affluent de la Boudjima, restait toute la journée en observation et rentrait à Bône sans avoir tiré un coup de fusil.

Le général Trézel trouvait dans le port, à son retour, le *Fulton* et le *Ramier* qui apportaient 800 hommes du 17e de ligne, destinés à entrer dans la composition du corps expéditionnaire.

Les partisans d'Ahmed couraient toujours la campagne.

Le 11, pendant que le général Trézel passait une journée à observer la campagne du côté d'Ascours, les rôdeurs venaient, le matin, jusqu'à la baie des Caroubiers, couper la tête à un corailleur napolitain.

Le 12, ils enlevaient, au même endroit, deux enfants et un Maltais. Yussuf même, malgré son intrépide activité, était désarmé contre ces maraudeurs isolés qui, leurs méfaits accomplis, disparaissaient et allaient plus loin continuer leur lugubre besogne, semant partout la terreur. Sur ces entrefaites, et malheureusement pour le succès de l'expédition projetée, le ministère de M. Thiers, qui lui était favorable, venait de disparaître pour faire place, le 7 septembre, à un nouveau cabinet entièrement hostile aux intentions du maréchal qui recevait, le 27 septembre, la dépêche suivante :

« Le gouvernement du roi aurait désiré qu'il n'eût pas encore été question de l'expédition de Constantine. C'est parce que cette expédition avait été annoncée, et pour ce seul motif que le gouvernement l'autorise. Il est bien entendu qu'elle doit se faire avec les moyens personnels et matériels qui sont actuellement à votre disposition. »

Le maréchal, bien que déçu sur ce premier point, n'en conservait pas moins une conviction qui, disons-le, était habilement entretenue par Yussuf. Jusqu'au dernier moment celui-ci ne cessa de promettre et le concours des tribus et les moyens de transport.

« Les populations ne demandent qu'à se soumettre, écrivait-il, seulement elles attendent qu'elles puissent le faire sans danger. Pour qu'elles viennent à moi, il suffit de me désigner à elles comme leur nouveau bey. Dès lors des milliers de cavaliers accourront à nous pour combattre Ahmed qu'ils redoutent autant qu'ils l'exècrent. A la rigueur, je pourrais, je crois, entrer en possession de la capitale de mon beylik avec les seules ressources dont je dispose (1). »

Le duc de Nemours débarquait à Bône le 29 octobre et le maréchal le 31. Obligé de dégarnir les provinces d'Alger et d'Oran d'une partie de leurs troupes, il avait signé, avant de quitter Alger, un arrêté organisant la milice africaine.

A la même date, il avait remis en vigueur l'arrêté qui suspendait toute transmission d'immeubles et son application avait été étendue aux provinces de Bône et de Constantine, tant le maréchal était convaincu que la soumission de la capitale se ferait sans coup férir.

La proclamation qu'il lança de Bône aux habitants de Constantine en est une nouvelle preuve.

« L'armée française, leur disait-il, respectera votre

---

(1) L'auteur du journal de l'expédition et de la retraite de Constantine dit à ce sujet : Sa jeune ambition (Yussuf) le fit-elle s'abuser lui-même ou bien le porta-t-elle sans qu'il s'y méprît pour son compte à embellir la vérité, à déguiser la mauvaise chance..... Il représenta cette opération comme la chose la plus aisée...

religion, vos personnes et vos propriétés. Il ne vous sera rien demandé, rien imposé. Le soldat sera logé dans des maisons séparées des vôtres et le plus grand ordre règnera dans Constantine, si notre entrée se fait sans résistance et pacifiquement de votre part. »

On apprit plus tard que, grâce à la surveillance exercée par Ahmed, pas une de ces proclamations n'était entrée dans Constantine.

Bien que gravement préoccupé depuis six mois des préparatifs de la campagne qui allait s'ouvrir, le maréchal n'oubliait pas les réformes intéressant l'avenir de notre colonie naissante. C'est ainsi qu'il avait fait signer, le 2 août 1836, au maréchal Maison, ministre de la guerre, un arrêté réglant les attributions du gouverneur, des chefs de service, des administrations civiles et des conseils d'administration d'Oran et de Bône.

Une ordonnance royale du 6 octobre 1836 modifiait le service judiciaire. Le tribunal de Bône était composé d'un juge royal, d'un juge suppléant, d'un substitut du procureur général et d'un greffier.

Au dernier moment, c'est-à-dire à l'arrivée du maréchal à Bône, il fallut bien reconnaître que nous n'avions plus à compter sur le concours des tribus. En outre, les 1,500 mulets promis par Yussuf étaient réduits au nombre de 475. Il était impossible d'organiser avec d'aussi faibles moyens les services administratifs et surtout le service si important de l'ambulance. Les maladies étaient venues depuis quelques jours décimer le corps expéditionnaire ; 2000 hommes encombraient déjà l'hôpital de Bône et les baraquements.

Il n'entre pas dans le cadre de cet historique de faire le récit de la campagne qui se termina par la douloureuse retraite que tout le monde connaît. Le général Trézel, qui avait été désigné pour commander une division de l'armée, avait été provisoirement remplacé dans le commandement de la subdivision de Bône par le colonel Brice, commandant de place. Il n'y eut rien d'important à signaler pendant cet intérim. Les populations étaient dans l'expectative et n'osaient se prononcer avant de connaître le dénouement.

Le 1er décembre, l'armée rentra à Bône après avoir laissé, à son passage à Guelma, le 28 novembre, le chef de bataillon Philippe, du 62e, avec son bataillon et 150 malades qui y moururent presque tous.

Le maréchal s'embarqua le 4 pour Alger, non sans avoir donné l'ordre au colonel Duvivier d'aller s'établir à Guelma avec le bataillon d'Afrique, un bataillon du 17e et quelques spahis, car il emportait l'idée plus arrêtée que jamais de venir réparer son échec, et il voulait faire de Guelma sa base d'opération dans une nouvelle tentative. Mais il ne devait plus revenir. On l'accusa d'abord de s'être laissé berner par Yussuf; puis les attaques devinrent plus personnelles. La calomnie s'en mêla; les calomnies les plus ridicules comme les plus flétrissantes furent lancées contre le vieux général, que son glorieux passé aurait dû défendre.

On ne peut s'empêcher d'être ému à la lecture des lignes empreintes d'une douloureuse fierté qui achevaient la défense qu'il publia en 1837 : « J'ai été triste, dit-il, mais je n'étais pas désespéré. J'avais encore mon épée, on me l'a ôtée, autant du moins qu'on pouvait me l'ôter ; on a laissé une carrière de victoires trébucher sur un revers sans vouloir lui laisser prendre un dernier laurier. On a pensé sans doute que j'étais assez tombé pour m'empêcher de me relever. Non ! non ! je me relève, moi, je me relève pour rentrer la tête haute dans mes foyers. Je me relève et, sur le seuil de cette maison paternelle où je retourne, je poserai entre la calomnie et moi ma vieille épée de combat. Regardez-la bien ; elle n'a ni or ni diamant à sa monture ; elle n'a que du sang sur la lame, c'est le sang des ennemis de la France. »

Le 12 février, le général Damrémont était nommé au gouvernement de l'Algérie et y débarquait le 3 avril. Il annonça aussitôt, dans une proclamation, qu'il allait venger l'échec de Constantine. A Guelma, le colonel Duvivier, par la fermeté de son attitude et sa politique bienveillante, avait ramené une partie des populations autour du camp établi sur les ruines de l'antique Calama ; il avait rétabli ainsi chez les Arabes la confiance qu'avait détruite l'administration un peu à la turque de Yussuf. « La confiance que M. Duvivier sut inspirer aux Arabes était telle que les envois d'argent de Bône au camp de Guelma ayant plusieurs fois éprouvé des retards, ils ne firent aucune difficulté d'accepter en échange des denrées nécessaires à la consommation du camp, des billets à termes garantis par lui et qui circulèrent dans les tribus comme monnaie courante. »

Pour obtenir cet ascendant moral, il avait fallu que le colonel déployât également une grande énergie contre les Arabes encore soumis à l'autorité d'Ahmed Bey et que ce dernier lançait contre les populations qui nous montraient de la sympathie.

Rien, jusqu'au commencement de mai, n'était venu troubler la garnison de Guelma, mais à cette époque les Oulad-Zenati reçurent avis de Constantine qu'Ahmed lui-même arrivait avec de nombreux contingents et qu'il leur ordonnait de préluder à une attaque sérieuse par la razzia des tribus en relations avec nos soldats.

Fort heureusement, le colonel Duvivier, prévenu à temps, se porta au devant des révoltés et leur infligea, le 24 mai, une première leçon. Il marcha ensuite sur les Achaches qui avaient coopéré à l'expédition des Oulad-Zenati et leur enleva leurs troupeaux qu'il ramena à Guelma. Les Achaches y arrivèrent le lendemain pour faire leur soumission. Le 16 juillet, des forces considérables attaquèrent le camp de Guelma, mais bien que le colonel n'eût que 600 fantassins et 120 chevaux, elles furent vigoureusement repoussées.

Le nouveau gouverneur général avait décidé la création de deux postes entre Bône et Guelma, le premier à Nechmeya, le second à Hammam-Barda, comme points de ravitaillement pour l'armée expéditionnaire qui allait marcher sur Constantine, dans le cas où Ahmed ne consentirait pas à traiter avec nous.

Le maréchal arriva à Bône le 26 juillet. Toutes les instructions qu'il avait reçues du gouvernement lui recommandaient de faire tous ses efforts pour qu'Ahmed bey acceptât nos conditions sans effusion de sang.

Voici, en résumé, les conditions auxquelles nous désirions le voir se soumettre :

La France se réservait l'administration directe du territoire de Bône, de La Calle et de Guelma. Le drapeau français serait, dans toutes les cérémonies publiques et sur tous les bâtiments à Constantine, placé au-dessus du drapeau musulman. Le bey Ahmed devrait se reconnaître vassal de la France, payer un tribut annuel et rembourser les frais de la dernière expédition.

« Ne perdez pas de vue, écrivait à la date du 21 juillet le ministre de la guerre au gouverneur, que la pacification est l'objet principal que le gouvernement se propose et que la guerre n'est considérée ici que comme moyen de l'obtenir aux conditions les plus avantageuses, moyen auquel il ne faudra avoir recours qu'à la dernière extrémité. »

Le maréchal Damrémont se mit donc à l'œuvre pour entamer des négociations avec Ahmed. Il envoya à Tunis un de ses aides de camp, M. Toltz ; mais pendant que ce dernier s'efforçait de nouer des relations, Busnach, d'Alger, reçut l'invitation du bey de Constantine de se rendre dans cette ville pour y entendre ses propositions et les transmettre ensuite au gouvernement français. Il s'y rendit aussitôt.

Pendant ce temps, le gouverneur ne restait pas inactif. Par ses soins, des troupes tirées d'Oran et d'Alger s'installaient à Bône ; des moyens de transport très considérables y étaient également réunis. Un gros matériel de siège et de campagne fut amené de France et, enfin, des baraquements furent construits à Bône, Nechmeya et Guelma. Le maréchal se transporta de sa personne le 9 août à Medjaz-Ahmar avec le 47e et le 23e de ligne qu'il employa à construire sur ce point un immense camp retranché.

Cependant les négociations avec Ahmed continuaient : tantôt il paraissait disposé à s'incliner devant nos conditions, tantôt ses prétentions devenaient arrogantes. Il était facile de deviner que deux influences agissaient sur lui : celle de M. Busnach lui montrait tous les avantages de la paix proposée ; celle de Ben Aïssa et du parti de la guerre à outrance lui faisait entrevoir la possibilité d'être secouru par le gouvernement turc.

Cette puissance sembla vouloir même un moment s'interposer, mais l'escadre de l'amiral Lalande eut bientôt fait de calmer les ardeurs belliqueuses de la Porte.

A la fin d'août, le maréchal Damrémont, fatigué de toutes ces lenteurs, fit signifier son ultimatum à Ahmed qui y répondit par une sorte de défi insolent. C'était la guerre ; mais le maréchal, encore influencé par l'injuste responsabilité qu'on avait fait peser sur le maréchal Clauzel, ne voulut prendre aucune initiative, s'appuyant sur une dépêche gouvernementale du 9 août, qui lui recommandait de « se borner à rassembler tous les moyens de guerre, à les organiser complètement, afin d'être prêt à marcher, et de ne rien entreprendre au delà sans avoir fait connaître au gouvernement du roi l'état exact des choses et avoir reçu ses ordres. »

Il demanda des instructions. Le conseil des ministres se réunit et l'ordre de prendre Constantine à tout prix fut envoyé. L'armée entière, forte de 10.000 hommes, quitta Medjaz-Ahmar le 1er octobre.

Nous ne ferons pas plus le récit de la deuxième expédition que de la première. Disons simplement que le maréchal Damrémont, tué devant la brèche, fut remplacé dans la direction du siège par le général d'artillerie Valée.

Le 13, après un combat acharné, le drapeau tricolore flottait sur Constantine. L'armée expéditionnaire rentra à Bône par fractions, laissant à Constantine 2.500 hommes sous le commandement du général Bernelle. Le général Valée trouva à Bône sa nomination de gouverneur général des possessions françaises en Afrique. Le corps du maréchal Damrémont fut embarqué pour France. On le déposa aux Invalides.

Le général Trézel, nommé lieutenant général, avait été désigné par le ministère pour remplir les fonctions de chef d'état-major général de l'armée d'Afrique. Il s'embarqua le 21 novembre 1837 et arriva à Alger où le gouverneur, qui n'avait pas été consulté sur ce choix, refusa de le recevoir. Il dut rentrer en France. Constantine relevait alors de Bône, siège du commandement de la province.

CHAPITRE IX

Situation de Bône en 1838. — Ralentissement momentané des progrès de la colonisation. — Le général de Castellane. — Son court séjour à Bône. — Constantine devient chef-lieu de la province. — Organisation politique et administrative de la province de Bône. — Le général Guingret est nommé commandant supérieur. — Les expéditions dans les tribus. — Tempêtes du mois de mars 1840. — Assassinat du capitaine Saget. — Expédition contre les Beni-Salah. — Départ du général Guingret.

Au commencement de l'année 1838, la population européenne de Bône était de 2.622 âmes, répartie ainsi : Français 954, étrangers 1.668.

Les deux années qui venaient de s'écouler, fertiles en événements militaires, n'avaient pas permis au général Trézel de poursuivre l'œuvre si bien commencée par d'Uzer. Il y avait eu un temps d'arrêt dans l'essor de la colonie, tant à l'intérieur qu'à l'extérieur de la ville. La malpropreté des rues, que le général d'Uzer avait réussi à faire disparaître après bien des efforts, était revenue et avec elle le cortège des maladies.

La police s'était relâchée de sa surveillance ; à la suite des troupes envoyées de France pour prendre part aux deux expéditions de Constantine, on avait vu débarquer des gens qui, sous le nom de colons, débitaient aux soldats des alcools sans nom. La santé et la discipline s'en ressentaient.

« Une mesure non moins importante, écrivait un officier de cette époque (17 février 1838), et aussi pressée à prendre, c'est l'établissement d'une bonne police civile et militaire.

« L'ivrognerie, le vol et les tapages nocturnes sont extrêmement fréquents. Il serait temps enfin de sortir de cet état de barbarie, en envoyant à Bône des administrateurs à santé forte, à volonté ferme et à grande persévérance. Que l'on ne craigne pas de les récompenser et de les soutenir même dans les actes qui paraîtraient arbitraires en France, et qui sont ici nécessaires pour organiser l'ordre au milieu des Maltais, des indigènes, des fainéants et des voleurs. Que l'on admette dans la colonie, si on le juge convenable, les repris de justice, les condamnés au boulet ou aux travaux, le rebut de la nation française, mais que l'on y envoie des hommes forts pour diriger les administrations et des troupes bien disciplinées pour les protéger. »

Il est certain qu'un tel état de choses ne pouvait favoriser les progrès de la colonisation.

« La culture à la charrue n'a pas été mise en usage dans la plaine de Bône, dit le même officier ; c'est un genre d'industrie et de spéculation qui demande trop de travail et de persévérance et qui ne produit pas assez pour les colons avides et paresseux. On sera forcé d'organiser des colonies militaires, si on veut coloniser.

« Le service des eaux n'a pas encore été régularisé. Nous avons des marais pendant six mois et une sécheresse absolue pendant six autres. Tels sont les résultats du désordre dans lequel on se débat depuis six ans à Bône, pour ne pas avoir eu d'idées fixes sur la position à occuper et un plan de conduite invariable. »

Le général de Castellane fut nommé au commandement des provinces réunies de Constantine et de Bône. Mais il ne fit que passer ; débarqué le 2 janvier 1838, il reprenait la mer le 5 février suivant, laissant la direction des affaires au colonel Roux.

A son départ, le chef-lieu de la province de l'Est, qui était Bône, fut transporté à Constantine où commandait le général Négrier.

Bien que la tranquillité régnât dans les tribus depuis la prise de Constantine, nous n'ignorions pas que les tribus redoutaient toujours des incursions d'El Hassnaoui, qui était en faveur chez les Hannencha.

Le maréchal Valée résolut de faire cesser cette crainte en faisant circuler quelques troupes dans la région.

Le chef d'escadron de Mirbek, qui avait remplacé Yussuf à la tête des spahis, reçut le commandement d'une petite colonne composée de quatre escadrons de son corps et une partie du bataillon turc. Il partit au commencement d'avril avec mission de faire rentrer l'impôt achour et hockor, mais simplement par la douceur et sans employer la force dans aucun cas. Il arriva tout naturellement que les rentrées furent nulles et que malgré cette attitude bienveillante la colonne fut attaquée le 26 avril près d'Aïn-Guettar par les contingents réunis des Oulad-Ali, Oulad-Amor et Beni-Mazen, excités par les émissaires de Hassnaoui. On leur tua une vingtaine d'hommes. Pendant ce temps, à Guelma, le lieutenant-colonel Douai, du 12e de ligne, parti du camp de Medjez-Ahmar qu'il commandait, eut l'imprudence de s'avancer avec quatre compagnies seulement jusqu'au Fedj-el-Trad, où des indications plus ou moins vagues lui faisaient croire à l'existence de mines de cuivre. Attaqué par la tribu des Haractas, il battit péniblement en retraite et éprouva des pertes très sensibles.

Le commandant de Mirbek exécuta une deuxième sortie avec les mêmes forces et obtint, au point de vue des impôts, le même résultat ; néanmoins nos troupes reçurent un bienveillant accueil des Arabes campés sur le bord du lac Fezzara, chez lesquels elles restèrent quelques jours.

Enfin une troisième expédition, toujours commandée par le chef d'escadron de Mirbek, dans le cercle de Guelma, n'aboutit à rien, à la suite d'un conflit survenu entre le commandant de la colonne et le colonel Guesvilliers, du 23e de ligne, conflit qui aura pour résultat de faire prononcer l'arrêté du 1er novembre 1838 que nous allons lire plus loin.

Après la défaite d'Ahmed, son lieutenant Ben Aïssa s'était réfugié dans les montagnes du côté de Sétif, où il essaya de fomenter des troubles. Mais les contingents des tribus qui s'étaient soulevées à sa voix ayant été battus, il se décida à faire sa soumission.

Le 5 février 1838, il était venu s'embarquer à Bône d'où il se rendit à Alger. Pour le récompenser et se l'attacher, on le nomma khalifa du Sahel (1).

Au mois de juillet, le général Galbois remplaça le général Négrier dans le commandement de la province.

La chute de Constantine avait été le signal de la ruine de l'autorité turque dans la province de l'Est, où notre victoire inaugurait une souveraineté nouvelle, celle de la France. En raison des nombreuses soumissions qu'apportaient les chefs des tribus, il devenait urgent d'édifier sur les ruines de l'ancien régime une administration politique et une organisation territoriale régulières.

Le maréchal Valée arriva à Bône le 21 septembre pour étudier sur place la question de l'organisation définitive de notre conquête.

La province tout entière fut divisée en deux parties : La France se réservait l'administration entière du territoire de la première. C'était la province de Bône. La seconde reçut le nom de province de Constantine et fut divisée en arrondissements inégaux, dans la formation desquels les traditions, les coutumes étaient ménagées et consultées avec soin. Le commandement supérieur du territoire des deux provinces était confié à un officier général.

---

(1) Ben Aïssa fut destitué par le général Négrier en 1841. Convaincu d'avoir fabriqué de la fausse monnaie il fut condamné par le conseil de guerre, le 2 avril 1841, à 20 ans de travaux forcés et gracié par le roi le 18 mars 1842. Il se retira à Constantine, puis à Alger, où il mourut dans la plus grande misère.

Nous n'avons à nous occuper dans ce travail que de la province de Bône, dont la banlieue politique, jusque-là limitée à la zone de protection de nos camps, on le sait, allait s'agrandir.

L'arrêté du 1er novembre 1838, reproduit ci-après, en fixa d'une façon définitive l'organisation administrative et territoriale :

« *ARRÊTÉ du 1er novembre 1838 qui pourvoit aux gouvernements des populations arabes et kabyles comprises dans la partie de la province de Constantine, dont la France conserve l'administration directe.*

« Article premier. — Le territoire de l'arrondissement de Bône sera partagé en quatre cercles qui porteront les noms de cercle de Bône, cercle de La Calle, cercle de Guelma et cercle de l'Edough.

« Art. 2. — Le commandement et l'administration de chacun de ces cercles sera confié à un chef français qui exercera son pouvoir sous l'autorité de l'officier général commandant l'arrondissement de Bône.

« Le commandant de l'arrondissement de Bône relèvera du commandant supérieur de la province de Constantine, dont il recevra directement les ordres.

« L'autorité des fonctionnaires civils français sera successivement étendue sur tous les cercles avec les réserves que les circonstances rendront nécessaires.

« Lorsqu'une ordonnance du roi ou un arrêté du gouverneur général aura placé une partie du territoire sous l'autorité des fonctionnaires de l'ordre civil et la juridiction des tribunaux, le commandant supérieur de la province ne pourra s'immiscer dans les affaires administratives et judiciaires qu'en vertu d'ordres spéciaux du gouverneur général ou sous sa responsabilité personnelle, dans des circonstances intéressant la sûreté du pays.

« Les commandants des cercles, soumis à l'administration civile, n'auront d'autorité que sur les populations indigènes.

« Art. 3. — Les commandants de cercle, toutes les fois que des dispositions spéciales n'auront pas décidé le contraire, réuniront tous les pouvoirs militaires civils et judiciaires.

« Des arrêtés spéciaux régleront les formes suivant lesquelles ils devront exercer ces différentes attributions.

« Art. 4. — Les populations indigènes seront placées, dans chacun des cercles de Bône, de La Calle et de l'Edough, sous les ordres d'un caïd, qui restera dans la dépendance du commandant du cercle.

« Dans le cercle de Guelma, il y aura deux caïds, l'un arabe et l'autre kabyle ; ils seront indépendants l'un de l'autre et relèveront directement du commandant du cercle.

« Art. 5. — L'achour et le hockor seront livrés sur toutes les tribus qui habitent le territoire administré par les autorités françaises.

« Le tiers du hockor sera abandonné aux caïds du cercle, pour appointements, frais de représentation et de perception.

« Les caïds paieront l'impôt au commandant du cercle qui sera assisté pour la perception de l'hockor, d'un employé de l'administration des finances, et, pour la perception de l'achour, d'un membre de l'intendance militaire.

« Les versements seront faits à Bône dans la caserne du payeur, en présence du conseil d'administration de l'arrondissement organisé par arrêté de ce jour.

« Des reçus provisoires seront remis aux caïds par les commandants de cercle. Ces reçus deviendront définitifs lorsqu'ils auront été approuvés par le conseil d'administration d'arrondissement.

« Art. 6. — Les propriétés du beylick et celles sous le séquestre seront régies par le conseil d'administration de l'arrondissement de Bône ; elles seront affermées par adjudication publique et les revenus en seront versés au Trésor.

« Art. 7. — Les cavaliers irréguliers et auxiliaires aux tribus seront placés sous les ordres du commandant du cercle. Ils ne pourront se réunir qu'avec son approbation et rentreront dans leur tribu dès qu'ils en auront reçu l'ordre.

« Art. 8. — Dans chaque cercle, il pourra être nommé un cadi musulman qui jugera les différends survenus entre les indigènes.

« Lorsque des Européens seront en cause, les conseils de guerre et la justice ordinaire, pour les parties du territoire soumises à son autorité, seront chargés de la poursuite des crimes.

« Art. 9. — Les caïds de cercle et les cadis seront

nommés par le commandant supérieur de la province de Constantine, sur la proposition de l'officier général commandant l'arrondissement de Bône.

« Les cheiks seront nommés par le commandant de l'arrondissement, sur la proposition du commandant du cercle.

« Les chefs indigènes, quel que soit leur titre, pourront être révoqués par le gouverneur général, sur la proposition du commandant supérieur de la province qui, en cas d'urgence, les suspendra provisoirement de leurs fonctions.

« ART. 10. — Les caïds du cercle recevront la gandoura au moment de leur investiture; ils prêteront, sur le Coran, serment de fidélité au roi et d'obéissance au commandant du cercle. Ils seront dispensés de tout droit d'investiture.

« Le commandant supérieur de la province de Constantine est chargé de l'exécution du présent décret.

« Au quartier général, etc., etc.

« (Signé) : Comte VALÉE. »

La nouvelle province ainsi divisée était limitée à l'est par la régence de Tunis, dont la frontière n'était pas déterminée, ce qui sera pour nous pendant de longues années une cause de difficultés ; à l'ouest par les montagnes inaccessibles de la Kabylie et de Philippeville et le khalifa du Sahel ; au sud par la partie du territoire de la province de Constantine, dont la France ne se réservait pas l'administration directe.

L'arrêté du 30 septembre 1838, qui avait confié à un officier général le commandement et l'administration de toute la province, avait réuni entre ses mains tous les pouvoirs civils et militaires qu'il importait d'établir ; l'autorité du commandant supérieur de la province fut limitée dans les parties du territoire sur lesquelles existait l'administration civile.

L'indépendance des fonctionnaires de l'ordre administratif et de l'ordre judiciaire avait été posée en principe, et il n'avait été admis comme exception que des cas extraordinaires et des circonstances de force majeure dans lesquels le salut du pays devenait la loi suprême. C'est pour ce motif que fut formé, sous la présidence du général commandant la subdivision de Bône, un conseil spécial d'administration destiné à contrôler la perception de l'impôt et de régulariser l'administration des propriétés du beylick, situées hors du territoire placé sous la main de l'autorité civile. Contrairement à ce qui avait été adopté pour le conseil d'administration de Constantine, les indigènes n'avaient point entrée à celui de Bône, qui était composé des actionnaires ci-après :

L'officier général commandant la subdivision, *président;*

Le sous-directeur de la province ;

Le sous-intendant militaire ;

Le chef du service des domaines ;

Le payeur du Trésor.

Les chefs des différents services dans le territoire soumis à l'autorité civile conservaient la plénitude de leurs attributions et de leur indépendance.

Le cercle de La Calle était placé sous le commandement de M. de Mirbek, chef d'escadron; celui de Guelma sous les ordres du commandant Herbillon; celui de l'Edough était directement administré par le général commandant la subdivision.

Le 28 décembre 1838, le général Guingret vint prendre le commandement de la subdivision de Bône. La région jouissait à ce moment d'une absolue tranquillité, et les travaux d'amélioration et d'embellissement changeaient chaque jour l'aspect de la ville.

Les colons commençaient à s'établir dans les environs. Quelques cas épidémiques s'étant produits, le général Guingret, pour ne pas laisser la garnison dans une trop grande inaction, sortit de Bône le 16 mars et poussa une pointe de quatre jours dans la direction du lac Fezzara; il rentra à Bône sans avoir été inquiété.

Dans l'Est, El Hassnaoui essayait de fomenter des troubles. Avec quelques combattants des montagnes de la frontière tunisienne, il vint razzier les douars campés autour d'Aïn-Guettar. La garnison de La Calle ne comptait qu'un faible effectif et il eût été imprudent de la lancer à la poursuite d'un ennemi qui, en se dérobant, pourrait l'entraîner fort loin. Mais les Arabes qui nous avaient payé l'impôt réclamaient, à juste titre, une protection à laquelle ils avaient droit et que nous ne pouvions malheureusement leur accorder. El Hassnaoui en profita pour faire courir des bruits défavorables à notre prestige, affirmant que nous n'étions plus en état de défendre nos alliés. Le résultat fut qu'au mois de septembre des troubles éclatèrent chez les Oulad-Dieb, au sujet de la perception des impôts. On apprit même qu'El-Hassnaoui avait écrit à Ahmed bey, qui errait encore dans le sud, de venir le rejoindre, qu'il était facile de s'emparer de presque tout le pays, qu'il n'y avait presque plus de Français à Bône, etc.

A cette invitation, Ahmed répondit : « Tout cela est mensonge; je sais mieux que toi ce qui se passe. Les Français font venir une grande armée de 30.000 hommes dont 10.000 pour Bône, où je sais bien d'ailleurs qu'il y a peu de Français en ce moment. Mais toutes les tribus de la plaine sont pour eux. Je n'ignore pas qu'ils vont me poursuivre partout. »

La population du cercle de Guelma, qui n'était pas en butte aux instigations d'El Hassnaoui et d'Ahmed, était demeurée paisible. Ajoutons que l'administration sage et ferme du commandant Herbillon (1) fut la cause de ce calme qui permit de faire naître une ville nouvelle des ruines de l'antique Calama.

Vers le mois de décembre il y eut un acte de rébellion isolé, mais qui fut vigoureusement réprimé. Le commandant Herbillon avait envoyé quelques spahis chez les N'baïls du Djebel Tactoun et les Beni-Mezzeline, pour porter des ordres aux cheiks de ces deux tribus. A leurs instigations, les Arabes interdirent aux spahis l'accès de leur campement. Ces derniers voulurent néanmoins accomplir leur mission ; ils furent

---

(1) Le nom de cet officier, devenu ensuite général, a été donné au centre de Tacouch, village maritime situé à l'ouest de Bône.

repoussés à coups de fusil et, cédant au nombre, rentrèrent à Guelma. Le commandant voulut immédiatement réprimer cet acte de rébellion.

Le 13 décembre, vers dix heures du soir, une troupe de 90 spahis, ayant à leur tête le commandant Herbillon lui-même, se glisse silencieusement hors de Guelma. Aucun bruit ne trahit leur marche, les chevaux ont été déférés et les cavaliers, enveloppés dans leurs burnous, observent le plus profond silence. A trois heures du matin, la petite troupe arrive au pied du Djebel Tactoun, après avoir parcouru d'une traite sept lieues dans un pays très mouvementé et par des chemins difficiles, et fait halte. On laisse souffler les chevaux et on attend les premières lueurs du jour.

De tous côtés, les aboiements des chiens, auxquels viennent se mêler les mugissements des bœufs et le bêlement des moutons, trahissent la présence de nombreux douars dans les environs.

Enfin, vers six heures, à la faveur du jour naissant, on aperçoit à une faible distance un groupe considérable de tentes. Nos spahis s'élancent au galop. Mais l'éveil est donné, la fusillade accueille les burnous rouges, tandis que de toutes parts, dans la montagne, s'élèvent des cris et des appels. Ce sont les Arabes qui se rallient pour secourir leurs frères en danger.

Aussitôt, le commandant Herbillon fait occuper une hauteur qui domine le théâtre de l'action par le capitaine Rouverol et une partie de l'escadron. Cette disposition fait croire aux Arabes que nous avons des forces plus considérables, et ils se contentent d'établir en avant de leur campement une ligne de tirailleurs. Pendant ce temps, le lieutenant Cauro et l'interprète militaire Lombard, chargés de tourner avec une partie de l'escadron le douar attaqué, exécutent leur mouvement avec intelligence et résolution et se précipitent à l'improviste sur les tentes, au milieu desquelles ils pénètrent rapides comme la foudre, sans tenir compte des cris d'épouvante jetés par les femmes et les enfants, et de la résistance de quelques hommes qui ne se sont pas joints aux premiers défenseurs. Les spahis chassent devant eux tous les bestiaux qu'ils trouvent au nombre d'environ 500.

Aussitôt, le commandant Herbillon rallie sa troupe et, tranquillement, sans précipitation, reprend la route de Guelma, emmenant sa riche capture sous les yeux étonnés des indigènes qui n'osèrent inquiéter sa marche. Le troupeau fut remis à l'administration militaire qui le répartit entre le camp de Sidi-Tamtam, Medjez-Ahmar et Guelma.

Le commandant supérieur du cercle de Guelma aurait pu infliger un châtiment semblable aux Beni-Mezzeline, mais il jugea plus politique d'épargner, malgré la félonie de son cheik, une tribu qui venait de payer sans murmurer les impôts achour et hockor.

En résumé, cette courte mais heureuse expédition, au cours de laquelle nous n'avions pas perdu un homme et qui, au contraire, avait coûté aux Arabes quelques tués et un assez grand nombre de blessés, eut un grand retentissement dans le pays.

Les tribus kabyles, que la colonne dut traverser au

retour, ne pouvaient croire qu'une troupe ait pu, dans la nuit, traverser leur pays sans être entendue, tant l'expédition avait été conduite avec vitesse, discrétion et promptitude.

Ce châtiment produisit un effet salutaire sur les tribus ; aussi, le commandant Herbillon put, dans la journée du 16, faire une reconnaissance jusque chez les Beni-Mezzeline, où tous les grands de la tribu réunis vinrent lui demander l'*aman* et s'excuser de l'agression à laquelle ils s'étaient laissé entraîner par leur cheik.

Les premiers jours de 1840 furent calmes et, sauf une petite expédition contre les Eulma du lac Fezzara, rien ne vint troubler la tranquillité des environs de Bône.

Voici ce qui s'était passé :

Une fraction de la tribu des Eulma s'était déclarée en état de rébellion et d'hostilité contre l'autorité de la France. Elle avait chassé le cheik que nous lui avions donné, maltraité les cavaliers auxiliaires qui faisaient le service de courriers, déchiré les dépêches et, enfin, fait alliance avec une tribu non soumise. Un prompt châtiment devenait nécessaire.

Le douar le plus coupable, placé en nid d'aigle au sommet d'une montagne, se croyait hors de toute atteinte. Aussi quelle fut l'épouvante des indigènes en voyant surgir autour d'eux, le 16 mai, au point du jour, les spahis réguliers de Bône et une division du 3e chasseurs d'Afrique. Ils essayèrent bien de résister, mais le douar fut enlevé en un clin d'œil; les tentes, les bestiaux, tout fut pris. Quelques Eulma furent tués. De notre côté, nous n'avions perdu personne. Lorsque la colonne se retira, les Eulma, au lieu, selon la coutume des indigènes, de la harceler de loin à coups de fusil, vinrent à la première halte implorer le pardon. On leur rendit leurs ustensiles et leurs tentes, mais les bestiaux enlevés furent conservés et remis au service de l'administration.

La colonne, qui avait quitté Bône le 15 au matin, était de retour le 16, après environ 30 ou 32 heures. La section d'ambulance ne servit qu'à panser les blessés de l'ennemi.

Un épouvantable désastre vint, au commencement du mois de mars, jeter la consternation dans la population de Bône. Depuis quelques jours, le vent soufflait fortement; la mer, très agitée, rendait dangereuse la position des navires à l'ancre sur la rade lorsque, le 5 mars, vers midi, après une courte éclaircie, le vent doubla de violence et, bientôt, un effroyable ouragan se déchaîna sur la baie. A cinq heures du soir, la mer était complètement démontée et de véritables montagnes d'eau accouraient avec un horrible fracas à l'assaut des navires qui chassaient sur leurs ancres.

La garnison et la population, accourues sur la plage, assistaient, terrifiées, à cet effroyable bouleversement. Le général Guingret, accompagné de son officier d'ordonnance, le capitaine de Tourville, s'efforçait de donner une direction aux manœuvres de sauvetage. On vit alors des hommes de cœur s'élancer avec une sublime abnégation au devant d'une mort presque certaine, pour essayer d'arracher aux vagues quelques-unes de ses proies.

L'équipage du brick français l'*Arlequin*, après avoir bravement lutté contre la tempête et sentant le navire se disloquer sous ses pieds, se décida à chercher un refuge à terre. Huit marins et le capitaine s'embarquent à bord de la chaloupe, mais à peine sont-ils parvenus à quelques brasses du navire en détresse que la mer, furieuse, renverse l'embarcation et tout disparaît sous les vagues.

Oublieux de leur propre danger, trois marins du brick-goélette l'*Italiano* se mettent dans un canot et volent au secours des naufragés. Ces trois hommes (1), après des efforts inouïs, parviennent à en arracher cinq aux flots, et la frêle embarcation, ainsi surchargée, vient les déposer sur la plage de Constantine, aux applaudissements de la foule émue.

Tout n'est pas fini, d'autres infortunés luttent encore contre la mort; le maître Andrieux et le pilote Emily, accompagnés de cinq marins, prennent place dans le grand canot du port et s'élancent; déjà ils ont réussi à sauver deux matelots lorsqu'une lame monstrueuse vint tout engloutir.

Une immense clameur d'angoisse retentit sur le rivage, les neuf malheureux sont inévitablement per-

---

(1) Les rapports de l'époque nous ont conservé les noms des modestes héros qui donnèrent en cette journée de deuil tant de preuves de dévouement et d'abnégation. Les trois marins de l'*Italiano* sont : Fortunato Viquol, Giacomo Cossipi, Dominico Demajo.

dus, lorsque le capitaine Gélin, « qu'on est habitué à voir le premier partout où il y a péril et preuve de dévouement à donner. » (1), saute dans le bateau de sauvetage avec sept hommes non moins intrépides. Il y eut un moment d'anxiété horrible. Le canot qui emporte ces huit braves surgit tantôt au sommet des vagues, tantôt disparaît dans des abîmes d'où il semble ne devoir plus sortir. Après une lutte acharnée, quatre naufragés sont encore recueillis ; ce sont deux marins de l'*Arlequin* et deux des héroïques compagnons du pilote Emily, engloutis avec le grand canot. Les sauveteurs, épuisés par l'effort qu'ils viennent de faire, reviennent sur la plage, mais le vent apporte encore les cris d'appel désespérés de quelques malheureux.

Le canot de sauvetage repart une deuxième fois, sous le commandement du capitaine Fortin, directeur du port, et recueille encore un homme qui lutte avec l'énergie du désespoir. Enfin, un bateau maltais, conduit par six hommes, parvient à sauver le capitaine de l'*Arlequin*, qui, pendant tout ce temps, a pu se maintenir à flot.

Plusieurs hommes avaient perdu la vie dans cette scène de désolation. Deux matelots de l'*Arlequin* et deux matelots sardes de l'*Italiano*, ces derniers morts victimes de leur dévouement, et, enfin, le brave pilote Emily, qui laissait une nombreuse famille, avaient disparu. Son cadavre ne fut retrouvé que quatre jours

---

(1) Rapport du général Guingret. M. Gélin, en retraite depuis de longues années, habite encore Bône.

après à l'entrée de la Boudjima. On lui fit des funérailles dignes d'une mort aussi glorieuse (1).

Quelque temps après cette catastrophe, le général Guingret quittait Bône avec une colonne formée des différents éléments de la garnison pour aller se réunir aux deux autres colonnes qui, sous les ordres du général Galbois, devaient opérer contre les Haractas, coupables de rébellion envers l'autorité française. Le résultat de cette campagne fut la soumission des Haractas qui, en deux jours, perdaient 150 hommes, tous leurs troupeaux et leurs tentes. La garnison de Bône rentrait dans ses cantonnements le 26 avril.

Le 1er juin suivant, nos soldats repartaient et gravissaient les pentes abruptes de l'Edough, dont les montagnards refusaient de payer l'impôt. La colonne, commandée par le colonel d'Arbouville, campa le 2 au soir au milieu des forêts. Dans la nuit, les Kabyles se ruèrent sur le camp avec fureur et essayèrent d'y pénétrer.

L'obscurité était profonde et nos sentinelles, fatiguées par une longue journée de marche dans un pays accidenté, n'aperçurent l'ennemi que lorsqu'il était déjà près. Elles se hâtèrent cependant de donner l'éveil et une vive fusillade s'engagea. L'ennemi, qui avait un instant espéré enlever le camp à la faveur du désordre, fut d'abord repoussé, puis nos troupes,

---

(1) Le fils du pilote Emily se trouvait en ce moment au collège de Toulon et se préparait à la marine. Après la mort de son père, il dut rentrer à Bône qu'il habite actuellement.

reprenant l'offensive, se précipitèrent sur les Arabes qu'elles se mirent à poursuivre. Un coup d'obusier à mitraille, heureusement dirigé par le capitaine Léon, qui commandait l'artillerie de la colonne, acheva la déroute des montagnards.

Aucun fait digne d'être signalé ne troubla le calme de la région jusqu'au mois d'octobre. A ce moment, un odieux guet-apens, ourdi par les Beni-Salah, coûta la vie à un jeune officier d'état-major, plein d'avenir, le capitaine Saget.

« Un malheur est arrivé dans la subdivision de Bône, écrivait le général Guingret au ministre, qui m'oblige à tenter une vengeance éclatante.

« Le caïd Mahmoud ben Hassen, du cercle de La Calle, homme distingué et des plus dévoués, étant parti avec les instructions les plus sages et les plus prudentes pour collecter l'achour, M. le capitaine d'état-major Saget, chargé du service topographique, jeune sujet de grande espérance, avait profité de l'occasion pour faire la levée du pays ; l'escorte du caïd et du capitaine se composait d'une vingtaine de spahis. Tout avait été au mieux jusque dans les Beni-Salah de la plaine ; le caïd avait été reçu partout avec respect et affection.

« Les douars des cheiks Ez-Zobéïr et Oulad-Oussif des Beni-Salah, Ouled-Ahmed les avaient aussi parfaitement accueillis et leur avaient donné une généreuse hospitalité. Un cheik voisin, nommé Ahmed ben Chaïb, dont le douar était enfoncé entre les Beni-Salah, Ouled-Mihoub et les Beni-Salah de la montagne, est venu inviter le caïd Mahmoud et le capitaine Saget à visiter aussi son douar, leur exprimant qu'ils seraient déshonorés et obligés de quitter le pays s'ils leur faisaient l'affront de ne pas venir manger le couscoussou dans sa tente.

« Le caïd et le capitaine eurent l'imprudence de céder aux perfides instances d'Ahmed ben Chaïb, quoique les cheiks des Oulad-Zobéïr et des Oulad-Oussif leur insinuassent qu'il y avait des risques à courir et que l'on ne pouvait guère compter sur la foi de ben Chaïb.

« Mais le capitaine Saget qui, déjà, avait poussé la veille jusqu'aux ruines de Ksar-el-Achour, au cou de la Seybouse, entraîné par la passion du métier et par le désir de lever un pays inconnu, détermina le caïd à accepter l'invitation ; ce qu'ils firent, quoique les instructions sévères de M. de Mirbeck, commandant du cercle de La Calle, leur interdissent de pousser aussi loin.

« Une fois arrivé dans le douar, le caïd étant à se reposer dans sa tente, et le capitaine Saget occupé à dessiner un point de vue, le cheik Chaïb a tiré un coup de pistolet à bout portant dans le flanc de ce malheureux officier. Un autre Arabe, Fretah Ould El Guechy, a, en même temps, tiré un autre coup de pistolet sur le caïd Mahmoud qui se reposait dans la tente ; un autre spahi a aussi été tué, ainsi que l'ordonnance du capitaine Saget ; huit spahis ont perdu leurs chevaux et leurs armes et ont été complètement dépouillés.

« La mort prématurée du capitaine Saget est non

seulement un grand malheur, mais c'est aussi une bien grande perte pour l'armée et la science. A peine le crime commis, le cheik Ben Chaïb et son douar ont abandonné le pays qu'ils occupaient pour se retirer à quelques lieues de là, dans une position inexpugnable, où je ferai pourtant en sorte d'aller les surprendre lorsque j'aurai pu réunir quelques troupes. J'ai envoyé chercher les corps du caïd et du capitaine Saget ; les honneurs funèbres leur ont été rendus à Bône. »

Ce fatal événement a eu lieu le mercredi 21 octobre 1840.

Le général Guingret fit aussitôt ses préparatifs pour que l'expédition qu'il allait commencer fût une terrible leçon de représailles.

Le 22 décembre, une première colonne, commandée par le général lui-même, sortit de Bône et vint faire à Guelma sa jonction avec celle venue de Constantine. Puis les deux colonnes réunies se mirent en marche de manière à tourner les montagnes des Beni-Salah et les prendre à revers du côté des Hanenchas.

La deuxième colonne, forte de 1.000 hommes, sous les ordres de M. de Mirbek, commandant supérieur du cercle de La Calle, partit de Dréan et pénétra par la plaine dans le pays ennemi. Enfin, la troisième, forte d'environ 300 hommes, fut chargée d'appuyer les auxiliaires indigènes qui marchaient avec nous et se dirigea à l'ouest par les montagnes de Talha.

Ces dispositions eurent une réussite complète, chacune de nos colonnes ravageant dans sa marche les douars qu'elles rencontraient, mirent tout à feu et à sang, semant ainsi la désolation dans le pays. Aucun homme en état de porter les armes ne fut épargné. Les femmes et les enfants furent pris, les troupeaux capturés, les silos vidés et le feu mis à tout ce qu'il était impossible d'emporter. Le butin fait par nos auxiliaires fut immense.

Le général Guingret estimait dans son rapport à plus de 500.000 francs la valeur des pertes éprouvées par les Beni-Salah.

Malheureusement, le principal coupable, Ahmed ben Chaïb, put s'enfuir. Mais on réussit à s'emparer de Ali ben Djab Allah, marabout influent, un des principaux complices de Ben Chaïb. Il fut immédiatement décapité et sa tête, avec 60 autres, envoyées à Bône pour être exposées sur le marché. Son douar fut entièrement détruit. On trouva au nombre des morts Mohamed ben Sebbi, neveu d'Ahmed ben Chaïb, et son complice. Ce qui avait surtout excité la fureur de nos soldats, c'est la vue des effets du capitaine Saget, de ses papiers et de ses instruments qu'on retrouva dans le douar du marabout.

Les troupes rentrèrent dans leurs garnisons respectives. Voici en quels termes le général Guingret les remerciait :

« Le lâche assassinat commis par les Beni-Salah sur le valeureux Saget a enfin reçu un juste châtiment. La vengeance a été terrible. Les Arabes de cette province ne violeront plus traîtreusement les lois sacrées de l'hospitalité. Soldats, vous avez parcouru et sillonné dans toutes les directions des montagnes jusqu'ici réputées inaccessibles. Les assassins ont été traqués comme des bêtes fauves; pendant dix jours vos colonnes ont tout tué, tout détruit sur leur passage, et les tribus amies se sont enrichies des dépouilles des coupables, grâce à votre courage. Cette expédition aura une grande influence sur la soumission et la tranquillité du pays. Camarades, je ne puis citer dans mon rapport que quelques-uns de vos noms, mais cette fois encore vous avez tous dignement rempli votre devoir. »

Peu de temps après le général Guingret quittait Bône accompagné des regrets de ses compagnons d'armes et de la population civile tout entière dont il avait su s'attirer la sympathie.

CHAPITRE X

Le général Lafontaine. — Massacre du sous-lieutenant Alleaume et de son escorte dans l'Edough. — Révolte de Si Zerdoude. — Le général Randon est nommé au commandement de la subdivision de Bône. Son administration. — Ouverture de la route de l'Edough. — Camp sur la frontière de Tunis. — Colonne contre les Beni-Salah. — Progrès de la colonisation à Bône. — Différentes créations. — Visite du duc d'Aumale. — Colonne expéditionnaire dans le Sud. — Massacre d'un convoi de blessés par les Ouled Yahya Ben Taleb. — Terrible répression. — Départ du général Randon. — Regrets unanimes de la population.

Pas un nuage ne s'élevait à l'horizon politique de la province. Les populations, paisibles et rassurées, vaquaient à leurs occupations. Les troupeaux s'éloignaient des douars sans crainte d'être enlevés et, signe caractéristique, les marchés des points que nous occupions regorgeaient des produits de toutes les espèces que nous apportaient les indigènes des tribus les plus éloignées. Il eût été sage de prolonger cet état de choses si profitable au développement de la colonisation. Mais une erreur involontaire vint troubler cette tranquillité, fruit de plusieurs années d'efforts.

Le cercle de l'Edough, constitué par l'arrêté du mois

de novembre 1838, était administré par le caïd Kermiche, qui n'avait jamais cessé de nous donner des preuves du dévouement le plus loyal. Il avait, en très peu de temps, acquis un très grand ascendant sur les populations de montagnards si difficiles à mener et il obtenait sans difficultés le payement des impôts.

De sourdes calomnies, dictées par la jalousie, le mirent en suspicion auprès de l'autorité civile locale qui, ne pouvant invoquer de motif sérieux contre lui, le fit destituer sous le prétexte d'avoir vendu à son profit le tan provenant de bois appartenant à l'Etat. Or, ces bois, situés dans le massif de l'Edough, n'avaient jamais été remis au service forestier, qui en aurait été certainement très embarrassé, en raison de l'impossibilité d'y placer des agents. En outre, on ne connaissait l'existence de ces forêts que par ouï dire.

On nomma donc à la place de Kermiche un gendarme maure que cette élévation subite éblouit et qui, de très bonne foi, s'engagea à faire payer l'impôt à toutes les tribus du cercle de l'Edough. Il sollicita une escorte de 25 spahis réguliers sous le commandement d'un officier français. On eut la coupable imprudence de se prêter à cette ridicule équipée. Le sous-lieutenant Alleaume fut désigné. La petite troupe s'engagea dans l'Edough vers le milieu de juin. Quelques jours après, le 20 juin, on apprenait que le malheureux officier, son ordonnance et deux spahis avaient été égorgés chez les Beni-Mahammed. Le caïd et les autres spahis n'avaient dû leur salut qu'à la fuite. Voici ce qui s'était passé :

Le 19 juin, Alleaume était arrivé le matin avec sa petite troupe chez les Beni-Mahammed ; mal reçu tout d'abord, M. Alleaumne se vit refuser l'orge qu'il demandait pour ses chevaux. Une partie de la journée et la matinée du lendemain furent employées en pourparlers ; le cheik Zerdoude promettait de payer l'impôt aussitôt qu'il aurait pu réunir la somme fixée.

Dans l'après-midi, M. Alleaume, voyant bien que ces retards ne provenaient que du mauvais vouloir de la tribu, et le caïd ben Berkouchi l'engageant même à quitter promptement le pays, il annonça au cheik l'intention de partir à l'instant. Voulant probablement faire égorger tout le détachement et comptant sans doute sur la nuit pour exécuter son dessein avec plus de facilité, le cheik insistait pour retenir M. Alleaume jusqu'au lendemain, sous prétexte que les tribus voisines étaient en armes, prêtes à l'attaquer. Il promettait de l'accompager le lendemain avec sa famille et ses enfants, lui garantissant ainsi sécurité et protection. Ces raisons ne furent point goûtées par M. Alleaume, qui voulut partir sur-le-champ, mais il était déjà trop tard.

Le cheik Zerdoude, qui était allé lui-même, il y avait à peine quinze jours, chercher à Bône son diplôme de cheik, pose sa main gauche sur l'épaule de M. Alleaume, tire en même temps un pistolet de dessous son burnous et le tue à brûle-pourpoint. Aussitôt les Arabes, qui se tenaient embusqués dans un bois voisin, se montrent en armes et font feu sur les spahis. Ceux-ci, surpris et effrayés de la mort de leur officier et n'ayant pas leurs chevaux sellés, prennent la fuite dans plusieurs directions, et se sauvent en traversant une rivière à la nage. Ben Berkouchi réussit à s'enfuir (1).

Le général Lafontaine fut prévenu de cet horrible drame le 21 juin ; il fit partir aussitôt le colonel de Senhilles, de la légion étrangère, avec une assez forte colonne. On ne trouva que le vide, et, pour toute vengeance, on dut se contenter d'incendier quelques gourbis.

Sur ces entrefaites, Kermiche s'était évadé de la prison où il était détenu et avait cherché un refuge dans son douar qui reçut à coups de fusil les spahis chargés de le rattraper. Kermiche comprit que cet acte de rébellion le condamnait, et il disparut dans l'Edough. Berkouchi, qui s'obstinait à vouloir faire croire à son influence, projeta de s'emparer à son profit des grains que Kermiche avait confiés aux Sauhanja de l'Edough. Mais Zerdoude, prévenu, faillit le surprendre et il dut, pour ne pas être massacré, rentrer précipitamment à Bône.

On comprit la faute qu'on avait commise en plaçant à la tête de populations indomptables un homme d'aussi peu de poids et d'influence que Berkouchi. Mais on en commit une autre en le remplaçant par Bou Aïche, caïd des Drides, qui fut encore plus mal accueilli que son prédécesseur. Le général Bugeaud, mécontent de cet état de choses, profita de la santé

---

(1) Feraud, histoire de Philippeville.

chancelante du général Lafontaine pour le faire rappeler en France et confia le commandement intérimaire de la subdivision au colonel de Senhilles.

Chaque année, la perception des impôts sur les tribus frontières de la Tunisie obligeait le bey à un certain déploiement de force. Emu, sans raison, le colonel de Senhilles crut voir dans l'arrivée des Tunisiens une menace pour nos tribus; il réunit quelques troupes et vint camper sur le territoire de la fraction la plus remuante, celle des Chiebna.

Profitant de son absence, Si Zerdoude se mit à prêcher la guerre sainte et, avec quelques centaines de Kabyles, sema la terreur jusque sous les murs de Bône. Revenant en toute hâte, le colonel de Senhilles, à la tête de quelques compagnies, se mit à la poursuite des partisans de Si Zerdoude et n'eut pas de peine à les rejeter dans les montagnes.

Le général Randon, qui avait été nommé au commandement de la subdivision de Bône, débarqua le 4 octobre. La ville était encore sous le coup de l'émotion causée par l'attaque des gens de l'Edough qui avaient osé, le 17 septembre, s'avancer jusque dans les jardins sous le canon de la place. Le premier acte du général fut d'interdire toute relation avec la montagne. Il fit publier sa défense dans toutes les tribus.

Le 6 octobre, les caïds vinrent annoncer au général que les Kabyles préparaient une attaque soudaine contre la ville et les tribus de la plaine. De sévères précautions furent prises, mais la nouvelle était fausse et la tranquillité ne fut pas troublée. Le général s'empressa de lancer des émissaires dans l'Edough et acquit la certitude que dans toute cette révolte il n'y avait qu'un seul grand coupable, Si Zerdoude, dont il convenait de tirer, en temps opportun, une vengeance éclatante. Convaincu que les tribus révoltées ne demandaient qu'à faire leur soumission, il fit répandre le bruit dans les tribus voisines de Bône que si les cheiks de l'Edough venaient implorer leur pardon, peut-être serait-il accordé.

Quelques jours après, les principaux cheiks, conduits par leur caïd Bou Aïche, se présentaient à Bône, et le général leur accordait leur grâce, sans autre condition que de maintenir sous leur responsabilité la tranquillité du pays et de livrer tous les agitateurs à l'autorité française. Aussitôt après cet acte de soumission, quelques tribus vinrent reprendre leurs campements habituels. Le commandant de la province (1) voulait, pour achever la pacification du pays, le faire parcourir par une colonne. Le général Randon, qui ne partageait pas cet avis, exprimait ainsi son opinion : « Je ne crois pas qu'il faille, sans de mûres réflexions, entreprendre une excursion dans la montagne, non pas que je pense qu'il pût en résulter rien de fâcheux pour nos armes, mais parce qu'il y a encore trop d'excitation dans les esprits, trop de gens compromis pour amener les résultats énergiques qu'il faudrait en attendre. (2) »

---

(1) Le général Bugeaud, nommé gouverneur de l'Algérie, avait remplacé le général Galbois par le général Négrier.
(2) Documents inédits.

Si le général Randon était résolu à châtier sévèrement les indigènes qui ne se soumettaient pas à notre autorité, il n'était pas disposé à laisser détruire les effets de sa politique ferme et juste par des vexations arbitraires et inutiles qui n'avaient d'autre résultat que d'éloigner les Arabes de nos marchés.

A la suite d'amendes et d'emprisonnements peu justifiés, il écrivait au sous-directeur de l'intérieur à Bône : « Je n'ai pas besoin de m'appesantir davantage sur les graves inconvénients qui résulteraient de la tolérance d'actes arbitraires commis par des agents de l'autorité dans quelque classe et à quelque hiérarchie du pouvoir qu'ils se trouvent placés. Je ne doute pas que vous ne preniez les mesures les plus énergiques pour les faire cesser. (1) »

Tout en prenant des dispositions pour arriver à la complète pacification de la province de Bône, le général consacrait son temps à l'administration d'un pays auquel il s'attachait de plus en plus : « J'apprécie tout ce que cette province renferme de prospérité pour l'avenir et je consacrerai volontiers tous mes efforts pour la développer. Je regarde la province de Constantine et de Bône comme devant sauver la question d'occupation (1) ».

Malheureusement son bon sens eut souvent à lutter contre des mesures parfois prématurées et souvent injustes. C'est ainsi que les expropriations ayant été décidées par le sous-directeur pour cause d'utilité publique, les démolitions laissaient journellement des

---

(1) Documents inédits.

familles entières sans abri. En vain, le général s'opposait à une mesure aussi impolitique ; il fallut recourir à l'intervention du gouverneur général et les expropriations n'eurent plus lieu qu'en présence d'une nécessité absolue.

Comme nous venons de le voir, le général Randon eût préféré ne devoir la pacification du pays qu'à la conciliation, mais bien que plusieurs cheiks fussent venus implorer l'aman, les tribus les plus éloignées n'en conservaient pas moins une attitude hostile qu'entretenait Si Zerdoude. Ce dernier avait choisi comme refuge la tribu des Beni-Mahammed et, de là, rayonnait sur tout le massif. Il fallait en finir et punir enfin les auteurs de l'attentat du mois de juin, resté sans vengeance.

Le général, à la tête des troupes disponibles, s'enfonça dans l'Edough et vint surprendre, par une marche rapide, les Beni-Mahammed en pleine fête de Ramadan. Ils furent complètement dépouillés ; mais Si Zerdoude avait eu le temps de s'enfuir. Quelques jours après, les Beni-Mahammed venaient faire leur soumission et, comme le marché qui se tenait sur leur territoire n'était qu'un foyer de troubles, il fut décidé qu'il aurait lieu sur le territoire des Khoualed. La fin de 1841 fut marquée par de nombreuses soumissions, outre les Beni-Mahammed, les Sanhaudja de l'Edough, les Beni-Guecha, les Oulad-Abd-Allah, les Ouled-Mihoub, fraction des Beni-Salah, etc., envoyèrent leurs cheiks faire amende honorable.

De nombreux travaux d'amélioration ou d'embellissement étaient en projet. Nous allons voir que le général Randon n'était pas homme à en laisser traîner l'exécution. Reprenant l'œuvre du général d'Uzer, il mettait les soldats à la disposition de la colonisation. Les corps créaient des jardins et des pépinières sur une surface de dix hectares autour des établissements militaires.

A Bône même on ne restait pas inactif. Un hôtel s'élevait sous la direction du génie pour le commandant de la subdivision. Un caravansérail, sorte de marché couvert destiné aux Arabes, était construit sur les ruines de l'ancien.

Enfin, le gouverneur général, longuement sollicité par le général Randon, venait d'accorder l'autorisation d'ouvrir une route dans l'Edough. Les travaux, à la grande joie de tous, civils et militaire, commencèrent le 17 janvier 1842, sous la direction du capitaine du génie Guilmot et se continuèrent jusqu'au 18 avril, jour où les travailleurs arrivèrent sur le plateau du Bou-Zizi (1).

Les troupes, en moins de trois mois, avaient achevé la route et l'avaient conduite au cœur des montagnes et des forêts, à quatre myriamètres de Bône ; les obstacles de la nature étaient vaincus. L'Arabe de ces contrées vint au devant du général, non comme un ennemi, mais pressentant que toute la force de sa position était désormais anéantie, il ne cédait plus alors devant une armée destructive animée

---

(1) Elle fut complètement terminée le 14 mai.

du sentiment de la guerre, mais devant une œuvre prodigieuse, miraculeusement établie (1).

Le général dut quitter Bône pour marcher contre les Oulad-Dhan, qui avaient refusé de payer l'impôt. Dans une charge qu'il dirigeait lui-même, il tua un Arabe de sa propre main.

La remise des forêts de l'Edough à l'administration forestière eut lieu le 3 juillet. A cette occasion, le général Randon s'était rendu dans l'Edough avec M. Renou, sous-inspecteur des forêts. Le retour fut marqué par un incident tragique. Le cheval de M. Renou s'étant emporté précipita son cavalier dans un ravin où il se brisa le crâne.

Au mois de septembre 1844, Bône avait fait d'énormes progrès dans la voie de la colonisation et surtout de son propre développement. La ville offrait alors des rues larges et carrossables, d'élégantes et solides constructions s'y élevaient de toute part. Déjà on songeait à son agrandissement et le projet de la nouvelle enceinte fut dressé. La culture du tabac avait pris une certaine extension, l'industrie séricicole implantée dans le pays par M. Moreau semblait devoir prospérer. Des plantations de coton étaient encouragées par l'administration. Enfin des études étaient faites en vue d'exploiter les nombreuses mines de fer qui se trouvaient à proximité de Bône (2). Une société d'agriculculture avait été fondée.

---

(1) Seybouse.
(2) Ces études avaient été faites par MM. l'ingénieur Fournel et Elie de Mongolfier.

En rentrant de son expédition du mois d'avril, le général Randon était passé chez les Beni-Salah et avait exigé, comme gage de fidélité, que les cheiks fissent tous leurs efforts pour s'emparer des assassins du capitaine Saget. Le 25 août, la tête d'un des principaux coupables, Mohamed ben Gouem, était exposée sur le marché de Bône et un crieur, placé au pied du poteau qui la soutenait criait d'heure en heure : « La tête qui est sur le poteau est celle de Mohamed ben Gouem, l'un des assassins du capitaine Saget et du caïd Mahmoud. La justice de Dieu est accomplie; ses frères eux-mêmes en ont été les instruments. »

Le 28 septembre, le duc d'Aumale, commandant supérieur de la province, faisait son entrée à Bône. Le lendemain, après avoir reçu les autorités et la société d'agriculture, dont il accepta le patronage, il se rendit sur la place d'Armes où il devait poser la première pierre de la fontaine qui en occupe actuellement le centre. M. de Santeuil, sous-directeur de l'intérieur, reçut le prince et lui adressa un discours qu'il est bon de reproduire, car il est l'expression des vœux de la population et le résumé des efforts tentés jusqu'à ce jour, en vue de la prospérité de Bône :

« Monseigneur,

« Le modeste monument dont votre Altesse royale daigne aujourd'hui poser la première pierre est le premier qui soit élevé dans la ville de Bône. Jusqu'à ce jour, l'administration des ponts et chaussées, seule chargée de toutes les constructions civiles, s'était appliquée à satisfaire les besoins d'une nécessité plus immédiate encore. Ainsi, les travaux d'assainissement de la plaine, commencés par le génie militaire, ont été continués, des canaux souterrains ont été établis pour l'écoulement des eaux, de nombreuses plantations ont été faites ; enfin, en ce moment, on pose des conduits qui, partant d'un réservoir commun situé sur un point élevé, (1) distribueront l'eau dans toutes les parties de la ville et la feront jaillir au milieu de cette place.

« Malgré tout ce qui a été fait, il reste encore à exécuter bien des travaux indispensables, dans cette ville où tout était à faire. Bône aspire à reculer ses murailles ; son enceinte actuelle est trop étroite pour sa population ; nous n'avons point d'église, et presque tous les services administratifs occupent des logements incommodes au prix d'un cher loyer.

« La population qui nous entoure, en voyant le fils du roi s'arrêter et venir au milieu des ouvriers qui doivent la terminer, poser la première pierre de cette fontaine, a déjà, dans sa pensée, décoré de votre nom ce simple monument qui rappellera à jamais aux habitants de Bône les heureuses journées où ils auront pu prouver à votre Altesse royale leur dévouement et leur respect. »

Le 21, le duc d'Aumale se rendit à l'Edough et déjeuna près de la source qui porta, depuis, le nom de Fontaine des Princes.

Quelque temps après, le général Bedeau le remplaçait dans le commandement de la province.

---

(1) C'est le château d'eau actuel situé dans la rue d'Armandy, près de l'hôtel des ponts et chaussées.

Vers la fin de 1842, le bruit du changement du général ayant couru, un Bônois adressa au journal la *Phalange*, le 30 octobre 1842, l'article suivant :

« Depuis six ans que je réside ici, nous avons eu quatre généraux et deux intérimaires. Comment se fait-il que les manifestations de regrets qui éclatent de toute part n'aient pas eu lieu au départ des cinq prédécesseurs de M. Randon ? Pourquoi, demandons-nous avec tant d'instance de le conserver pour commandant de notre province ? Vous le comprendrez aisément quand vous saurez ce que M. Randon a fait en Algérie.

« Lorsqu'il n'était encore que colonel du 2e chasseurs d'Afrique, M. Randon avait su faire prospérer la ferme de son régiment, et porter au plus haut degré l'ardeur de ses hommes pour les travaux agricoles. Il les avait associés dans les résultats, et, pour soutenir leur zèle, il était toujours au milieu d'eux, surveillant leurs travaux et les encourageant par des paroles amicales, affectueuses. L'exemple du chef étant imité par les autres officiers, le ton fut bientôt à l'ardeur pour le travail, à la bienveillance pour les travailleurs.

« Nommé maréchal de camp et appelé au commandement de la subdivision de Bône, M. Randon s'appliqua d'abord à choisir parmi les terres domaniales celle qui pouvait convenir le mieux à de grandes cultures. L'Allélik, située à six kilomètres environ de Bône, fut choisie.

« Des charrues, des herses furent confectionnées comme par enchantement, et, en moins de deux mois, nos soldats devinrent des laboureurs, sans cesser pour cela de remplir leurs devoirs militaires.

« Une partie de l'Allélik était couverte de broussailles; ces broussailles furent enlevées : on en fit des fagots que l'administration acheta pour chauffer ses fours, ce qui lui permit de faire une économie des deux tiers sur la dépense du bois. Cette première opération augmenta la valeur du terrain et assura une récolte, en fourrage, plus abondante et plus facile à enlever. Les soldats étaient heureux de leur situation : d'un côté, ils retiraient de leur travail un bénéfice, une haute paye; de l'autre, ils se conciliaient l'affection de leur chef, qui se faisait un plaisir et un devoir de leur manifester hautement sa satisfaction.

« L'activité du général Randon ne s'en tint pas là. Il n'avait pas tardé à reconnaître que nos montagnes de l'Edough renfermaient un trésor. Il résolut de l'y aller chercher. Une reconnaissance fut faite avec soin ; un tracé de route fut ensuite arrêté, et, toutes les mesures étant prises pour assurer le succès de l'entreprise, un beau matin l'on vit partir, musique et colonel en tête, mille hommes de toutes armes s'élançant à la conquête... d'une forêt, d'une forêt qui, jusqu'alors, avait été inaccessible, même aux piétons. C'était comme un jour de grande fête : l'entrain était général, le chef avait communiqué son ardeur à tous ses hommes.

« Plusieurs ateliers ou champs de manœuvre furent formés, des groupes furent opposés à d'autres groupes, et, la rivalité ainsi établie, les travaux les plus gigantesques ne parurent plus qu'un jeu à nos soldats, excités par les liens affectueux qui les unissaient à leurs officiers et à leur digne général. Vous ne sauriez vous faire une idée des heureux effets de cet accord, malheureusement si rare dans les armées, du soldat avec tous ses chefs ; c'était vraiment merveilleux.

« L'élan était donné, le ton, comme je vous l'ai dit, était au travail, à l'ardeur et aux rapports affectueux.

« L'impulsion venait du sommet de la hiérarchie ; chacun était à son poste, rivalisant de zèle et d'adresse, la pioche et la barre à mine résonnaient de tous côtés, et les Kabyles étaient saisis de frayeur et d'admiration en nous voyant ouvrir à notre artillerie un passage dans leurs rochers, qu'ils avaient cru inaccessibles.

« En moins de 60 jours, 19,000 mètres de route ont été achevés sur les flancs et jusque sur le sommet de la montagne. Grâce à ces travaux, une forêt qui couvre une superficie de plus de 40 kilomètres pourra désormais fournir des bois de construction en abondance. Un chêne apporté à Bône par la première prolonge n'a pas moins de 90 centimètres d'équarrissage ; on peut le voir encore à l'atelier du génie, où il est exposé aux regards des curieux. Ces 19,000 mètres de route n'ont occasionné qu'une dépense de 10,000 francs.

« Maintenant que le général Randon a montré ce qu'on pouvait accomplir, espérons que le gouvernement lui-même recommandera à tous ses délégués l'exemple donné par ce général. Ce qu'il vient de faire en quatorze mois et avec un effectif moindre que celui dont ses prédécesseurs disposaient, de 1837 à 1840, ne devrait-il pas ouvrir les yeux aux plus aveugles ?

« Si on nous donnait 4,000 hommes, si on en mettait 2,600 à Guelma, et si on nous laissait le général Randon, d'ici à un an nous aurions trois routes importantes : celle de La Calle, celle d'El-Arrouch, celle de Guelma, et de plus nous aurions des terres cultivées qui suffiraient à la nourriture de notre effectif.

« En signe de reconnaissance pour les services que le général Randon nous a rendus, nous avons donné son nom à la route de l'Edough ; et si, malgré le vœu unanime de la population de Bône, notre brave commandant nous est enlevé, nos souvenirs et nos regrets suivront partout l'homme habile à qui nous devons tant. »

Tout commentaire est inutile après un pareil éloge.

Le premier centre de colonisation des environs de Bône fut créé à Bou-Zaroura. On lui alloua 800 hectares calculés sur la présence de 52 feux, et on lui donna le nom du premier général qui avait commandé la la province : Duzerville (1).

Le périmètre du tribunal de Bône, dont le personnel venait d'être renouvelé en entier, (2) fut déterminé par ordonnance royale du 12 février 1845. Quelques

---

(1) Que les Arabes appellent Gahmoussia.
(2) Président, M. Gazan de la Peyrières ; procureur, M. Pinson de Ménerville.

jours après, le ministre de la guerre déterminait le périmètre de culture autour de Bône.

Une question qui passionna Bône à cette époque fut celle de l'exploitation des gisements métalliques du Bou-Hamra et du Belieta. Le bruit ayant couru que la concession des mines allait être faite, les habitants de Bône adressèrent une pétition au ministre pour qu'il leur fût réservé, dans l'acte de concession, un certain nombre d'actions. En quelques jours, les listes d'adhésion s'élevaient à 35.000 francs. On craignait surtout que le traitement du minerai ne se fît pas sur place, mais l'arrivée de M. de Bassano, un des trois concessionnaires, vint calmer les appréhensions.

Depuis 1836, Bel Kassem ben Yacoub, le farouche partisan d'Ahmed, était devenu un de nos meilleurs caïds ; malheureusement pour lui, dans un accès de jalousie, il tua, au mois de novembre 1845, une de ses femmes. Il fut destitué et remplacé par le maure Mohamed Karési, qui s'était fait remarquer par son aptitude à adopter nos usages. Ce fut le premier indigène qui créa une ferme absolument française, où Arabes et Européens étaient employés. La croix de la Légion d'honneur était déjà venue récompenser les services rendus à la colonisation par cet indigène intelligent.

De tous côtés on rivalisait de zèle pour exploiter les riches terres qui entourent Bône ; mais les bras manquaient et la main-d'œuvre, très élevée, paralysait le bon vouloir de bien des propriétaires. En présence de cette situation, le ministre de la guerre décida que des dépôts d'ouvriers seraient créés à Bône, Philippeville et Oran. Ces dépôts étaient une garantie pour l'ouvrier désireux de travailler en Algérie.

L'année 1843 ne fut marquée que par les négociations entamées entre le gouvernement français d'une part, représenté par le général Randon, et le gouvernement tunisien. A cet effet, un camp de 3.000 hommes fut installé sur la frontière tunisienne et y séjourna pendant les mois d'octobre, novembre et décembre. Le général Randon s'y rendit lui-même et y séjourna pendant deux mois.

En avril 1844, il visita avec 2.500 hommes le sud-est de la province pour fixer nos frontières encore indécises.

Le tracé fut exécuté de Tébessa à Djebel-Frima, sur la Medjerda, ce qui diminua, sans les supprimer, les causes de conflits continuels (1).

La mort de Si Zerdoude avait également mis fin aux velléités de révolte de montagnards de l'Edough.

L'arrêté du 28 juillet 1838 avait déterminé les limites du territoire civil et communal de Bône ; le 12 février 1845 un autre arrêté fixait l'étendue et les limites de l'arrondissement administratif. Déjà, à ce moment, en présence du mouvement des navires dans la rade, mouvement que l'exploitation des mines de fer concédées au Bou-Hamra à M. de Bassano et à Aïn-Mokra à M. Talabot ne pouvait qu'accroître, il fut question de la création d'un port.

---

(1) Mémoires du maréchal Randon.

Le premier plan de Bône, dressé par M. Dupin, inspecteur de la voirie, fut exposé au mois de juin dans une salle de la mairie. Il contenait, outre la ville déjà existante, le projet de la nouvelle cité qu'on se proposait de bâtir.

Au printemps de 1846, la subdivision de Bône jouissait d'une paix profonde.

Guelma prenait une extension considérable, grâce à la route qui reliait ce centre important à Bône et qui avait été mise en fort bon état.

Le cercle de La Calle était dans d'excellentes conditions : de grandes concessions forestières avaient été faites à des hommes considérables, qui y avaient établi des exploitations de liège.

La tranquillité était bien un peu troublée sur la frontière, mais l'administration y avait l'œil et les désordres qui s'y produisaient n'arrivaient jamais à compromettre les intérêts européens ; c'étaient des discussions se terminant par quelques coups de fusil échangés entre nos tribus et celles de la régence de Tunis.

Même prospérité dans le cercle de l'Edough. Le général avait pénétré jusqu'au centre des forêts en y pratiquant des routes qui contournaient les pentes les plus abruptes de la montagne et assuraient l'exploitation forestière.

A quelques lieues de Bône et aussi tout près de la ville, la Compagnie Talabot exploitait les riches minerais de Mokta-el-Hadid et les hauts fourneaux qu'elle avait construits pour la fabrication de la fonte sur la

Seybouse. Les Beni-Salah, toujours si turbulents, ne donnaient lieu à aucune inquiétude.

Au centre même de la province, à Souk-Ahras, les Hanenchas, autrefois si agités, fréquentaient assidûment les marchés de Bône, et le neveu du vieux Resgui, Mohamed Salah, gouvernait la tribu, aidé de l'influence de son oncle sans donner prise à la moindre réclamation.

Le compétiteur de Resgui, El Hassnaoui, n'avait plus un partisan dans le pays. Le sud de la province, entre la Medjerda et Tébessa, témoignait par le payement régulier des impôts de ses bonnes dispositions. Les Nemenchas, grande tribu du sud, échappaient cependant un peu à notre surveillance.

Un point noir s'éleva à l'horizon.

Le général fut informé qu'un chérif, sorti des montagnes de la Tunisie, venait clandestinement prêcher l'insurrection dans nos tribus et exciter les Nemenchas insoumis à la guerre sainte. Rien, du reste, ne dénotait par des signes extérieurs une agitation grave des esprits. Cependant le général Randon jugea prudent de montrer aux incertains les baïonnettes françaises. C'est le moyen presque toujours efficace de raffermir les bons et de faire trembler les méchants. Il se mit donc à la tête de ses troupes, 31e de ligne, légion étrangère, 5e hussards, spahis. Il parcourut les tribus en se rapprochant lentement du point qu'on pouvait considérer comme le foyer d'intrigue, c'est-à-dire Tébessa, ville située à la limite de nos tribus soumises. Nous allons voir quel drame ensanglanta cette marche. Laissons la parole au général Randon :

« Jusque là tout allait bien ; la colonne n'avait point été inquiétée, et la grande tribu des Oulad-Yaya-ben-Thaleb, caïd en tête, vint se ranger sur le passage du général, poussant de joyeux cris et apportant à nos soldats une copieuse diffa d'orge et de couscoussou. Charmé de cet accueil, le général établit son bivouac sous les murs de Tébessa, d'où il comptait partir pour entrer sur le territoire des Nemenchas. Il savait que le chérif était chez eux et espérait le surprendre par une marche rapide qui, en le coupant de la frontière, l'eût rejeté dans la subdivision de Batna où l'on était sur ses gardes. Or, le pays des Nemenchas passait alors pour très difficile à parcourir : on le disait privé de bois et d'eau ; on ne pouvait donc le traverser qu'avec des troupes alertes. Le général, afin d'alléger sa colonne, renvoya à Bône ses malades, ses écloppés et quelques officiers et soldats qui, « ayant fini leur temps », demandaient à rentrer en France. Ils étaient au nombre de cent et quelques ; un jeune sous-aide était chargé de donner, en route, ses soins aux malades. Quelques spahis parurent suffisants pour escorter le convoi en pays ami ; d'ailleurs, le caïd des Oulad-Yaya-ben-Thaleb devait le conduire lui-même jusqu'aux limites de sa tribu, puis le confier au caïd de la tribu suivante, et ainsi de suite jusqu'à Guelma. Tous se quittèrent pleins de confiance, ceux qui partaient comme ceux qui restaient.

« Le lendemain matin, au petit jour, un homme entièrement nu se jetait dans une grand'garde de la légion, couvert de sang, prononçant des paroles inintelligibles dans lesquelles revenaient souvent les mots : « Spahis... morto !... morto !... » Conduit à la tente du général, il fut reconnu pour un des spahis de l'escorte du convoi dirigé la veille sur Bône. D'après son dire, ils avaient été inopinément attaqués pendant une halte chez les Oulad-Yaya et massacrés. Lui seul, pensait-il, avait échappé au carnage et à une poursuite acharnée, en jetant derrière lui burnous, turban, zaroual, et en se glissant dans les broussailles, malgré de nombreuses blessures. Quelques instant après, le caïd des Oulad-Yaya-ben-Thaleb, Si Mohamed Tahar, se précipitait aux genoux du général, et, d'une voix brisée par les sanglots, répétait sans cesse qu'il avait été trahi par les siens, qu'il ne voulait pas être le complice d'un pareil attentat, et que, ne pouvant le racheter que par son sang, il apportait sa tête.

« Le général ne perdit pas le temps en récriminations vaines ; il obtint sans peine du caïd qu'il dirigerait lui-même l'expédition contre sa tribu, et, levant son camp, il lança sa cavalerie pour atteindre au plus vite le théâtre de cet affreux attentat.

« Peut-être serait-il possible de sauver quelques blessés et de reprendre quelques prisonniers? Mais, arrivé sur le lieu du massacre, plus d'espoir! Du nombreux campement des Oulad-Yaya, il ne restait plus trace : un hideux charnier, que se disputaient déjà les chacals et les vautours lui avait succédé. Il était facile de reconstruire par l'imagination les péripéties de cet horrible drame. Ici des cadavres étaient amoncelés, c'étaient ceux des malades surpris sans défense. Ailleurs, la terre piétinée attestait les efforts de quelques combattants armés. Partout du sang, des débris ; au loin quelques corps isolés, ceux d'hommes qui avaient succombé après avoir essayé de fuir. Le récit du spahis survivant était confirmé : il ne restait plus qu'à tirer vengeance de cette odieuse trahison. »

Une reconnaissance de cavalerie apprit que toute la tribu des Oulad-Yaya-ben-Thaleb, fuyant dans l'est, se concentrait sur une forte position nommée El-Gola ou Rassata. C'était un plateau calcaire en forme de table, à bords escarpés, comme il s'en rencontre dans le pays du Kef. Dès le lendemain on était prêt à l'assaut ; quelques rampes abruptes y donnant accès en certaines places, les spahis, suivis de la légion, les gravirent les premiers. Pour de la cavalerie, arriver là c'était un véritable tour de force ou plutôt d'adresse ; elle y monta cependant au milieu d'une forte fusillade ; les fantassins suivirent et, en un instant, la multitude des Oulad-Yaya était mise à sac ou fuyait en se précipitant du haut des rochers sur le revers boisé de la position. Les traîtres étaient châtiés ; restait à en finir avec les contingents de Tunis et des Nemenchas. Le général demanda des renforts au commandant supérieur de la province de Constantine qui lui envoya le 2e de ligne, des chasseurs à cheval, des spahis et un peu d'artillerie. La jonction eut lieu sous M'daourouch, ancienne Madoura. Le général ramena alors sa colonne dans l'est, où le chérif groupait de nombreux contingents. Sur notre passage le pays était abandonné ; plus un douar, plus un voyageur. A mesure cependant que nous approchions de la frontière, certains symptômes nous avertissaient que nous ne passions pas inaperçus ; la nuit, nos grand'gardes recevaient des coups de feu. Enfin, nous nous couchâmes à un joli bivouac, où nous étions entourés d'excellents postes pour nos grand'gardes sur trois faces, la quatrième ayant vue sur une longue plaine en éventail. Le troisième jour, en plein midi, des signes singuliers se manifestèrent. Suivant la crête d'une colline, une nombreuse troupe de Kabyles se glissait du côté de nos grand'gardes et, à l'horizon, dans la plaine, un nuage de poussière révélait l'arrivée d'un corps de cavalerie.

A l'instant les ordres sont donnés, six cents chevaux s'élancent dans la plaine, l'infanterie se forme en colonne d'attaque pour appuyer les escadrons et dégager les postes extérieurs. Ceux-ci ne furent même pas attaqués ; les Kabyles, du haut des crêtes, se voyant surpris au moment où ils croyaient surprendre, franchirent rapidement l'arête de la montagne et disparurent. Mais il ne put en être de même pour leur cavalerie. Elle reçut en plein poitrail le choc des spahis, des chasseurs d'Afrique et des hussards. Toute la tête de colonne se trouva rejetée sur la gauche de nos escadrons qui rabattit les insurgés sur notre infanterie et les sabra jusque sous les baïonnettes.

A peine nos fantassins osaient-ils faire feu, de peur de tuer nos cavaliers pêle-mêle avec leurs adversaires, Gérard, le tueur de lions, alors maréchal des logis aux spahis de Bône, tua plusieurs cavaliers tunisiens comme dans le combat des Horaces et des Curiaces. Deux cavaliers, entre autres, fuyaient devant lui : il atteint le premier et lui passe son sabre au travers du corps. Par un bond de son cheval, il rejoint le second qui, penché sur sa selle, le tenait au bout de son fusil. L'Arabe fait feu, manque son coup et tombe sous le sabre de Gérard. La suite de ce combat fut une poursuite acharnée de sept lieues. La nuit et la fatigue des chevaux y mirent un terme forcé. Toute cette cavalerie ne s'arrêta qu'après avoir constaté qu'elle était depuis longtemps déjà sur le pays de Tunis. Combien périt-il d'insurgés ? Nul ne le sut. Après deux jours de marche, nos flanqueurs trouvaient encore dans les broussailles, de distance en distance, des cadavres gonflés par le soleil et déjà décomposés. Les survivants avaient disparu et l'on n'en entendit plus parler. Le général essaya bien encore de les amorcer, en promenant sa colonne le long de la frontière ; il fallut retourner pacifiquement sous les murs de Tébessa.

Les Nemenchas demandèrent leur soumission et la colonne expéditionnaire, dans les journées des 16 et 17 juillet, rentra à Bône, où elle fut reçue aux acclamations enthousiastes de la population. Le général put reprendre ses projets de colonisation, car il aimait profondément ce pays et cette ville naissante que dans la famille on appelait sa fille aînée et dont Bugeaud disait : « Laissons faire Randon dans son pachalik de Bône. »

Malheureusement pour la province, le général allait bientôt recevoir la récompense de ses hautes capacités et quitter ce pays qui lui devait une partie de sa prospérité. Le 7 juillet vit la population entière à l'embarcadère pour assister au départ de celui qu'elle avait appris à connaître et aimer. Ce fut une manifestation touchante et plus d'une larme brilla dans les yeux de ceux qui étaient venus saluer le général, dont l'émotion avait peine à ne pas éclater.

CHAPITRE XI

Commandement du colonel de Senhilles. — Organisation municipale de Bône. — Arrivée du général Drolenvaux. — Révolution de 1848.— Son contre-coup à Bône.— Elections municipales. — Expulsions. — Départ du général Drolenvaux. — Découverte d'un complot de condamnés militaires. — Le général Le Flo.— Le colonel Eynard le remplace. — Arrivée de convois de colons. — Division de l'Algérie en départements. — Création d'une chambre de commerce à Bône. — Evénements de 1852. — Colonisation.— Administration.— Bône de 1860 à 1870.— Evénements de 1870. — Insurrection. — La répression. — Bône de nos jours. — Liste des généraux, des maires et des sous-préfets de Bône.

Le colonel de Senhilles, successeur du général Randon, n'était pas un inconnu pour la population bônoise qui avait eu l'occasion d'apprécier ses qualités d'administrateur juste et bienveillant au cours des nombreux intérims dont il avait été chargé pendant les expéditions du général Randon. Mais il ne fit que passer, car le 5 février 1848, il cédait son commandement au général Drolenvaux. Une ordonnance royale du 28 décembre 1847 avait réglementé l'organisation des municipalités en Algérie, mais l'érection de Bône en commune ne date que du 13 janvier suivant. La délimitation qui fut faite du nouveau territoire communal n'a pas subi de changement depuis cette époque.

La Révolution de 1848 causa quelque émotion à Bône. Ce fut le 2 mars qu'on y apprit le renversement de la royauté. La République fut aussitôt proclamée au milieu d'une effervescence qui ne tarda pas à inspirer de vives inquiétudes à la population indigène. Les journées des 16 et 17 avril firent voir éclater des troubles plus graves au sujet des élections municipales. On dut faire des exemples, six personnes arrêtées furent embarquées et expulsées du territoire de la colonie. (1)

Le 31 mai, huit artilleurs travaillaient aux magasins des Santons à décharger des obus ; un de ces projectiles éclata, broyant deux hommes, les autres s'enfuirent à l'exception d'un seul, l'artilleur Lecavelier, qui, avec un sang-froid véritablement héroïque, s'efforce d'éteindre le feu qui dévore les vêtements des artilleurs tués, pendant que des paquets d'étoupe brûlant derrière lui menace de communiquer le feu aux obus. Disons cependant, à la louange des autres soldats, que le premier mouvement passé ils se précipitent et aident Lecavelier à éteindre l'incendie.

Quelques mois après, le 2 juillet, un complot, ourdi parmi les condamnés de l'atelier n° 4 campés aux ba-

---

(1) Ce furent les nommés Brotot, Menotti, Pons, Gasquet, Bertrand, Despagne. Parmi les personnes que les élections amenèrent à la direction de la ville, nous trouvons les noms de MM. Lacombe, maire, Rossi, Bronde, Mondehard, etc., conseillers municipaux.

raquements de la Seybouse (1) et aux Caroubiers, fut heureusement découvert. Le programme des rebelles était de s'emparer la nuit des armes des surveillants des gendarmes et du poste des tirailleurs commis à leur garde, de marcher en deux groupes sur Bône, d'occuper l'arsenal et la Casbah. Fort heureusement un des conjurés prévint le colonel Dumontet qui fit arrêter 21 condamnés.

Le général Drolenvaux, à la suite des événements de 1848, avait été rappelé en France et n'avait pas été remplacé. Le 13 juillet, le général Le Flo, son successeur, arriva à Bône, mais en repartit presqu'aussitôt. L'intérim fut rempli par le colonel Dumontet jusqu'au 23 octobre, époque à laquelle le colonel Eynard fut définitivement nommé au commandement de la subdivision.

Vers cette époque, un mouvement de l'opinion publique se produisait en faveur de notre colonie. Le gouvernement décida que des essais de colonisation se feraient sous son patronage. Un premier convoi de 840 colons débarqua à Bône le 8 décembre 1848. Ils furent reçus avec un enthousiasme indescriptible qui devait par la suite être l'origine pour ceux qui en étaient l'objet de bien des désillusions ; un deuxième arrivage de 744 eut lieu le 15 décembre. Envois trop nombreux, composés de gens qui n'avaient jamais connu les travaux des champs et qui, bientôt découragés, malades, vont faire retomber sur le gouvernement la responsa-

---

(1) Actuellement propriété Sens, à Hippone.

bilité de leur déception. Rentrés en France, leurs plaintes, leurs récriminations vont inspirer à l'égard de notre colonie naissante une méfiance qui subsistera longtemps encore dans les esprits.

Le décret du 9 décembre était venu donner à l'Algérie une nouvelle organisation plus en harmonie avec les besoins créés par l'augmentation de la population.

Le territoire de la colonie fut divisé en trois départements comprenant eux-mêmes un territoire civil ayant un préfet à sa tête et un territoire militaire de commandement, administré par le général commandant la division. Les régions du territoire civil, dont la population européenne n'était pas suffisante pour constituer des communes, furent divisées en commissariats civils.

Les années 1848 et 1849 furent fertiles pour Bône en créations et en améliorations. Siège d'une subdivision comprenant quatre cercles militaires, elle devint le chef-lieu d'une sous-préfecture (1).

La chambre de commerce fut constituée en juin 1849, sous la présidence de M. Casimir Bronde.

La *Seybouse* fait son apparition.

Les forêts de l'Edough furent données en concession à M. Lecoq, qui en commença immédiatement l'exploitation. Le colonel Eynard fut remplacé le 12 novembre 1851 par le colonel de Tourville qui, comme chef d'état-major du général Guingret, avait laissé d'excellents souvenirs dans la population de Bône. Quelques jours après, M. Tremblaire prenait également possession de la sous-préfecture.

---

(1) Sous-préfet : M. Desvernays.

Le 31 janvier eut lieu la promulgation de la Constitution du prince président, bientôt suivie de la prestation de serment des fonctionnaires. Les transportés de juin évacuèrent la Casbah et furent dirigés sur Lambèse pour faire place à de nouveaux prisonniers. M. Calendini, nommé sous-préfet, vint remplacer M. Tremblaire dans le courant du mois de mai.

Sur ces entrefaites, le général d'Autemane avait été envoyé dans la subdivision de Bône pour protéger les points menacés par une révolte que rien ne faisait prévoir.

En effet, les tribus de la province de Constantine jouissaient depuis douze ans d'une paix profonde, sous la tutelle d'une sage et paternelle administration. Aucun signe précurseur de mécontentement, aucun acte de désobéissance n'avaient pu nous mettre en éveil. Peu de jours avant que ce mouvement éclatât, le gouverneur général, dans le voyage qu'il avait fait dans la province, avait entendu les caïds et les cheiks des tribus du cercle de Guelma, réunis autour de lui, protester de leur fidélité et énumérer avec reconnaissance les avantages que leur offrait la domination française.

Des travaux importants étaient entrepris pour améliorer les voies de communication. Les indigènes semblaient comprendre le profit qu'ils devaient en tirer et y prenaient eux-mêmes une part active.

Cependant, dans la nuit du 1er au 2 juin, dix hommes du 10e de ligne, chargés de protéger les travaux d'un caravansérail qu'on élevait à Aïn-Saïda, au centre de la tribu des Oulad-Dhan, à quelques lieues de Guelma, furent subitement attaqués et obligés de se retirer en toute hâte, abandonnant leur camp, leurs outils de travail et laissant sur le terrain deux des leurs mortellement frappés par les insurgés. Ce fut le signal de l'insurrection. Immédiatement après, toute la population de ces montagnes courut aux armes et se répandit dans la plaine, menaçant les colonnes de Millésimo et de Petit qui ne sont éloignées de Guelma que de huit kilomètres.

La subdivision était presque dégarnie de troupes, et les instigateurs de la révolte avaient compté sur cette circonstance pour le succès de leur entreprise. A la nouvelle de l'insurrection, le colonel de Tourville, commandant de la subdivision, fit partir pour Guelma le peu de monde dont il pouvait disposer, tandis que de Constantine un demi-bataillon de zouaves et une centaine de cavaliers étaient dirigés sur le même point. Mais ces détachements, présentant à peine un millier d'hommes, étaient insuffisants pour contenir une insurrection où étaient entrées déjà toutes les tribus de l'est et qui se propageaient d'heure en heure.

La nouvelle de ce mouvement inattendu arriva le 5 juin, dans la soirée, par la voie télégraphique. A l'instant même, la frégate l'*Orénoque,* ancrée dans le port, reçut l'ordre d'appareiller. Quatre compagnies du 12ᵉ de ligne montèrent à bord ; le lendemain, la frégate prenait encore, à Dellys, le 1ᵉʳ bataillon de chasseurs et, deux jours après, 1.200 soldats d'élite débarquaient à Bône ; le lendemain, 9 juin, ils étaient en route pour Guelma et, le 11, le colonel de Tourville entrait en campagne à la tête d'une colonne de 2.400 baïonnettes.

Le colonel se dirigea d'abord chez les Oulad-Dhan, sur le territoire desquels avait eu lieu l'attaque de l'un de nos postes. Il trouva le pays désert, mais ayant appris que les insurgés, avec la plus grande partie de leurs troupeaux, s'étaient réfugiés sur le Kef-el-Aks, espèce de forteresse naturelle vers laquelle on ne pouvait arriver que par une vallée fort étroite, il résolut de les y attaquer.

Le 14, on donna l'escalade ; tous les obstacles furent franchis, les Arabes chassés de leurs positions, les troupeaux enlevés.

Le colonel resta quelques jours sur le terrain où ce combat avait été livré, afin d'assurer les résultats de ce brillant coup de main ; le 18, il se remit en route pour le Fedj-Mekta, où des dispositions hostiles se manifestaient. L'insurrection menaçait de s'étendre à tout le pays.

Les Beni-Salah, établis dans le cercle de Bône, profitant de la concentration des troupes dans le cercle de Guelma, venaient d'attaquer un poste de 20 soldats, occupés à tracer une route dans la forêt ; ils en avaient tué quelques-uns, puis s'étaient réunis en nombre et se disposaient, ainsi qu'ils l'avaient fait dans les environs de Guelma, à attaquer les villages et établissements européens situés au débouché de la vallée de la Seybouse.

Le capitaine Mesmer, chef du bureau arabe de la subdivision de Bône, rassembla en toute hâte quelques spahis et des cavaliers du caïd Karézi, avec lesquels il se porta au village de Barral. Mais, dans un engagement au bord de la rivière, ce brave officier trouva la mort. Il avait, par ce mouvement offensif, préservé d'un grand danger beaucoup de colons qui, pleins de confiance dans la sécurité dont on jouissait depuis longtemps dans la plaine de Bône, y avaient fondé de nombreux établissements agricoles (1).

Le général de Mac-Mahon, qui opérait en ce moment avec le général Autemane contre les Hanenchas, en apprenant la catastrophe qui venait de coûter la vie au capitaine Mesmer, se dirigea, le 14 juillet, vers les Beni-Salah pour les châtier. Mais ils s'étaient réfugiés chez les Ouchtetas, tribu tunisienne ; le général les y poursuivit, pénétra dans les forêts où ils s'étaient réfugiés et leur infligea une sanglante leçon qui mit fin à l'insurrection.

On en profita pour organiser sur une nouvelle base la milice de Bône. Cette ville était en effet demeurée pendant toute l'expédition dégarnie de troupe, et bien qu'elle n'eût pas à craindre d'attaque, il fallait, le cas échéant, pouvoir protéger d'une descente les plaines avoisinantes.

Le 13 septembre, un décret créa trois compagnies d'infanterie à l'effectif de 100 hommes, une de pompiers au même effectif et une subdivision d'escadron de cavalerie.

Les 21 et 22 novembre eut lieu le vote pour le rétablissement de l'empire. Il est curieux d'en reproduire

---

(1) Le capitaine Mesmer fut remplacé comme chef du bureau arabe par le capitaine Doineau.

ici le résultat. Population civile : 663 votants; 623 oui. Armée : 1.952 votants; 1.866 oui. La proclamation de l'empire eut lieu à Bône le 12 décembre 1852.

Un an après les hauts fourneaux de l'Allélik allumèrent leur premier feu. Ce fut une cérémonie solennelle à laquelle assistèrent le sous-préfet, le colonel de Tourville, le maire Lacombe, etc.

Le 8 juillet 1854 vit règlements, la constitution définitive de la municipalité de Bône qui comprit un maire et deux adjoints nommés par l'empereur ; 10 conseillers dont 6 français, 2 étrangers, 1 indigène et 1 israélite, nommés par le gouverneur général. M. Lacombe demeura chargé de l'intérim jusqu'au 16 février 1855, époque à laquelle il fut remplacé par M. Mazauric, ancien officier, qui avait été nommé le 29 décembre 1854.

Le 18 janvier avait eu lieu à Bône la première séance de cour d'assises, présidée par M. Solvet.

Pendant ce temps, les créations et les améliorations suivaient leur cours. 75.000 francs étaient accordés pour l'assainissement de la petite plaine. La construction du théâtre de Bône était commencée sous la direction de M. Gonssolin et inaugurée le 26 avril 1856.

L'empereur approuvait la création d'un port de commerce.

Une caisse d'épargne était ouverte au public en avril 1855.

Enfin, Bône prenait part à l'Exposition et plusieurs de ses habitants obtenaient des prix (1).

---

(1) Il n'est pas inutile de citer les noms de ceux qui, les

Depuis longtemps, les habitants de Bône réclamaient l'ouverture d'une porte dans le rempart. La présence du nouveau théâtre rendait ce besoin plus impérieux. L'autorisation fut accordée par le général Chabaud-Latour, et la porte Saint-Augustin fut ouverte à la population le 12 avril 1856.

M. Calendini quitta Bône en 1857, cédant sa place à M. de Gantès ; à la même époque, M. Mazauric, ayant donné sa démission, fut remplacé par M. Lacombe.

A partir de cette époque jusqu'en 1870 l'histoire de Bône n'a plus de fait saillant à enregistrer, mais la ville prend son essor, elle se trouve bientôt dans sa ceinture de pierre ; comme nous l'avons dit plus haut, le général Chabaud-Latour, en supprimant les servitudes militaires, lui permit de s'étendre. On édifie la mosquée de la place d'Armes, l'église actuelle ; la mosquée des Romanets est démolie et fait place à l'établissement occupé actuellement par la justice de paix et la bibliothèque communale.

Dès cette époque fut sérieusement agitée la question du transfert du chef-lieu de la province de Constantine à Bône. Cette idée, abandonnée par la suite, devait être reprise plus tard avec une modification. Je veux parler du projet de création d'un département de la Seybouse.

---

premiers, obtinrent, au prix de bien des efforts, des récompenses justement méritées. MM. Arnaud pour la fabrication du savon blanc; Lacombe et Charmarty, pour les tabacs; Lutzow, culture du safran; Moreau pour la soie.

Le bruit de nos premiers désastres eut un douloureux retentissement à Bône. On vit alors, dans un commun élan et sans distinction de nationalité, tous les gens valides se faire inscrire sur les rôles de la milice. La création d'un corps spécial de franc-tireurs fut décidée. Les indigènes, eux-mêmes, demandèrent à être incorporés dans la milice, où ils formèrent une compagnie spéciale.

Le 22 novembre, la compagnie des volontaires de Bône s'embarquait sous le commandement du capitaine Genova et, le 1er décembre, elle faisait le coup de feu avec l'ennemi.

Quelques mois plus tard, un enfant de Bône, M. Aribaud, était cité à l'ordre du jour pour avoir fait prisonnier, dans des circonstances dramatiques, le propre fils du général Werder.

Nous arrivons à l'insurrection de 1871.

Les escadrons de spahis, cantonnés à la smala d'Aïn-Guettar, avaient reçu l'ordre de se tenir prêts à s'embarquer ; il n'en fallut pas davantage pour faire éclater une révolte que des émissaires avaient déjà préparée.

Le 23 janvier, on apprenait à Souk-Ahras que les spahis de la smala avaient massacré un brigadier français et tenaient bloqués les cadres français et ceux des spahis qui n'avaient pas fait cause commune avec eux.

Un groupe d'ouvriers européens qui travaillaient à la construction de la route, sous la direction d'un caporal du génie, avaient été brusquement assaillis et ne durent la vie qu'à une fuite précipitée. Ils arrivèrent épouvantés à Souk-Ahras, où ils apportèrent les premiers la nouvelle de l'insurrection.

Le soir même, une compagnie de francs-tireurs et un peloton de cavalerie firent une reconnaissance jusque sur le pont de la Medjerda.

Le 26, vers dix heures du matin, les quelques Arabes qui étaient venus au marché, en général bandits de la pire espèce, commencèrent à se remuer, criant et courant dans l'espérance d'un coup de main prochain dans la ville.

Vers le soir, on apprit la nouvelle du premier assassinat, celui de M. Choiselot, géomètre, tué à un kilomètre environ de la ville, en revenant du moulin Deyron.

Vers quatre heures, la ville fut attaquée du côté ouest par les spahis et les Arabes ; la compagnie de francs-tireurs (officiers Testavin et Deyron) défendait ce côté de la ville, soutenue par un des deux petits obusiers que nous possédions. L'affaire dura une heure environ. Pendant ce temps, nos francs-tireurs, armés de carabines Minié, recevaient dignement le baptême du feu en luttant contre les spahis armés de chassepots.

La nuit fut dure à passer pour tout le monde : les femmes et les enfants réfugiés au bordj, la milice garnissant les deux côtés de la ville et la compagnie des mobiles gardant les deux autres côtés.

Le vendredi matin, le soleil levant éclairait les scènes de pillage et d'assassinat qui se commettaient tout autour de nous. De tous côtés on voyait les spahis et les Arabes emmenant les bestiaux des fermes, incendiant les meules et les maisons. Nous assistions à ce spectacle du mamelon qui domine la ville au nord, l'arme au pied, recevant les balles que ces messieurs nous envoyaient avec les chassepots du gouvernement, sans pouvoir leur rendre la pareille avec nos fusils de milice.

Le vendredi et le samedi la ville fut attaquée à coups de fusil, sans cependant que les Arabes fissent une tentative sérieuse.

A partir du samedi commencèrent à arriver les cadavres des victimes; il faut les avoir vus brûlés, coupés en morceaux, pour comprendre ce qui se passait en nous dans ce moment-là. Deux reconnaissances faites dans la direction de Bône, avec les quelques spahis ou Arabes de goums qui se trouvaient à Souk-Ahras et avec une section de la compagnie des mobiles, nous donnèrent la conviction que nous avions en face de nous 5 à 600 Arabes révoltés.

Le dimanche nous fûmes assez tranquilles, et l'on put ramener en ville les derniers cadavres connus.

Le lundi soir enfin, après une journée passée dans le calme mais aussi dans l'anxiété, nous vîmes arriver la colonne que nous attendions avec tant d'impatience. Ce fut avec joie que nous démolîmes, pour la faire passer, les barricades que nous avions dressées.

La nouvelle de la révolte des spahis était parvenue à Bône le 26 janvier; le même jour, le général Pouget, commandant la subdivision, mettait en marche 200 mobiles du 43e régiment, un escadron du 3e chasseurs et quelques tirailleurs du 3e régiment.

Le 27, le général quittait Bône avec 400 zouaves, du génie, deux obusiers et un escadron de chasseurs et de spahis et arrivait, le même jour, à Barral, où avait lieu la concentration de la colonne, forte d'environ 1.000 hommes.

Le lendemain, 28, à travers un pays hérissé de difficultés par un temps affreux, cette colonne, composée d'éléments si divers et de jeunes soldats, exécutait une marche de 45 kilomètres et venait camper en plein pays insurgé, à Aïn-Tahamimime. Le 30, la colonne arrivait à Souk-Ahras.

L'insurrection, qui avait été brisée dès le début dans la subdivision de Bône, avait eu pour résultat de rejeter en Tunisie un des principaux meneurs, Kablouti. Mais ce dernier n'avait pas cessé d'inquiéter les indigènes restés fidèles et, par plusieurs petits coups de main heureux, avait acquis une influence considérable.

Le 24 juin, il poussa l'audace jusqu'à franchir la frontière, suivi de 500 fantassins et 300 cavaliers, à quelques kilomètres de Bou-Hadjar. On envoya à sa rencontre le 6e escadron du 3e spahis. La rencontre eut lieu à Fedj-el-Acria. Vigoureusement chargés, les contingents d'El-Kablouti s'enfuirent, laissant de nombreux morts. De notre côté nous n'eûmes à déplorer que la mort du docteur Beaugrand.

Le 30 août, Kablouti faisait une nouvelle tentative à la tête des Oulad-Ali-Hachicha et de tribus tunisiennes; il est atteint à Fedj-Kanouba et complètement défait. Ce fut le dernier tressaillement de l'insurrection à l'agonie.

Le 21 mars, la compagnie des volontaires était rentrée à Bône au milieu de l'émotion générale ; car plusieurs manquaient à l'appel et dormaient là-bas du sommeil éternel.

Bône est aujourd'hui, après Alger, sinon la plus grande, du moins la plus coquette cité de l'Algérie. Elle était appelée à un grand développement, et l'espoir tant caressé des Bônois de voir leur ville devenir le chef-lieu d'un nouveau département serait peut-être devenu une réalité sans l'entrée de nos troupes en Tunisie. Bône marchait à l'avenir à pas de géant et serait devenue en quelques années la rivale d'Oran, si une partie du courant commercial ne s'était dirigé vers la Tunisie. Néanmoins, malgré cette sensible déperdition de force, la cité bônoise n'en a pas moins conservé la plus grande partie de sa vitalité ; elle s'agrandit plus lentement, il est vrai, mais à coup sûr ; d'immenses travaux y sont en cours d'exécution ; les riches vignobles ont envahi ses plaines et les marchandises s'amoncèlent encore sur ses quais. Bône sera toujours la coquette cité aux édifices somptueux, aux avenues larges et ombragées. Sa ceinture de feuillage que troue çà et là la blancheur des élégantes villas, laisseront au voyageur même d'un jour un ineffaçable souvenir.

FIN

Noms des Généraux et Colonels qui ont commandé la subdivision de Bône depuis 1830.

Mouk d'Uzer, 1832-1836. Retiré à Bône où il mourut en 1849. A donné son nom à un village des environs de Bône et à une rue de cette ville.

Trézel, 1836-1838. A donné son nom à une rue.

De Castellane, 1838. Maréchal de France.

Guingret, 1838-1841.

Lafontaine, 1841.

Randon, 1341-1847. Ministre de la guerre et maréchal de France. A donné son nom à un village et à des allées de Bône.

De Senhilles, colonel, 1847.

Drolenvaux, 1848.

Le Flo, 1848.

Eynard, colonel, 1848-1851.

De Tourville, colonel, 1851-1855.

Périgot, 1855-1860.

Mézange de Saint-André, 1860-1864.

D'Exea, 1864-1865.

Le Poittevin de Lacroix, 1865-1867.

Faidherbe, 1867-1870.

Pouget, 1870-1871.

Rebillard, 1871-1877.

Ritter, 1877-1884.

Munier, 1884.

Swiney, 1885-1887.

Fix, colonel, 1887-1888.

Noëllat, 1889-18...

Noms des Sous-Préfets qui se sont succédé à Bône depuis 1849.

MM. Desvernay, 1849-1850.
    Zœpfel, 1850-1851.
    Temblaire, 1851-1852.
    Calendini, 1852-1857.
    De Gantès, 1857-1870.
    Delmarès, administrateur provisoire, 1870-1871.
    Seguy-Villevalaix, 1871.
    De Champrobert, non installé, 1871.
    Hallot, intérimaire, 1872.
    Bernelle, 1872-1878.
    Dunaigre, 1878-1883.
    De Chancel, 1883-1886.
    Béchet, 1886-1887.
    G. Gélinet, 1887-18...

Noms des Maires qui se sont succédé à Bône depuis 1838.

·*Avant la création de la commune*

MM. Dussert, 1838.
Fenech, 1838-1840.
Pépin, 1840-1843.
Fisson, 1843-1844.
Fenech, 1844-1848.

Création de la commune (31 janvier 1848)

MM. Lacombe, 1848-1854.
Mazauric, 1854-1857.
Lacombe, 1857-1870.
Bourgoin, 1870.
Dubourg, 1870-1888.
Bertagna, 1888-18...

BONE. — IMPRIMERIE DU *COURRIER DE BONE*
Place d'Armes et rue Vieille-Saint-Augustin

www.ingramcontent.com/pod-product-compliance
Lightning Source LLC
Chambersburg PA
CBHW070857170426